文集

四知斋

杨中平 著

SPM
南方传媒 | 广东人民出版社
· 广 州 ·

图书在版编目（CIP）数据

四知斋文集 / 杨中平著. —广州：广东人民出版社，2022.10
ISBN 978-7-218-16124-2

Ⅰ．①四⋯　Ⅱ．①杨⋯　Ⅲ．①农村工业化—中国—文集
Ⅳ．①F320.1-53

中国版本图书馆 CIP 数据核字（2022）第 190352 号

SIZHIZHAI WENJI
四知斋文集

杨中平　著

出 版 人：肖风华

责任编辑：梁　茵　陈泽航
封面设计：集力书装
责任技编：吴彦斌　周星奎

出版发行：广东人民出版社
地　　址：广州市越秀区大沙头四马路 10 号（邮政编码：510199）
电　　话：（020）85716809（总编室）
传　　真：（020）83289585
网　　址：http://www.gdpph.com
印　　刷：广东鹏腾宇文化创新有限公司
开　　本：787 毫米 ×1092 毫米　1/16
印　　张：16.75　　字　数：240 千
版　　次：2022 年 10 月第 1 版
印　　次：2022 年 10 月第 1 次印刷
定　　价：58.00 元

如发现印装质量问题，影响阅读，请与出版社（020-85716849）联系调换。
售书热线：020-87716172

内容提要

　　本书以农民、农村、农业为立足点和出发点，从农村的职业调查、城乡多方面的对比等角度论述了城乡、地区、国家之间的差距是由分工演进的程度和速度决定的。并在此基础上，以分工的演进为研究手段，以生物的进化为理论依据，推导了人类进化的趋势以及人类社会发展的方向，认为人类的进化无止境，社会的发展无终点。我们需要不断革命性地去研究人类、人类社会，以探索其进化、发展的趋势。

前言

Preface

　　在各位老师、同学和朋友的指导、帮助下，经过努力，拙作今天终于面世了。但是，我深深地知道，没有各位老师、同学和朋友的帮助，这本书是不可能完成，更不可能面世。

　　高考落榜后，回乡务农8年，期间到华中农业大学林学系脱产一年学习经济林栽培，希望能有所收获，但事与愿违。在这种情况下，随打工潮外出务工10年，期间从事过多种职业，也没有取得什么成就。在困惑的同时，开始反思，将在农村的劳动、生活与在外打工期间的工作、生活进行了对比，同时结合在华中农业大学学习的知识对比了小草和大树的特性，由它们的异同点顿悟了历史兴衰周期律形成的原因，并有了解决的想法——在农村实现工业化。

　　为了实现这个想法，又从外地回到家乡，重新开始了农村的工作、生活：一方面对农村进行了更细致的观察、研究，不断地实地调查，加深了对农村的认识；另一方面加强理论学习，积极搜寻三农方面的相关理论、书籍，如：《小农立场》《分工与融合视角的现代农业发展研究》《专业化分工与农业产业组织演进》《小农经济效率分工改进论》等，从中吸收营养。这些书籍中的理论知识不断地充实了我的想法，同时也证明了我的想法是有理论依据的，也更加坚信了我的想法是可行的。自此，私下认为分工决定一切，并开始用分工的观念来理解、认识事物。但也常常怀疑自己这样认为对不对：分工能解释这些吗？是不是太偏激、太片面了？或是自己知道、了解的还太少，才出现这种情况呢？为了解决这个疑惑，不断扩大理论学习、研究的范围：重新学习了生物学中的植物学、动物学、细胞与分子等相关知识，发现在生物学中已经广泛地运用了分工（分化）理论；学习了地理学，特别是天文地理，如宇宙、星系等，也涉及分工方面的内容。对分工理论的认识更多的则是来自政治经济学著作，如亚当·斯密、马克思、马歇尔等关于劳动分工的论述相当多。所有这些，都增加了论证的力量，使我重新认识了分工，并私下把分工确定为宇宙的法则，因为它没有意识形态、文化、经济、宗教、物种、地域、民族、道德、国家、法律等的区别，认为宇宙中的一切都要遵守这个法则。人类在遵守这个法则的基础上，还能引领分工的演进。在此基础上，用分工的演进解释了生物的进化、人类社会的发展，并简单地描绘了人类的发展方向。后来，又学习了《新的综合》——一部社会生物学方面的理论著作，更增加了我的信心。

在学习政治经济学关于分工的理论时，发现了亚当·斯密的《国富论》存在着方向性的错误，导致了后来的理论研究进入了方向性的误区。并且，此后的经济学甚至政治学研究基本上都是沿着这个错误的方向进行，因此产生了各种各样且无法解决的自相矛盾的问题，这或许是社会各种危机产生的总根源吧。

在农村工作、生活的同时，用分工合作的观念重新认识、了解农村，发现农村不仅仅是经济的落后，不单单是农民、农村、农业这个"三农"的问题，还有文化、教育、思想、道德、人生观、世界观、价值观等的问题。于是又开始学习关于农村的经济、文化、教育等方面的知识，并提出了自己的看法：小农阻碍了生产力的发展是因为它阻碍了分工的演进，从而阻碍了社会的进步，所以必然会被淘汰；经济的发展必然会带来文化的发展，经济的一体化必然会带来文化的一体化，文化的多样性必然会消失，从而使人类最终实现一体化。

作为社会的细胞——家庭，与分工有没有关系呢？为此，在对农村家庭现状进行调查的基础上，学习了《家庭、私有制和国家的起源》等，认为家庭也是分工的产物，它在社会上以什么方式存在是由分工演进的速度和程度决定的。随着分工的不断演进，家庭也会随之发生变化，并将最终消失。

　　本书不是什么理论创新，只是在前人研究的基础上，把各领域的分工理论进行了融合，并打破了相互之间的界限，使之融为一体，并在此基础上有所发展、创新，进行了综合性的运用而已。

目录
CONTENTS

农村职业调查

（一）调查的目的、意义

随着工业化、城市化进程的加快，城市职业化分工越来越细、演进的速度也越来越快，特别是生产单位内部和单位之间的分工，被人们积极、广泛、主动地运用。但农村的职业化分工进程相当缓慢且被动，处于无意识、被动的状态。现对农村的一些行业进行调查，搞清楚农村职业发展的现状和方向，可以为农村职业化由低级向高级、由粗放向精细、由被动向主动的发展方向提供一些依据。同时，也希望能从中找到城乡差距的根源，为消除城乡差距、实现一体化提供一些现实的参考。

20世纪80年代以来，农村的一些行业已经或正在逐步消失，另一些没有消失的行业也出现了新的变化，与此同时，一些新的行业正在萌芽、形成。通过对部分已经或正在消失的、变化的、新生的行业进行调查，或许能从中得到一些启发，为今后农村的改革、发展奠定一定的基础。

20世纪80年代初，农村发生了巨大的变化，许多各行业的手艺人如木匠、裁缝、屠夫、泥瓦匠、厨师、剃头匠、窑匠、篾匠等各展其能，他们因有一技之长，是"土专家""土技术员""土工程师"，所以都是当年的风云人物：曾经非常红火的万元户，基本上都是从他们中间产生的。但是，随着社会的发展，这些人中留在农村的基本上都消沉了，正如《伤仲永》中的仲永一样"泯然众人矣"。而少数走出农村、走向城市的人则取得了更大的辉煌。本次调查的对象都是"泯然众人矣"的人，对他们及其所在的行业进行调查，找到其"泯然众人矣"的原因，其作用大概远胜于那些成功者，对社会的发展可能起到无可替代的作用。

为了保证调查的可靠、详实，特对我所在村的各类艺人进行调查。该村是湖北省随州市曾都区洛阳镇珠宝山村（原两个生产大队合并而成），地处北纬31°29′、东经113°24′，基本上处于国家地理的中心位置，属低山丘陵地区，气候温暖湿润，一年两熟。全村共有2800多人、700余户，耕地面积2800多亩，国土面积约23平方公里。

（二）关于木工的调查

被调查人：杨保平　男　1962年3月生　农民

调查时间：2012年1月17日

1977年，杨保平初中毕业后，没能继续深造，而是回家务农。因那时基层的单位是生产大队，所以大队培养他学习制造、维修农具，师从杨帮礼。1977年冬，大队成立了队办企业，于是调到队办企业工作。后又师从其父杨家元，学习木工。杨家元1955年入伍前是木工，会做木椅子等家具。到部队后继续学习木工，在建筑工程营服役，职业是细木工，后调警卫营。退伍后在国营石灰厂工作，石灰厂倒闭后调到王家桥农具厂工作，1979年回到大队办的企业做木工。因杨家元有一技之长，又见过世面，所以家庭条件在当时的农村是相当的好：1975年前就买了手表、收音机、缝纫机；1976年搬到当时建的新农村过春节；1980年买了自行车，1983年买了沙发。从1979年开始，杨保平与父亲杨家元一起到农户做家具，收取加工费。当时每天的工钱是1.5元，后逐渐上涨到1.8元、2元、2.5元、3元、4元、5元、8元、10元等。80年代时，做新家具、新农具、盖新房子的农户越来越多，因此他们很忙，基本上没有闲暇时间。木工也因此成为农村的热门行业之一，很多人想学而不得：必须要有很好的关系才行。在这种情况下，杨保平带了几个徒弟：杨建平、佘家银、刘安忠、孙连启（这些人是杨保平的兄弟或表兄弟）一起干。农村的木工师傅也逐渐多起来，高峰时一个生产大队就有20人（当时的大队才1000人左右）。80年代初，杨家元曾激励杨保平的徒弟们：不学会做盆子、水桶，将来连水都没得喝（当时的农村都是用木制的桶、盆子，有悠久的历史了，且技术要求高，否则会漏水。这也是衡量木工技术水平的标准之一）。盛极而衰，随着社会的发展，木工作为一个行业，在农村逐渐消失了。到2002年，杨保平正式放弃了木工工作，他的4个徒弟包括本村的20个木工师傅也无一人在农村从事木工工作。

80年代，农村的木工们基本上都是使用传统的手工工具进行劳动，所以劳动效率低，产品质量不高，劳动强度大。为了改善这些弊病，1993年，杨保平买了一台小型木工机械，提高了劳动效率、产品质量，降低了劳动强度，增加了收益。尽管如此，仍没能阻止木工这一行业在农村逐渐消失。

（三）关于裁缝的调查

被调查人：孙义芳　女　1960年6月生　农民
调查时间：2012年2月14日

孙义芳很有头脑，能力强，会办事，是当时大队响当当的女能人。这得益于其家庭环境：孙义芳的父亲孙隆中80年代初是大队的两个万元户之一，红极一时，全县（当时的随县）有名。孙义芳1978年初中毕业后开始学做服装，1979年满师后即开始招收学徒。随着社会的发展，人们对衣食住行的要求逐渐提高，农村做新衣服的人不断增多，孙义芳的工作也越来越忙。为此，农村青年女性学做服装的人也越来越多。当时人们是到供销社买布料，然后送到裁缝师傅那里量体裁衣，过一段时间再去拿做好的新衣服，并支付一定的加工费用。繁忙的时候，人们往往要等上几个月才能拿到新衣服。后来，裁缝师傅自己买一些当时比较流行的布料供农民选择。因裁缝是当时农村的热门行业之一，所以前来学习的人络绎不绝。截至1999年，孙义芳先后共招收的学徒达1000多人，遍及周边几个乡镇。

自90年代中后期起，服装行业在农村江河日下，一年不如一年，尽管使用了新式机器，也没能阻止服装行业从农村的退出，孙义芳本人也于1999年到深圳的润兴发服装厂打工。但孙义芳不甘如此，她想办法与服装厂联系：在家乡培训员工，然后送到服装厂工作。这种情况也没能维持多久。2010年从深圳返回家乡，重操旧业，主要是买布料做成衣，然后卖给周边的农户，但生意十分惨淡。她所招收的1000多名学徒，除部分在服装厂工作外，仍在农村从事服装行业的寥寥无几。

（四）关于屠宰的调查

被调查人：张应忠　男　1955年11月生　中共党员　农民
调查时间：2012年1月20日

张应忠初中毕业后，回到当时所在的生产队当一名计工员，后到大队农科所任副队长、大队代销店代销员。1988年入党。后又任生产队的队长。从1990年起，干起贩卖、屠宰生猪的副业。在90年代中期之前，农村几乎家家户户都会养猪，而且大多数农户过年都要杀猪，所以当时生产大队下面的五个生产小队每个小队都有一班两到三人的屠宰小组，每个小组都有自己的"地盘"，即都在自己所在的生产队杀猪，而不能侵犯别小组的"地盘"。劳动工具也很简陋，没有使用机器，全是手工。随着养猪成本的上升以及工厂化养猪的兴起，从90年代中后期起，就逐渐有农户不再养猪了，每年的屠宰量也不断下降，再加上人工成本的上升，村里的屠宰从业人员逐渐减少，导致了他们的活动范围逐渐扩大，并逐步使用一些简单的机器。到调查时止，本村屠宰从业者由80年代的24名降至现在的4名。随着从业人员的减少、工具的升级，劳动效率得到提高，活动范围也扩大了：90年代初一个两人的屠宰小组一天最多只能屠宰4头猪，而现在可以屠宰7至8头（这是张应忠自己的劳动量，90年代时他年轻力壮，现在则年老体衰。同时，90年代时一头猪也就200斤左右，现在300斤的比比皆是）。活动范围也由八九十年代局限于本生产队到现在可以"漫游"到外乡镇农村。尽管如此，屠宰行业在农村也是每况愈下，已没有年轻人学习、从事屠宰业了。

张应忠除了年底杀年猪外，平常也贩卖些生猪到随州市、武汉市屠宰。据他介绍，90年代初，武汉市的杀猪方式和他们差不多。但90年代中后期，开始使用流水线，放血的专门放血，煺毛的专门煺毛等，速度很快，一个屠宰点一晚上可以屠宰2000多头。而随州市也在多年前使用流水线作业了。

世界上猪肉出口第一的丹麦，有13个大型生猪屠宰厂，在车间里，工作人员用探针对每头猪的12个部位进行检测，获取每头猪的脂肪含量、瘦肉率等10多个参数后，自动计算出每头猪的价格。每一道工序都由电脑控制，自动测量，精确下刀，并按照不同市场的要求细致分类。例如，日本人喜欢里脊肉、美国人喜欢猪排、瑞典人喜欢后臀、德国人喜欢母猪肉、中国人喜欢猪蹄耳朵等。

（五）关于女织的调查

被调查人：张凤英　女　1931年2月生　农民
调查时间：2013年8月16日

织女张凤英，12岁学习纺线，20岁学习织布。当时主要是纺棉线、织棉布，最多时每天可以纺半斤棉线或织一个小布（这是织女们的专用单位，宽约1尺，长约32尺。这需要天刚亮时就开始劳动，直到晚上较晚时止）。当时几乎家家户户都要纺线、织布，这也是农村女性的主要劳动，产品主要是满足自家成员的需要。70年代末期这种工作逐渐减少，到80年代基本上没有人再纺线、织布了，各种纺车、织布机也退出了历史的舞台，成为古董。

（六）一种手套的生产

厦门市有一家专门生产可降解手套的工厂，这种手套的手掌有具防滑功能的乳胶小颗粒，主供出口。生产这种手套有一套完整的程序：先由业务员找到需要这种手套的商家，签订合同，由设计人员设计出手套的样式、使用的材料等，然后报厂方，厂方安排专业的采购人员采购各种原材料。原材料采购回来后，分别由不同的车间领取：滴塑车间领取布匹、滴塑用的化工材料等到车间进行拌料、滴塑；下料车间领取布匹下手背、手指等，然后再去滴塑车间领取已经滴好的布匹下手掌的料。这些料分类打包成捆，然后送到车工车间，由车工加工成初产品，再送到包边车间进行包边，此时已经是半成品。这些半成品再送到整烫车间，先由专门的工人剪线头、翻指，然后由专业的整烫工人进行整烫、装袋、包装，最后由专业的打包工将包装好的手套装箱、打包、送到成品库。一双小小的手套，需要十多道工序才能完成，每道工序由不同的人加工，如果加上各种管理、技术人员，需要的人就更多，没有一个人能从第一道工序一直做到最后一道工序（即生产出一只完整的手套），他们都只做其中的某一道工序。

（七）结论

因为本次调查是春节前后进行的，所以没能调查更多的行业。但是，其他行业平常观察也可知一二。比如春节，我们有贴春联的习俗，20世纪90年代中期以前，农村的春联大部分是农民买笔、墨、纸自己写或请会写毛笔字的人代写。90年代中后期，在市场上买现成的春联逐渐多起来，而近年来自己动手写的已非常稀少了，几乎都是从市场上购买，乃至出现了以写春联为业的春联村。春节贴春联的习俗没有消失，但自己动手写春联的习俗已经消失了，也就是写春联也职业化了。

21世纪以前，农户家里做红白喜事，大多是请附近的厨师做饭菜，厨师备有蒸笼、盆、碗、盘、刀等工具，这些工具由做事的户主去厨师家挑回来备用。开工时，家族的人都要过来帮忙，从中挑选比较能干的妇女帮厨，男人们到左邻右舍借桌椅板凳等物品，用完后再还回去。本世纪初以来，家政、餐饮服务等在农村悄然兴起并逐渐流行开来，农户做红白喜事时大多是请家政或到餐馆里招待客人。家政服务有专门的帮厨人员，炉灶、锅碗瓢盆、桌椅板凳等一应俱全，活动范围也比以前的厨师大得多，实现了跨村、乡镇流动，用汽车直接运到用户家里，而农户再也不用到处借各种器具了。这比以前的厨师在职业化、社会化上前进了一大步。

厨师这个职业在农村没有消失，是因为农村人也要招待客人、吃饭。但是在调查中，这个行业也有了新的变化——逐步职业化、社会化，出现了专门的家政服务。尽管这样，农村的餐饮与城市相比，仍然存在巨大的差距：城市的餐饮作为一个大的行业，其内部进行了越来越细的分工，如有早点、西餐、中餐、面食、热食、冷食等，而具有各种地方特色、个性特色的餐饮也纷纷登场，由不同专业的厨师加工。农村的厨师就没有进行行业内部的分工，每个厨师必须会加工客人所需的全套饭菜（这种情况和农村的木匠等差不多：单个人要完成全套产品或服务），服务人员也是在需要时临时雇请。农村的家政服务虽然也进行了一定的职业化分工，但由于生产单位小（以单个厨师为主）、人员少，其内部的分工（主厨和帮厨的分工）不能演进，所以仍然是一种小农化的劳动。随着社会的发展，分工不能演进的家政服务必将在农村消失，取而代之的将是分工能不断演进的餐饮服务。目前已经出现了这样的情况：农村有很多人在办红喜事招待客人时，是选择各种餐馆而不是家政服务。办白喜事时，由于受传统观念和一些其他因素的制约，以选择家政服务为主。

"男耕女织"是我们的传统，既是社会史，又是家庭史，有几千年的时间了。古人认为最美的生活就是田园生活，并以此编织了"牛郎织女""桃花源"等美丽的传说，以"只慕鸳鸯不羡仙"的人生态度，表达了对"男耕女织"田园生活的美好向往。到20世纪80年代末，这个悠久的传统有了巨大的变化："女织"已经完全退出农村，"织女们"也随之"下岗"。这之前，广大的农村还有一些织女在纺线、织布，现在这些人大多数已经作古，剩下的也都八十多岁了，失去了劳动的能力。这之后的农村女性，已经没有人会传统的"女织"了。随着织女退出历史舞台，男耕也必将退出历史的舞台，"男耕女织"将成为永久的历史和永远的回忆。

所调查的这些行业，在农村都有几千年的历史了，与人们的生活、生产息息相关，是真正的"传统"。传统的生产工具中最重要的有两种，男人的犁和女人的纺车。犁的进化史就是农业史，纺车的进化史就是工业史。这些行业为什么会从农村消失呢？木工、裁缝、屠宰、厨师、写春联、女织等情况都一样：不是行业的消失，而是行业的转移，即由农村转移到城市，也就是由农村的家庭化生产模式发展到城市的工厂化生产模式，这些行业的生产工具也都实现了机械化，生产实现了工业化、社会化。

屠宰业和农业高度相关，从90年代中后期开始，农田抛荒逐渐增多，随之而来的是农民逐渐放弃养猪。但是，农田抛荒还在继续，养猪、屠宰却实现了工厂化、社会化：由以家庭为单位的小农化养殖、宰杀变成了大规模的工厂化、社会化养殖和屠宰，该行业并没有消失，而是生产方式彻底地改变了。

农村不仅仅有农民、农业、土地，而且还有第二第三产业、各种自然资源等，也就是说农村是一个完整的社会，只是这个社会的性质是地地道道的小农化。农村的凋敝不只是农民、农业、土地的凋敝，而是农村"小农化"的凋敝。"三农问题"是小农化生产模式与工业化发展之间的矛盾所产生的必然结果，是小农化走向死亡的前兆，它与土地、户籍等无关，与工业化、社会化相关。这个矛盾从20世纪70年代末80年代初有几千年传统的"女织"从农村退出开始，其后逐步显现，而农村大量的劳动力进城务工时就大规模地爆发。当传统的"男耕"彻底地退出历史的舞台时，"三农问题"才能得到根本性的解决。女织、木工、裁缝、屠宰、写春联、剃头等有着几千年历史的传统行业纷纷从农村转移到城市，由兼职化转为职业化、社会化，标志着工业化发展是历史发展的必然趋势，是小农化社会不可能阻止的。

为什么会这样呢？其根本原因就是"分工"。在此，可以将农村那些传统行业与手套厂进行对比：手套厂将一双小小的手套分解成十几道工序，每道工序由不同的人完成，加工一只完整的手套，有多少工序，就需要多少个工人，任何一个工人都不可能独立地完成一件完整的产品。并且，随着分工的不断演进，工序还会逐渐增加，所需要的工人也不断增加。农村传统的生产方式（即小农化的生产方式）是一件产品或一项服务从头至尾都是由某一匠人或家庭单独完成，几乎没有分工，更不可能演进。在广大农村，不管是已经消失的行业，还是正在发生变化的行业，甚至是新产生的行业，它们都有一个共同点：都是分工演进的必然结果。没有分工，就没有这些行业的产生、发展；没有分工的演进，任何行业都将会逐渐消失。木工、裁缝等本身就是一种分工，但这种分工只是一种社会化的分工，因为其生产单位很小，所以单位内部没有进行分工或分工很简单、原始，更不能演进。当前，农村是以单个家庭为单位完成生产、生活的小农化社会，因为其生产单位"很小"，没有能力推动分工不断地演进，所以不能实现职业化分工、社会化生产，这些行业在农村逐渐消失也就是必然的了。城市的单个家庭不能独立地完成生产、生活，不仅仅有社会化的分工，而且在生产单位内部也进行了越来越细的分工，实现了社会化生产，所以，原本属于农村的木工、裁缝等行业转移到了城市。

劳动分工是将相对独立的、完整的、复杂的劳动过程分解成众多的、简单的、不完整的且相互依存的劳动过程，因此，劳动者的效率能不断地提高，并使用各种机器参与劳动，甚至将完全由机器代替人工劳动。这样，同等数量的劳动者就能完成比过去多得多的工作量。因为劳动分工的不断演进，使各种机器不断地参与到人类的劳动中来（机器本身也是分工的产物），大幅地提高了劳动效率、节约了劳动时间、降低了劳动强度、提高了产品质量、增加了产品数量。随着分工的不断演进，所有行业的工业化、社会化的进程必然加快。行业本身就是分工的产物，一个行业由于分工，又能分出很多不同的但又相互依存的工种来，进而形成、产生新的行业。那些像杨保平、孙义芳等几乎能独立完成全套产品的"全能型人才"则越来越无用武之地了。如果单从一个人的技术水平来说，杨保平、孙义芳、张应忠等都能独立、熟练地运用一套完整的技术，水平无疑是很高的，因为他们的全面生产的能力很高。但在城市，如手套厂的工人们，没有人能做到这样，每个工人只会做自己所操作的一道或几道工序，他们都不具有独立地加工一双完整手套的能力，也就是他们的全面生产的能力很低。就单个人的能力而言，杨保平、孙义芳、张应忠等远胜过城市的工人。但就产品而言，杨保平、孙义芳、张应忠等是必败无疑，因为他们是一个人在与几个人、十几个人甚至更多的人（几道、十几道甚至更多工序）竞争，也就是他们单个的人面对一个团队和各种机器，即使这个人有三头六臂，那也必定失败。

据调查，有2亿多农村青壮年在城市工作。这么多人背井离乡，到人生地不熟的地方工作，是什么原因？从表面上看，是城市的收入要比农村高，是为了致富。据不完全统计，一个普通的农民工一年打工的收入一般相当于在农村工作两年以上。为什么同样一个人，在农村收入低，到了城市收入就高呢？农村的木工、裁缝等在农村有活干，也有收入，且比一般的农民要高些，但为什么仍然阻挡不了各自的行业向城市转移的步伐呢？许许多多的农民工也道出了他们的心声：打工单纯。为什么单纯呢？因为城市在不断地改造劳动，分工的演进使复杂、繁重的劳动不断地变得简单、轻松，劳动效率不断地提高；农村则是每个人要完成完整、复杂的全套劳动，劳动效率不能提高。这说明了收入的高低只是一种表面现象，并不是根本原因。根本原因是农民的社会存在变了：在农村，农民是以小农化的社会形态存在，到了城市，农民是以工业化的社会形态存在。所谓的身份只是一种表象，是社会存在的一个符号，随着社会存在的改变，身份必然随之改变。

劳动分工的演进是生产力不断提高的根本原因。城市里，因为生产单位内部和生产单位之间的分工在不停演进，不断地把复杂、完整、独立的劳动分解成简单、不完整、相互依存的劳动，所以工作才单纯，才能解放人本身；在农村，一个人要从事一种甚至多种不同的复杂、完整的工作，成为劳动的奴隶。因为分工，才能大量地使用机器、并不断升级，从而降低劳动强度，逐渐代替人工劳动，并最终彻底地解放劳动者本身；因为分工，才能使人集中精力做自己最擅长、喜欢的劳动；因为分工，劳动效率才会提高，收入才会增加；因为分工的演进，产业链才会不断地拉长，市场规模不断地扩大，每条生产链上的中间环节不断增多，从而产生新的行业。

分工决定生产关系。分工导致了相互独立而又相互依存的关系，这种独立的关系是相对的，依存的关系是绝对的，所以存在共同的利益，相互之间必然是合作而不是竞争的关系。如手套厂，每道工序是独立的，由不同的工人在不同的车间进行生产。从个体看，下一道工序与上一道工序的工人无关；但从整体看，每一道工序必须相互依存，否则就不能生产出一双合格、完整的手套。因为它们的依存度高，所以每道工序都必须很认真地完成，不能出现瑕疵，否则就不能成为商品，产生不了经济效益，进而影响到每个人的利益。因为分工，使产业链上所有的人形成了共同的根本的利益，所以无论是五湖四海、天南海北的人，只要来到这条产业链上，他们都能很好地合作生产。像杨保平、孙义芳、张应忠等没有精细的分工、每个人都能独立地完成一件完整的产品或服务的小生产，恰恰相反，同行也可能存在相互依存的关系，但这种依存关系是相对的、松散的：有利益的时候就会合作，没有利益的时候，就不会合作，同行业内的人没有共同的、根本的和长久的利益，依存的关系可以随时解散，所以其相对独立的关系几乎是绝对的。因为不存在分工，就形成不了共同的、根本的利益，所以就不能真正地合作，即使是熟人、亲朋，甚至兄弟姐妹、父子等，也随时会因各自的利益而分裂，更多的时候是自己独立地完成生产。

民间流传着这样一个故事：老虎的本领是跟猫学的。老虎个大，猫个小，猫怕把本领全教给老虎后，无法保护自己，所以就留了一手爬树没教。老虎以为学会了猫的全部本领，就去抓猫，结果猫一下子就蹿到树上，老虎没学这招，只能望树兴叹，怏怏离去。小农社会里，师傅教徒弟，也存在这样的情况，师傅往往会留一部分绝活不教给徒弟，免得徒弟将来抢了自己的饭碗。这种情况还会根据血缘亲疏关系决定，如果是自己的后人，就毫无保留地教。神秘的"祖传秘方""祖传绝技"其实是小农化的产物。

由于农村是小农化生产，分工很原始，使用的是人力、畜力等自然力，所以产业链很短，劳动效率低，经济效益差，技术进步慢，很难产生新行业、新产业，市场规模小。小农化的生产力，决定了它的生产关系必然是小农化。农村的小农化已经严重地阻碍了木工、裁缝、纺织等生产力的发展，为了解决这一矛盾，就只有打破生产关系或进行产业转移。但仅仅依靠木工、裁缝、纺织等行业，是不可能打破有几千年历史的小农化的生产关系。这些行业与人们的日常生活、生产密切相关，不可或缺，在既不能消失又不能在农村生存的情况下，只能转移到城市，实现工业化生产。这种情况不仅仅是木工、裁缝、屠宰、厨师、女织，其他行业也无不如此，因此，它们从小农化社会消失也就是必然的了。城市因为分工不断地演进，实现了工业化生产，产业链不断地拉长，新的行业、产业不断地产生，市场规模不断地扩大，需要的劳动力不断地增多，城市的规模也越来越大；大量地使用各种能源动力，不断地改进机器，劳动效率不断提高，劳动者逐渐获得解放，技术进步快，生产力先进，所以能够接受原属于农村的那些行业并实现社会化、工业化生产。

如果农村不能推动分工的演进，将会有更多的行业向城市转移，使农村更加萧条、破败。现在，以家庭为单位的小农化养殖日渐衰落与大规模的工厂化养殖不断兴起形成了鲜明的对比。很多具有各种地方特色的行业，如果不推动分工的演进，不实行工业化生产，也必将逐渐被淘汰并最终成为历史。

城市与农村的对比

（一）古代城市和农村的对比

《水浒传》是古代四大名著之一，深受人们喜爱，我们从中可以了解古代的生产、生活情况，学到一些社会知识，发现一些问题。

武大郎与潘金莲的故事流传近千年，知名度很高。但这只是茶余饭后的谈资，其实这故事里面有更重要的东西，人们往往忽略了：武大郎卖炊饼。武大郎是怎样卖炊饼的呢？书里没有详细介绍，从中只能看出一二来。武大郎大概是从街上买来现成的面粉（书中没有发现磨面粉的情节），晚上由他独自进行一系列的加工：和面—配料（也可能没有这个环节）—成形—蒸煮（具体细节也没有详细地介绍），第二天早上装在担子里挑到街上去卖。为了不走重复路，可能他今天到街东头，明天去街西头，后天到北街，大后天去南街。也可能每天把所有的街转一遍，基本上是这个模式。从这里可以看出，武大郎既是加工员，又是运输员，还是销售员，甚至还是技术员（研究炊饼的质量），能独立完成研发、加工、运输、销售等各项工作，是一个能力比较全面的"全能型"人才。潘金莲大概从事类似裁缝性质的工作，其工作模式与武大郎没有本质的区别。这大概是古代城市劳动人民的缩影，他们基本上是按这种模式工作、生活的。

古代的农村人又是怎样生活、工作的呢？古代曲目《天仙配》的歌词可以提供一些参考：你耕田来我织布，你挑水来我浇园。古人为了生存，要种各种庄稼、蔬菜；制造各种劳动工具甚至准备动力——耕牛；还要准备肥料、会做饭等。而女人则必须学会"女红"——织布、纺线、绣花、做衣服、做鞋等。这是古代农民生活、工作的简要描述。

通过古代城乡的对比，可以看出既有共同点，也有一定的差异。它们的共同点就是家庭既是生活单位，又是生产单位，单个家庭能够独立地进行生产、生活，并占有一定的生产资料、劳动产品，单位内部只有最简单、最原始的分工，单位的规模很小不能推动分工的演进，是典型的小农模式。区别则是：一定地域内的农村几乎所有的家庭都从事着相同的劳动、过着相同的生活，其生产、生活的独立能力更强，单个的家庭几乎能在不与外界发生任何联系的情况下进行生产、生活，如陶渊明的《桃花源记》就生动地描述了这样的情况。城市则进行了比较原始的社会化分工：武大郎只生产、销售炊饼，而没有生产、销售油条、麻花、面条等其他面制品。另外，他还不需要种植小麦，也不需要将小麦加工成面粉等。武大郎如果离开了与外界的联系，就不能从事炊饼的工作甚至不能生存：没有面粉，就不可能加工成炊饼；如果街上的住户都自己做炊饼，他的炊饼就没人买。潘金莲则只从事裁缝的工作，不需要种棉花、纺线、织布等，如果没有这些职业的支撑，她也不能从事裁缝这项工作了。因此，相对于农村而言，城市有了一定的行业分工，专业性增加了，与别人的相互依存度较高，其全能性、独立性有所降低。由此可见，古代城乡都是以家庭为单位进行生产、生活，单位规模很小，独立性、全能性较高，专业性较弱，相互依存度较低，单位内部不能推动分工的演进，都是以家庭占有生产资料、劳动产品的小农经济，尽管城市比农村的专业化程度要高些，进行了一定的行业分工，但并不能改变其小农化的本质。

（二）古代农村与现代农村的对比

前面已经讲述了古代农村的大概情况：要生活，不仅仅需要在土地上种各种庄稼、蔬菜，还要对它们进行加工。特别是粮食，不能直接食用，如稻谷、小麦等，要先从禾穗上脱粒，然后去掉外面的壳、皮，小麦还要磨成粉。古代没有脱粒机，也没有收割机，都是以人、畜等为动力进行脱粒，脱粒后还需要进一步加工。早在新石器时代，北方就出现了用石棒砸碾谷粒的原始加工方法。随后不断发展，以杵臼代替了石棒，后又出现了以畜力、水力等为动力进行加工的方法。加工的工具则有：杵臼、碓、碾、石磨、砻磨等，以及其他各种工具。农民们为了吃饭，他们一家或几家合伙制造了这些笨重的工具，并掌握使用方法，各自加工自己种植的粮食，经过很多繁杂的程序，才能加工成吃的食物。这种状况一直延续了几千年，直到近代在工业革命的带动下才逐渐改变。这只是人类吃的粮食，还有其他的生活用品，如制作衣服，需要经过棉花的育苗、管理、采摘、去籽、弹花、纺线、织布、裁剪、缝制等一系列的过程，也需要花费大量的时间、劳力和需要一定技术等去生产、加工、制作。古代人就是这样为了自己及家人的生存和上缴皇粮国税，一生都在重复地做这些繁杂的事情，而无论朝代的兴衰、更替，所以才会有"兴，百姓苦；亡，百姓苦"。"生命不息，劳作不止"是小农化社会农民的真实写照。

现在的农村，每家每户都有土地，家庭是生产、生活单位，农民们在这些土地上种植各种庄稼、蔬菜，和古代农村没有太大的差别。有所区别的是现在的劳动工具有了很大的改进：不仅仅使用人力、畜力等，还使用机械、电力等。种植出来的庄稼不再是用各种原始的工具进行收割、脱粒，而是使用收割机、脱粒机等。稻谷、小麦也是使用机器加工成大米、面粉。收割机、脱粒机、碾米机、磨粉机等不再是每家每户独有或几家共有，而是由比较专业的人士从事该项工作，机器为他们所有，实现了一定的专业化和社会化。现在的农村不再是每家每户种植棉花，然后加工成棉线、棉布，最后制成衣物，而是在适合种植棉花的地区专门种植棉花，还利用化工厂生产的各种化学纤维，由专门的纺织公司制成各种材料的线、布匹，然后运到各种服装公司，加工成各种各样的衣物。它们进行了一定的社会化分工，但是，这并没有改变农村小农化的本质：家庭仍然是主要的生产、生活单位，规模小，独立性强、全能性高、相互依存度低，单位内部没有也不可能推动分工的持续演进。

古代农村与现代农村既有共同点，也有区别。共同点就是它们都是小农经济，家庭不仅仅是生活单位，还是生产单位，规模小，独立性强、全能性高、与外界的相互依存度低，在单位内部，分工原始，更不能推动分工的演进。尽管现代农村较多地使用了各种机器，但并没有改变其小农化的本质。区别就是现代农村在工业化的带动下有了一定的社会分工：家庭的独立性、全能性正在不断地降低，家庭与外界的相互依存度不断增加，单个家庭已经不可能独立地进行生产、生活了。由于社会分工的不断演进，农村的产业链也在缓慢地拉长：农作物的制种已经从家庭中分离出来了，产生了专业的制种业；粮食的加工也逐步地从农村中分离出来，产生了专业的粮食加工业；服装行业也已从农村中分离出来了；肥料、农药也成为相对独立的行业。并且，农作物的育苗、播种、收割等也正在逐渐专业化。随着分工的不断演进，这些初步专业化的劳动必将演进成为专业化的部门，而从农业中分离出来。现在，农村的单个家庭如果不与别的单位合作，就不可能完成生产、生活，并且这个趋势还在继续发展，因而比古代农村有了很大的发展和进步。但这个发展和进步不是小农本身的发展和进步，而是城市工业化助推农村小农的结果，是被动的甚至是被迫的，它没能改变农村小农化的本质，反而是农村的小农化严重地阻碍了城市工业化的发展。

（三）现代城市和农村的对比

1. 住房的比较

住房是当今（21世纪初）人们最关心的话题之一，与生活、生产密切相关，所以现代城乡的对比，就从人们的住房开始，期望能找出城乡差距的一些原因。

城市的住房被称为商品房，是由专业建造房屋的公司开发、建设的。这种专业公司本身就是一种分工，然后通过交换（购买），使需要的人得到房子。它们有选址、规划、图纸、式样、高度、大小、建造、验收、销售、管理等一系列的程序，分别由不同的部门、单位制定、完成。城市人只有购买这样的房屋，才能明确产权。房屋的构造主要由室、厅、卫生间、厨房、书房等部分组成，其功能是满足人们的生活需要，不能用于生产。

农村的住房是自建的，一般由农民自己在本村范围内确定位置报上级批准，然后根据自己的想法、需要，确定式样、高度、大小等，并购买各种建筑材料，找盖房子的建筑人员（以农村的土师傅为主）进行施工。房屋建好后，由相关部门发给证件（如土地使用证，而不是产权证）。房屋的构造主要由堂屋、卧室、厨房、茅房（厕所）、鸡舍、猪栏、牛栏、柴房、杂货间等组成，其功能不仅仅满足人们的生活需要，还必须满足人们的生产需要，甚至本身就是生产场所。

市民住房里几乎所有的设施都是为了满足人们日常生活的需要，如衣、被、床、厨房用品、桌椅、柜子、家电等之类。

农民住房里除了满足人们日常生活需要的物品外，还必须有各种劳动工具，如锄头、锹、钎担、扁担、犁耙、粮仓以及一些生产机械等。另外还得配有牛、猪、鸡等畜禽的住所。

通过这些简单的对比，可以看出城乡房屋的区别：城市的房子结构简单、整齐、美观；能建成高楼大厦，很多人共同住在一栋楼里；只满足人们的生活需要。农村的房子参差不齐，结构复杂；单家独院很多，有很多必需的附属设施；不仅仅满足人们的日常生活需要，还必须满足人们的生产劳动需要，甚至本身就是"生产车间"。城市人因为相互依存度较高，独立性、全能性较低，所以尽管互不相识却能集中居住在同一大楼里；农村因为独立性、全能性较高，相互依存度较低，所以尽管十分熟悉却也独自居住。有个"敝帚自珍"的成语，从侧面说明了小农社会的农户需独立完成生产生活、相互依存度低的情况：在小农社会里，一把破扫帚都非常珍贵，因为生产生活离不开它。这是小农社会的必然，哪怕一草一木，也可能会有用处，今天不用可能明天会用，今年不用可能明年会用，所以这些东西都要当宝贝一样收藏着，以备不时之需。因而在农村，哪怕是垃圾，也得找地方放着，于是造成了农村比较杂乱的环境，这是难以避免的。

2. 工作的对比

城市：第一，人们有专门工作的地方，具有较强的固定性，即使是个体工商户也如此。第二，单个的人或家庭无法独立地完成生产、生活，必须和其他人分工合作，才能完成生产、生活，每个人或家庭只能完成生产、生活中的某一部分，离开了别人，生产、生活就无法进行，即使个体工商户也这样。第三，其（包括个体工商户）工作的专业化程度很高（即分工很细）。城市人从事的产业在不停地分工，人们只从事生产服务中的某一项或某一部分，所以其工作、服务很少相同。第四，劳动工具的专业化程度很高，使用着各种先进的专业化机器，并且不断地进行着更新换代，甚至以机器代替人工劳动，这些劳动工具不需要劳动者自备，劳动者本身绝大多数时间里不是劳动工具，而是操作、使用各种机器进行生产、服务。

农村：第一，农民没有专门或相对固定的工作地方，一天内可能会不停地变换劳动地点，有很强的流动性；第二，单个的人或家庭能够独立地完成一项较完整的工作，可以不需要和别人进行分工；第三，工作的专业化程度非常低，一个人或一个家庭可以在一天之内进行多项完全不同性质的工作或服务；第四，人们多从事的是第一产业——即农林牧副渔，所以一定范围内的农村人大多数都从事着相同的工作。农林牧副渔能细分很多专业，但在农村，一个家庭所从事的工作甚至包含了农林牧副渔五个大项；第五，劳动工具的专业化程度很低，也很简陋，几千年来基本上没有根本性的改进，很多工具在劳动时可以通用，各种工具需要劳动者自备，甚至很多时候人本身就是劳动工具。

3. 生活的对比

厨房是人们生活的重要场所，无论城乡家庭都有厨房。但是，同样是供人们吃饭的厨房，城乡却有着本质的区别。

城市：厨房是家庭生活的重要组成部分，其功能是做饭养活家人。但是，市民的厨房不能离开与外界的联系而独立存在，厨房里的任何东西如水、燃料、厨具、米面油、各种菜等都必须和其他不同的人发生关系，即厨房的全能性、独立性很低，相互依存度很高，社会化程度高，否则就丧失功能或不可能存在。厨房的面积比较小，设施整齐、明亮，用具比较先进，更新换代快。随着城市的社会化程度不断提高，城市人经常到餐馆吃饭，特别是招待客人，绝大多数是在餐馆进行，在自家厨房做饭吃的频率逐步降低。城市的早餐店、餐馆众多，而且花样繁杂（这也是分工的产物），除了部分老年人外，年轻人几乎都在外面吃早饭，很少在家里做早饭吃，一般是快上班前起床，然后到早餐店过早（吃早饭）。中午可能会吃工作餐或快餐，晚上可能选择到餐馆就餐，自己在家里做饭吃的次数越来越少。社会化程度越高（即分工演进的程度越深）的城市，在家里做饭吃的人就越少，厨房的功能越弱。

农村：厨房同样是生活的重要组成部分，其功能也是做饭养活家人。但是，农民的厨房能够离开与外界的联系而独立存在，他们只需要购买铁锅、食盐，其他的如柴、米、油、酱、醋、茶、水、各种蔬菜鱼肉等都可以自己生产、加工而不需要与其他人发生联系，其独立性、全能性很高，相互依存度很低。厨房的面积大，设施简单、杂乱，卫生条件较差，用具相对落后。农村几乎没有餐馆（近年来发展的旅游餐馆除外，即使是这些餐馆，也多是招待客人的），人们平常很少到餐馆吃饭，即使是招待客人。一日三餐几乎都是自己做饭吃，甚至干完繁重的农活，十分疲劳，也得自己做饭吃。每天早上，也须自己做饭吃而不会像市民那样在早餐店等地方过早，所以农村人普遍很早起床，因为做早饭要耽误很多时间，否则劳动的时间就会减少。

同样是吃饭，城乡之间就有巨大的差距，市民和农民的厨房其功能是一样的，都是为了满足家庭成员的吃饭需要，但性质完全不同：市民的厨房具有很强的社会性，没有独立性，离开与他人的合作，厨房就完全丧失功能；农民的厨房具有很强的小农性，独立性强，离开与他人的合作，厨房的基本功能不会受到影响。因为城市分工的演进速度比农村快得多，他们的生活向社会化方向发展的速度快，家庭厨房的重要性正在逐渐减弱，并将最终消失。农村的分工不完善且演进缓慢，他们的生活仍然是小农化，向社会化方向发展慢，家中厨房的重要地位依然稳固。

有几亿农民工在农村、城市工作、生活过，有一些共同的经历：在农村，他们每天早上很早就要起床，在解决好如厕、洗漱之后，需要到菜园摘菜、堰塘挑水、杂物间抱柴火做早饭，打扫房间、场子的卫生，喂鸡猪、洗衣服等工作，事情繁杂且家家户户每天必须如此，因而十分紧张、忙碌。到城市后，就变得十分简单了：每天早上上班之前起床，解决好如厕、洗漱后，在上班的途中到各种小吃店解决早餐问题。没有挑水、摘菜、做早饭、喂鸡猪、打扫卫生等繁杂的劳动。

同样一个人，为什么生活在农村与生活在城市会有这么大的区别呢？这是因城市、农村分工的差别导致的：城市的分工精细且演进速度快，产业链不断地拉长，越来越多的生产部门不断地独立出来，形成了新的行业、产业。如农村户户需要挑水的劳动，到城市就变成了由少数人负责的专业提供用水的自来水公司，并且公司内部的分工还在不断地演进，链条不断地拉长，有负责水源的、有负责水质净化的、有化验的、有负责安装管道的、有收费的、有维修的等；农村家家养鸡、猪、牛等的劳动因分工的演进而变成了少数专业人的养殖公司的劳动，为所有人提供各种畜禽产品，并且养殖公司内部的分工也在不断地演进，出现了各种成品、半成品养殖、加工企业，有负责繁殖的、有负责提供饲料的、有负责喂养半成品、有负责喂养成品的、有负责病虫害防治的、有负责运输的、有负责销售的等；农村户户需要砍柴的劳动到城市则变成了少数专业人士的劳动，如煤炭、燃气等公司的专业劳动；农村家家需要打扫卫生的劳动在城市则由专业的保洁公司负责，成为少数人的专业劳动；农村户户需要种植蔬菜等的劳动到了城市则变成了由各种蔬菜公司负责生产、由超市农贸市场等负责供应的少数人的专业劳动；农村家家户户每天早上必须自己做早餐的劳动，到城市就由负责加工各种早餐的专业人士提供，成为少数人的专业劳动等。随着分工的不断演进，在农村以家庭为单位的多数人的复杂的独立性强的劳动变成了在城市以专业公司为单位的少数人的简单的相互依存的专业劳动。城市的这种专业化趋势仍在不断地加快发展，这些新行业、新产业的链条还在不断地拉长，行业、产业内部的分工也在不断地演进，将会有更多的新行业、新部门不断地产生。由于链条长，一旦断裂，就会导致整个链条报废。也就是在城市，如果某一环节出现问题，将会导致整个社会生活、生产出现问题，所以，城市人的相互依存度很高，独立性、全能性很低。农村由于分工演进缓慢，链条很短，不能产生新行业，只能以小农的模式存在。由于链条很短，链条断裂只能影响很小一部分，不会影响整个社会，所以农村人的相互依存度很低，独立性、全能性很高。

4. 交通的对比

城市人出行的方式有很多种选择，如公交车、地铁、轻轨、BRT、出租车、飞机以及自备汽车、摩托、自行车或者步行等。这些交通方式，分工很细，链条也比较长，具有较强的专业性。因为专业性强，所以也会带来一定的不方便。比如公交车、地铁、轻轨、BRT、飞机等，其专业性更强些，不能随人们的意志而变换地点、位置、时间等，表面上看有很大的限制，但更多的是方便，其作用不可替代。其他的如出租车、私家车、摩托车、自行车等也是人们不可缺少的交通工具。由于交通工具的专业性很强，致使道路的专业化程度也相应提高：不同的交通工具行驶在不同的道路上，不能随便行驶或跑到别的道路上行驶，否则就会酿成事故，造成混乱。

农村人出行选择的方式就比较少，虽然也会有巴士（班车）、私家车、摩托车、自行车等，但其专业化程度相当低，除了巴士（班车）比较专业外，其余的都不是专业的，分工简单，链条也很短。农村人在路上可以随手招呼巴士停车载客，看似很方便，但其限制性更大：受车辆、路线、时间等的制约很高。由于农村的专业化程度低，所以道路对交通工具的限制也很小。

5. 社会关系的对比

很多人认为农村是"熟人社会"，富有人情味；城市是"生人社会"，缺少人情味。从表面看如此，而事实上并非如此。在广大农村，相邻或相近的人相互之间非常熟悉，一个村庄或一定地域内居住的很多都是亲戚、朋友、本家的，或多或少地存在一定的血缘关系，往来也比较频繁，不仅仅相互认识，而且对他人的家庭成员、性格、习惯甚至社会关系都有较多的了解。这是因为农村人与人之间的关系主要是以血缘、地域等为纽带，其所有的社会关系都是建立在这个基础之上。他们的生产、生活基本上都在这个圈子里，"低头不见抬头见"是农村人真实的写照。尽管农村是"熟人社会"，但人与人之间的关系并不密切，或者说这种"密切的关系"只是一种表面现象，仅靠血缘、姻亲、道德、地域等维系，并不牢固，随时会因为利益的关系而破裂。如2014年夏，有人要流转华中地区某地农民承包的土地，而且价格较高，这对当时种田亏本的农民来说是件好事，农民们纷纷同意流转。但是，有农民甲某，生前开车跑运输，会赚钱，家庭条件较好，而种田本来就是吃力不讨好的活，于是1997年就不种了，把这一亩田给自己的姐夫乙某种。2005年农村土地搞二轮延包时，把田过户给了乙某。不料想后来甲某因车祸死亡。土地流转后的第二年，甲某的老婆找乙某扯皮，想把田要回来，但乙某不同意，于是找到村委会、镇政府。无论怎么讲政策、做工作，甲某的老婆就是不同意，并说即使是（双方）不来往了也要把土地要回来（在农村，舅子与姐、妹夫是最亲的关系）。可见，即使是最亲的姻亲血缘关系，在利益面前也是靠不住的。在广大农村，亲朋好友、左邻右舍在没有利益冲突的时候，关系比较融洽。但随时会因鸡、猪、牛、庄稼、树木、钱财等利益的冲突而终结，这样的事例层出不穷。在处理各种矛盾时，常常有人用"牙齿有时还会咬到舌头呢"来比喻亲属、邻居之间的小矛盾是正常的。人们认为牙齿与舌头是很亲密的，属于一个"单位"，即使关系这样密切，也会发生"碰撞"，所以人与人之间有矛盾也是正常的了。但是，这只是事情的表象，并不是问题的本质：这个比喻有不当地方，牙齿咬到舌头，绝不是因为它们之间有矛盾或利益冲突，而是因为靠得太近；但血缘、姻亲等关系产生矛盾必然是因为利益的冲突。并且，农村人相距近，利益圈子很小，容易产生各种矛盾。因为农村每个家庭能够独立存在，可以在不与其他人或家庭发生任何关系的情况下进行生产、生活，所以这种看似密切的关系其实很松散，是"形聚而神散"。

城市人居住比农村集中，人口密度大。尽管这样，左右隔壁、楼上楼下互不认识的现象非常普遍，更不用说了解邻居家里有多少人、是什么样的性格、具有什么样的学历、在哪里工作等比较详细的情况。市民家的大门不像农民那样每天都敞开着，邻居间很少串门，生活、劳动也不在一个圈子里。他们是典型的"生人社会"。表面看，城市人与人之间的关系十分松散，远没有农村的人情味重，从农历春节可以发现城乡的这种差距。但在城市，人与人之间的关系被一张无形的"网"网在一起，没有任何人能够脱离这张"网"而独立存在，离开这张"网"，任何人都将无法进行生产、生活。这张"网"是什么？就是分工。城市人与人之间的关系是以分工来维系的，每个人看似很独立，其实他们无时无刻都必须和许许多多的陌生人联系在一起，从较浅层次看，是通过各种商品或商品服务联系起来的。实际上，商品或商品服务仅仅是分工的外在表现形式，是分工的产物，它把商品或商品服务后面的生产者、使用者联系起来：因为进行了分工，所以必须合作，否则无法生存。城市的人际关系看似十分松散，其实联系十分紧密，即"形散而神聚"。这种联系不是以是否相互认识、熟悉，是否有血缘关系，是否为同一地域等为依据，也不以人的意志为转移，而是以分工为依据的一种内在的必然的联系。

农村的"熟人社会"与城市的"生人社会"形成了鲜明的对比："熟人社会"里熟人之间矛盾重重，生生不息，人们的主要精力就是解决这些矛盾；"生人社会"里，虽然也有矛盾，但人们的主要精力是在抓发展。

6. 家庭构成的对比

城市：特别是大中型城市，以核心小家庭为主，即由父母与未成年的孩子组成，属两代家庭，三代同堂的很少，绝大多数家庭夫妇只有一个孩子（计划生育阶段），家庭不再是生产单位。城市的离婚率比农村高，甚至有离婚后不再结婚的，且这个比例在不断地上升。单身、单亲、丁克等新式家庭在城市屡见不鲜。老人一般都有退休金，是养老的主要保障，属社会化养老模式。孩子的早期教育主要是托儿所、幼儿园等，并向社会化教育的方向发展，属半社会化教育模式。

农村：仍然以传统的家庭为主，多由夫妇、父母、孩子组成，三代同堂的很普遍，四代同堂的也不少见，很多家庭不止一个小孩，因此，相对而言农村的家庭属于大家庭，以家庭为单位进行生产、生活。家庭的离婚率比较低，尽管现在有所上升，但仍然维持在一个较低的水平上，离婚后不再结婚的很少。六十岁以上的老人虽然有点养老金，但不足以养老，所以绝大多数老人仍然要依靠子女养老，属家庭养老模式。在农村，有一种现象，尽管不是主流：有年老夫妇，其中一方因工作关系有退休金，这样的老人一般与子女分开住，其养老基本上也不要子女负担。孩子的早期教育以家庭化为主，在家庭内部完成，一般由爷爷奶奶、外公外婆抚养、教育，只有上幼儿园后才逐渐转向社会化教育。

城市与农村家庭的构成有很大的区别，其根源是由分工决定的。城市特别是大中城市，由于社会化分工比较精细，家庭不再是生产单位，生产劳动不在家庭内部完成，而是实现了社会化，甚至生活也在向社会化的方向发展。因此，家庭内部的分工逐渐弱化，家庭成员间的相互依存度逐步降低、独立性逐渐增强，但对社会的依存度逐渐增加、独立性逐渐降低，也就是家庭成员可以离开家庭，但离不开社会，成年人、老人能够分开进行生产、生活。也因为家庭成员内部的依存度低，单身也能进行生产、生活，所以离婚现象比较普遍就在情理之中了。现阶段，城市家庭的主要功能是完成人的再生产。而广大农村，家庭仍然是生产、生活的主要单位，为了完成生产、生活，只能在家庭内部进行一些比较原始的分工。如果成员太少，连一些简单的分工都不能实现，就很难完成生产。没有生产为基础，生活也会很困难，所以农村家庭比城市家庭的规模要大。只有家庭内部的分工，没有参与社会分工的家庭，其收入相对较低，生活也比较艰难。在农村，即使是老人、小孩，甚至是丧失部分劳动能力的人，也要参与家庭内部的分工，否则家庭就不能完成生产。老人、小孩一般从事体力轻的劳动，比如养牛、猪、鸡、照管粮食、洗衣服、做饭等，这些在农村是必不可少的，青壮年则从事比较繁重的生产劳动。人们常说的"农村的孩子早当家"就是他们很小就要参与家庭内部的劳动分工。当前，农村老人需要依靠子女养老，即人们常说的"养儿防老"。为了养老，就必须参与家庭内部的分工，否则家庭就会生产艰难、生活困难而无法养老，所以农村老人只要能活动，就都会参与劳动。由于农村以家庭内部的自然分工为主，很少有社会化分工，夫妻双方为了维持生产、生活，相互依存度就高，离婚现象自然较少。在农村，一旦离婚，就无法维持生产、生活。特别是没有父母、孩子的单身年轻女性，几乎不可能进行生产、生活，因而很难在农村找到单身的年轻女性。单身的男性也只能维持最简单、最基本的生产、生活。农村一些五保户、单身户，绝大多数是男性，且各年龄段的都有，女性则只有年纪大的老人（主要是丧偶）。单身家庭的生活、生产十分简单，家里十分脏乱。农村与城市对孩子的教育方式也不一样：城市孩子的教育方式在向社会化方向发展，所以孩子适应社会的能力比较强，在团结、合作等方面比农村孩子好；农村孩子仍然是传统的小农式教育，特别是最初的教育都是由外祖父母或祖父母等完成。并且，农村的整个社会环境是小农化的，所以孩子的社会适应能力要比城市孩子弱，存在性格孤僻、不能很好地团结人、独立性（独立于社会）强等特点。

7. 思想意识的对比

社会存在决定社会意识。由于农村人与城市人的不同社会存在，产生了不同的经济基础，导致了城市人与农村人之间的思想意识形态、人生观、世界观、价值观等存在很大的差异。城市因为分工演进的速度越来越快，人与人之间的相互依存度也就越来越高，工作越来越单纯，劳动效率不断地提高，劳动力越来越解放，所以他们的业余生活比较丰富，学习、运动、旅游等的机会多，见识广，思维开阔。由于家庭不再是生产单位，使他们的人际关系也发生了很大的变化，不再以血缘、地域等关系为主，取而代之的是合作的关系。他们团结合作而不能随心所欲，能够积极进取，适应并引导社会的变革。

农村是以家庭为单位进行生产、生活的小农经济模式，其全能性、独立性高（独立于社会），对社会的依存度低，一切思想、行动的立足点、出发点、落脚点都是以自己及家庭为主，因此必然会产生小农化的思想意识、人生观、世界观、价值观等。以家庭为生产单位的劳动效率低下，以满足个人及家庭成员的温饱为目的，在小块土地上自耕自种，无约束、无合作、无交换，形成了保守怕变、盲目自大的特性，不能适应社会的变化，排斥变革，缺乏积极进取的精神，目光短浅，没有远大的理想，不知道社会的发展规律。在价值观上，形成以家庭的自足、得失、平均主义的观念。在思维方式上，狭小的经济规模导致了人们的活动范围小、认知水平低，思维方式具有经验性、直观性和不系统性。小农意识的追求低，小富即安，满足于旱涝保收、以养活自己和家人而略有结余为目标。一旦实现，就会产生满足感、成就感，没有以前那种吃苦耐劳及紧迫感；有了结余就开始琢磨享受："烧香修坟包二奶"等，而不是把结余投入再生产，以产生更多的结余；飘然自得，不知道"天外有天人外有人"。没有自律，小农生产方式是个体行为，自己的地、自己的劳动工具、自己的劳动力，想下地就下地，想种什么就种什么，没有规章制度，随心所欲，不需要约束，是典型的无政府主义；公私不分、内外不分、轻重不分，没有国家、民族等观念。宗派亲族意识观念较强：由于小农是个体经营，势力单薄，没有组织，没有合作，没有共同的责、权、利，自然就没有抵抗风险和自然灾害的能力。顺境时悠然自得，一旦有突发事件，就会出现"叫天天不应、喊地地不灵"的情况。在这种情况下，唯一可以依靠的就是有血缘、地域关系的宗派亲族。小农意识的人只相信具有同血缘的本家人，为了利益，除了拉帮结派、任人唯亲外，再也没有其他办法。但是，当宗派亲族之间有利益冲突时，他们又会变成仇敌。小农的一切都是为了维护自己及家庭的小利益。

8. 结论

农村与城市之间可以进行更多方位的对比，仅通过与人们高度相关的几项就可以看出：以家庭为单位组织生产、生活的农村是小农化社会，家庭具有较强的独立性、全能性，相互间的依存度低；同地域范围内的家庭几乎都从事着相同的工作，既没有精细的社会化分工，也没有完善的生产组织内部的分工，只有原始的自然分工，并且这种分工演进的速度十分缓慢甚至停滞；以家庭为单位进行的生产和生活，涵盖的范围包括一、二、三产业，即生产、生活资料的生产、加工、储运、销售等都由单个的家庭完成。农村有些个体户，进行了一定的社会化分工，所以其生产对象涵盖的范围要小得多。城市是工业化社会（尽管还处在初级阶段）：既进行了社会化分工，又有比较完善的生产组织内部的分工，并且在不断地演进，家庭不再是生产、生活单位，家庭的独立性、全能性不断降低，相互依存度不断增加，城市人所从事的生产劳动仅仅局限于生产过程中的某一环节，而不是参与生产的全过程。

通过对与人们有密切关系的住房、工作、生活、交通、社会关系、家庭、思想意识等方面进行的城乡、古今对比，可以发现，城乡之间的差距是全面的，而不是某一方面或几方面，造成这种全面差距的根源就是分工演进的程度和速度。分工的演进使人的社会存在不断地改变，经济基础、上层建筑也发生相应的改变。城市进行了比较完全、细致的分工，并且演进的速度在不断地加快，人与人之间的相互依存度不断地增强，因而社会化的程度相应的就比较高；人们对分工的认识和态度相对是比较主动、积极的，专业化程度也比较高。城市因为分工而专业化，因专业化而社会化、一体化，这是社会发展的必然趋势，也是人类发展、社会进步的方向。农村因为分工比较低级而且演进缓慢，特别是一些地方，甚至仍处在分工的原始状态，其生产、生活完全小农化，家庭间的相互依存度很低，家庭的全能性、独立性很高，社会化程度很低；对分工的认识和态度是被动的、茫然的，专业化程度低，这是农村落后于城市的根本原因。

关于分工研究的历史性贡献及局限性

社会分工是指人类从事各种劳动的社会划分及其独立化、专业化。社会分工是人类文明、社会发展的标志，是商品经济发展的基础。没有社会分工，就不会产生交换、形成不了市场，也就不存在所谓的市场经济。社会分工的目的是让每个人充分地发挥各自的长处，使平均社会劳动时间大大缩短，生产效率极大地提高，也就是实现"人尽其才，物尽其用"，并将使全人类形成一个完整的统一的有机社会。社会分工是使人、财、物实现社会化的必由之路。因为分工的重要性，所以有很多理论家对分工有不同程度的研究、论述，但也存在不少的局限性。

谈到分工，就不能不提被称为"现代经济学之父"、资本主义市场经济理论的奠基人——亚当·斯密及其《国富论》，《国富论》是现代经济学研究的起点，被誉为"第一部系统的伟大的经济学著作""经济学的百科全书""西方经济学圣经"。亚当·斯密的经济学说对西方经济学发展影响很大。

亚当·斯密大概是第一个比较详细、深入、系统地研究分工的人，首次提出了分工是提高生产力的原因，并以制针工厂为例详细地分析了分工是怎样提高生产力的，初步论述了分工形成产业链，进而形成产业网。在此基础上，他认为国家、社会的进步与否是由分工的程度决定的，机械的发明也是分工的结果。他还认为不仅仅生产中有分工，哲学、思想上也有分工。并初步提出国家、城乡、工农等之间的差距就是分工的差距等观念，为此，他认为文明社会的人不能独立存在。亚当·斯密对分工高度重视并给予了极其重要的评价，在此基础上把分工的重要意义上升到国家及政治层面，这是前所未有的，也是革命性的。这些观念为人类的发展奠定了坚实的基础，并提供了方向性的指导。

在亚当·斯密关于分工理论的基础上，马克思也强调了分工的极端重要性，把分工提升到了是"人类社会发展进步的标志"的高度。他认为一个民族的生产力发展水平，最明显地表现于该民族分工的发展程度。还认为任何新的生产力，都会引起分工的进一步发展。马克思还将分工与协作联系起来，认为分工与协作能够产生一种集体力形式的生产力，分工提高劳动生产率的原因是分工组织所产生的协作力。他认为分工造成了社会生产过程的质的划分和量的比例，创立了社会劳动的组织；这样就同时发展了新的、社会的生产力；通过协作创造了一种生产力，这种生产力本身必然是集体力。

马克思区分了社会分工和生产组织内部分工，并揭示了这两种分工的交互作用。他认为分工不仅是单个企业的生产组织制度，也是整个经济活动的生产组织制度。他还认为分工不是没有历史背景的生产要素组合，而是以特定的经济制度尤其是生产资料所有制作为前提的，是所有制在具体生产组织上的反映。

其他著名的经济学家如马歇尔、阿林·杨格、斯蒂格勒、杨小凯等都对分工及其作用有很多论述，无不彰显了分工的巨大作用。

随着人们对分工的研究不断深入，不再仅仅局限于生产劳动方面，而是把它上升到了更高的高度，由此产生了一门新的科学——社会生物学。社会生物学以白蚁、猴子为例，认为在这两种动物社会中，都有标志明显的分工，认为在分工演化的过程中，"个体得到了某些伴随着合作倾向的补充适应性——至少在亲戚之间趋向于这种合作"①。社会生物学不仅以物种、有机体等为单位研究生物及社会，还以基因为单位，论述了有机体是成千上万的基因相互配合（即基因的分工合作）的极其复杂的共同事业，其中个别的基因所做的贡献是很难与其他基因分开的。一个基因会对有机体的各个不同的部位产生不同的影响。他们认为任何一个单个的基因在有机体中所起的作用都依赖于同许多其他基因间的相互作用。

从社会生物学角度看，亚当·斯密在论述分工的起因时，存在方向性的错误。亚当·斯密认为分工并非人类智慧的产物，是从相互交换的倾向中产生了分工，他认为分工是交换的产物，要受市场范围的限制，为此，他以农村与城市的差别进行了论证。他还认为农业由于受它的性质的限制，不能有像制造业那样细密的分工，并以同时期的英国、法国、波兰之间的差距为例加以说明。

（人类的）劳动分工是人类出现后的产物，它只是整个分工体系中的一小部分。尽管亚当·斯密把分工的研究向前推进了一大步，进行了系统性的阐述，做出了历史性的贡献。但是，他的研究有漏洞，体现在：第一，分工不是人类特有的产物，早在人类出现之前就已经存在了；第二，把（人类的）劳动分工看成了分工的全部，因此在研究分工的起因时，认为分工是人类特有的；第三，把分工与交换的因果关系颠倒了。从人类三次社会化大分工的（即第一次社会化大分工是游牧业从农业中分离、第二次社会化大分工是手工业同农业的分离、第三次社会化大分工是商人的产生的）先后顺序可以看出，是先有分工，然后才进行交换，交换比较频繁后才产生了专门从事交换的人——商人和交换的地点——市场，而绝不是亚当·斯密所认为的"劳动分工是人类互通有无、以物易物和互相交易的本性倾向决定的"；

---

① 威尔逊：《新的综合》，四川人民出版社1985年版，第99页。

第四，亚当·斯密先认为生产力的提高缘于分工，但在此后的论述和研究中，脱离了研究促进生产力提高的原因——分工，转而研究生产力提高的结果——经济的发展。分工是生产力提高的原因，经济的发展是生产力提高的结果，但他的研究似乎搞反了。

马克思延续了"分工是人们交换的产物"的观念，把研究的主要精力和方向也放在了经济理论上面。因此，他也存在困惑：分工一方面提高了人的生产的能力，另一方面降低了人的全能性，从而造成畸形发展的"片面的"人。

受亚当·斯密理论的限制，阿林·杨格也没有脱离他的研究范围和方向，同样是从市场经济学的角度论述分工，认为市场竞争在资源配置过程中能使社会公共利益最大化和劳动分工对提高生产率的积极作用，是经济学缺一不可的两个方面。在新古典经济学把市场竞争的作用形式化时，生产函数和消费函数的理论框架使分工的作用变成与市场竞争不相容的东西了。这个理论框架较为成功地描述了斯密的第一个思想，却与斯密的第二个思想相冲突。这种冲突与斯密提出的"劳动分工受市场范围的限制"的著名定理所造成的一个两难困境有关。

斯蒂格勒在1951年发表的《市场容量限制劳动分工》一文中，明确提出了这一两难困境："如果这一定理具有普遍的适用性，那么在大部分产业中，岂不都应当是垄断统治？只有劳动的进一步分工（劳动和机械的进一步专业化）能使更高的产量以更低的成本获得，那么扩张或联合，以及驱逐竞争对手，对企业家来说是有利的。两难的困境在于：如果确是市场范围限制了劳动分工，那么，典型的产业结构就必定是垄断；如果典型的产业结构是竞争，那么这一定理就是错误的，或者并无重要意义。"

为什么会产生这个冲突？就是因为亚当·斯密把分工与交换的因果关系颠倒了，他认为是由于人类的交换而产生了分工，此后人们的研究都没能脱离这个理论基础，影响一直延续至今。

以杨小凯为代表的新兴古典经济学延续了亚当·斯密的错误，他们关于分工和报酬递增的研究思路是：分工是一种制度性与经济组织结构性安排，能否实现高水平的分工与交易效率有关。分工的演进扩大了市场规模，市场规模的扩大反过来又促进了分工的发展，同时使交易费用上升。但只要劳动分工经济效益的增加超过交易费用的增加，分工就有进一步演进的可能。

分工不是人类的产物，人类只能延缓或促进它的演进，但不能消灭它。市场是分工的产物，分工演进的速度决定了市场规模扩大的速度，分工演进的程度决定了市场发展的程度。市场的大小不可能决定分工，它只是分工演进程度的表现形式，而不是决定作用。小农化社会，几乎没有专业化的分工，只有最原始的自然分工，是自给自足的自然经济，从而决定了它的市场规模很小且不能扩大。同时，由于市场规模很小，说明了分工演进的程度很原始。没有分工，就不会交换，也就产生不了交换的场所——市场，小农经济与市场经济是冤家对头，分工形成市场，市场反作用于分工。需求与供给是分工的产物。

不仅经济学研究没有摆脱亚当·斯密理论的制约，社会生物学也受到巨大的影响，他们认为基因与基因之间是竞争的关系、基因是自私的基本单位。因此，理论内容容易造成内在冲突：一方面认为有机体是"众多基因相互配合的极其复杂的共同事业"、基因是相互依赖的关系；另一方面又认为基因具有一大天然的特性——自私，为了自己的生存，相互之间存在激烈的斗争，否则就不会存在。如果"基因天生的具有自私的特性"成立，那么，为了自己的存在，它们之间就会相互激烈地竞争而不是相互依赖，有机体则成了基因的战场。

四

分工的再认识

（一）分工的起源

人类为什么不分肤色、民族、种族、语言、文化、科技、法律、宗教、道德、经济、政治、军事、地域等的区别从类人猿进化成人，都逐渐产生了家庭、私有制、阶级、国家等，并具有相同的社会结构呢？而具有社会性的动物如蚂蚁、蜜蜂等，它们没有种类、语言、文化、法律、宗教、道德、经济、科技、政治、军事等的区别，相隔千万里之遥且互不通信息，但它们的社会组织形式却没有本质的区别，这又是什么原因呢？同样具有社会性，蚂蚁、蜜蜂等的社会规模、结构千百万年来几乎没有什么变化，但是人类的社会规模、结构却在不断地变化，这又是为什么呢？是什么推动了人类社会规模、结构的不断变化却又使其他社会性动物的社会规模几乎没有变化呢？动物为什么有的在空中飞、有的在水中游、有的在陆地上跑、有的在土里钻、有的能在有机体内部生存呢？植物为什么有生长在水里、有生长在沙漠、有生长在陆地的呢？动植物为什么会有高等、低级之分？这一切都超出了物种、文化、意识形态、法律、道德、宗教、经济、政治、军事、地域等的范畴。由此可见，显然有比语言、文化、意识形态、法律、道德、宗教、经济、政治、军事等功能更强大的法则在左右着这一切，这个法则是什么呢？

天下大势，分久必合，合久必分。这句话比较辩证地说明了"分"与"合"的关系。但究竟什么是"分"，什么是"合"？"分"什么？"合"什么？为什么会有"分""合"？怎样"分""合"？古今很多人对"分（工）""合（作）"有论述，但比较片面，有很大的局限性。如管仲、墨子、柏拉图、色诺芬、亚当·斯密、马克思、爱德华·威尔逊、尤瓦尔·赫拉利等都对"分""合"有不同的论述和见解，他们有一个共同点：都认为"分""合"是人类出现以后的产物，是人类特有的，并认识到"分""合"对人类的巨大作用，为此做了大量的研究和不同程度的论述。尤瓦尔·赫拉利认为"社会合作是我们得以生存和繁衍的关键"，"智人也能够发展出更紧密、更复杂的合作形式"。他还认为"虽然一群蚂蚁和蜜蜂也会合作，但方式死板，而且其实只限近亲。至于狼或黑猩猩的合作方式，虽然已经比蚂蚁灵活许多，但仍然只能和少数其他十分熟悉的个体合作。智人的合作则是不仅灵活，而且能和无数陌生人合作。正因如此，才会是智人统治世界，蚂蚁只能吃我们的剩饭，而黑猩猩则被关在动物园和实验室里"。①

"分工"既不是人类智慧的产物，也不是人类所特有的。它在人类出现之前就已经存在，并且会一直存在着，既不会随人类的产生而产生，也不会随人类的消失而消失，它不以人的意志为转移，是自然界的最重要的法则：从生物圈到各种生态系统；从大大小小的群体到每个独特的个体；个体单位以内组成个体的器官、组织，直至细胞、分子等都是分工的结果。从生物圈到基因，生命系统层层相依，又各自有特定的组成、结构和功能，它们相互

---

① 尤瓦尔·赫拉利：《人类简史》，中信出版社2014年版，第24—25、26页。

依存而不能独立存在，因此"合"在一起。

动物也有分工：人们所熟悉的蚂蚁、蜜蜂等就有十分明显的分工。蚂蚁是一种具有社会性生活习性的昆虫，有明确的分工，一般分为：蚁后、雄蚁、工蚁、保育蚁、兵蚁几种。蚁后：主要职责是产卵、繁殖后代和统管这个群体大家庭；雄蚁：主要职能是与蚁后交配；工蚁：主要职责是建造巢穴、采集食物；保育蚁主要职责是饲喂幼虫及蚁后等；兵蚁：主要职责是保卫群体。每种蚂蚁各司其职，互不干扰，但又缺一不可，它们共同组成一个生产、生活单位。同样，蜜蜂也是一种具有社会性生活习性的昆虫，蜂群内部有明确的分工，社会行为明显。一个生产、生活单位有几千到几万只蜜蜂，由一只蜂后、少量的雄蜂和众多的工蜂组成。蜂后：亦称蜂王，主要职责是产卵繁殖后代和统管群蜂；雄蜂：主要职责是与蜂后交配；工蜂：主要职责是保育、筑巢和采蜜。它们都有非常明确的分工，组成一个完整的生产、生活单位。每群蚂蚁、蜜蜂等有明确的分工，单位内部没有高低贵贱之分，每一工种缺一不可。即使是植物，也有自己的分工，它们分为根、茎、叶、花、果、种子等，具有各自不同的功能，缺一不可，共同组成单位有机体。

生物都有分工，它们的区别只是分工演进的程度和速度不同而已。即使是最低等的单细胞生物，也有最简单最原始的细胞内部的分工。多细胞生物比单细胞生物明显进步，是因为多细胞生物不仅有细胞内部的分工，还有细胞间的分工。细胞并不是最小的分工单位，组成细胞的是分子、组成分子的是原子等。因为存在分工，所以细胞内部、细胞间就必须进行物质、能量的交换，可见，交换也不是人类所特有的。分工在自然界中普遍存在，并不是因为交换而产生的。人类的分工和其他生物的分工一样，都是因为必须遵循宇宙的法则而存在、进行的。

亚当·斯密在《国富论》中用狗来说明动物不懂分工，这是有局限性的。并且很多动物是有非常明显分工的，最常见的如蚂蚁、蜜蜂等，只是不知道它们懂不懂分工？是主动分工还是被动分工？这需要生物学家好好研究。另外，"狗"也是有分工的——有性别、老少等之分，在它们个体内部还有各细胞、组织、器官等的分工，只是人们往往忽视了这种分工。很多野生动物，为了生存，都不同程度地存在分工的现象。法国生物学家、作家法布尔在《昆虫记》中描写金龟子"运送珍贵的粪蛋儿，并不总是单枪匹马地干。它往往再找一位同事……这时它突然丢下自己的工作，跑到正在滚动的粪球那里，去协助得意而归的粪球主人；主人遇到支援，显得很愿意接受。自此，两位伙伴开始了协作行动。它们一路上争着出力。最后把粪蛋儿运到安全地点"。许多动物都有类似的分工的情况。可见，分工不仅仅是人类所特有的，而是自然界普遍存在的法则。只是动、植物们的分工很简单、原始且不能持续不断地演进或演进十分缓慢，长期停留在某一水平上，这是由动植物有机体内部各基因、细胞、组织、器官等分工演进的程度和速度所决定。因为其有机体内部分子的分工不能持续演进或演进十分缓慢，导致了细胞、组织、器官等单位的分工不能持续不断地演进。也因为如此，在地球不断变化的过程中，会有不同种类的动植物不能适应这种变化而灭绝。这大概就是生物学上的"自然选择"和"生物进化"的根源吧。

以家庭为生产、生活单位的小农经济能够解决家庭内部最基本的生产、生活活动，所以仅有性别、年龄等最基本最简单最原始的分工且不能演进，而家庭间少有分工。这种情况与单细胞生物类似，单细胞生物只有细胞内部最简单最基本最原始的分工：细胞壁、细胞膜、细胞核等，同种类的细胞个体没有分工。无论多大一个同类的单细胞生物群，其中任何一个细胞与其他细胞不存在本质的区别，它们都具有相同的功能，都能单独完成生命的全过程，不需要与其他细胞发生任何联系而能独立生存，细胞间的相互依存度很低甚至没有，即单细胞生物的细胞具有很高的全能性、独立性，相互依存度低。多细胞生物不仅仅有细胞内部的分工，还有细胞间的分工：在同一个有机体内部，同样是细胞，却有着很大的区别，因分化（分工）而具有不同的功能，单个的细胞不能独立生存，相互依存度很高，必须与其他细胞一起进行合作才能生存。即多细胞生物的细胞不具备全能性、独立性，相互依存度很高。构成生物有机体的细胞等单位分工演进的程度决定了生物等级的高低，演进的速度决定了生物进化的快慢。

人们常常把家庭比作社会的细胞，但家庭这个"社会的细胞"也有两种不同的存在模式："单细胞模式"和"多细胞模式"。组成社会的细胞——家庭只有内部的分工而没有家庭间的分工，家庭内部成员的独立性、全能性低，相互依存度高，单个的家庭就是一个生产、生活单位，能够独立地完成生产、生活，具有很高的全能性和独立性，家庭间的相互依存度低。这样的家庭模式就像单细胞生物的细胞一样，是"单细胞模式"家庭。无数个这样的家庭所组成的社会就是小农化社会，是原始、低级的社会。组成社会的细胞——家庭既有内部的分工又有家庭间的分工，但家庭内部的分工逐渐弱化，家庭间的分工逐渐强化，家庭内部成员的相互依存度逐渐减弱，单个的家庭不再是生产、生活单位，不能独立地完成生产、生活，其全能性、独立性很低，家庭间的相互依存度很高。这样的家庭模式就像多细胞生物的细胞一样，是"多细胞模式"，它们组成的社会是工业化社会，是进步、高级的社会。分工演进的程度既是区分生物等级高低的标准，也是区分人类社会等级高低的标准；分工演进的速度既是区分生物进化快慢的标准，也是区分人类社会发展快慢的标准。

地球上因为有各种物质的（功能）分化与合作，才显得丰富多彩，异彩纷程，甚至可以说地球是因为各种物质的分工合作而存在。不仅地球如此，整个宇宙也是这样。关于宇宙的产生，有很多理论和假说。什么是宇宙？目前认为宇宙是由空间、时间、物质、能量所构成的统一体，是一切空间、时间、物质和能量的总和。时间、空间、物质、能量本身就是一种"分工"，也是分工的结果，因为分工彼此相互依存而不能独立存在，只能"合作"成为一个整体，即宇宙是"分工合作"的产物。关于宇宙的产生，有不同的说法，各有千秋。一般认为，宇宙产生于140亿年前的一次大爆炸，大爆炸后30亿年，最初的物质涟漪出现，大爆炸后20—30亿年，类星体逐渐形成，大爆炸后90亿年，太阳诞生，38亿年前，地球上的生命开始逐渐演化。根据宇宙爆炸的假说，以及各种生命形成的现象，宇宙的形成与其说是爆炸的产物，不如说是"分工合作不断演进"的必然结果：宇宙形成之前是混沌一团（即"合"，就像一个受精卵），随着这混沌一团内部分工剧烈演进，产生了大爆炸（就像生命的孕育一样），宇宙诞生了。宇宙的诞生并不是分工演进的结束，而是分工加速演进的开始，逐渐形成了各种物质。各种物质的分工继续演进，形成了各星体，各星体的分工也在不断地演进。以此类推，直至很小的物质，比如基因、分子等，它们也有自己的物质、能量、空间、时间。

（二）分工的层次及意义

宇宙天体处于永恒的运动和发展之中，也就是分工在永恒地演进。天体的运动形式多种多样：自转、各自的空间运动、围绕系统中心的公转以及参与整个天体系统的运动等。如月球一方面自转，一方面围绕着地球运转，同时又和地球一起围绕着太阳运转，太阳又带着太阳系的所有成员一起围绕着银河运转。银河系也进行着同样的运转。

宇宙的分工处于永恒的演进之中，就像地球不仅不停地围绕着太阳转，而且自身也在不停地转，即地球的公转和自转。分工也有内部与外部之分：单位内部的分工可以称之为自分工，单位间或单位外部的分工可以称之为公分工。单位是什么？它可以无限小，也可以无限大：根据生物学的划分，常用的有界、门、纲、目、科、属、种，往下分有种族、群体、亲族、有机体、系统、器官、组织、细胞、细胞器、生物大分子、基因等，往上分有生物圈、自然界、地球、星系、星团等。目前所知最大的单位大概是宇宙、最小的单位是夸克。分工似乎是整个宇宙的法则，宇宙中的一切似乎都遵循着这个法则，无论什么单位的分工都包含着自分工和公分工。地球不仅本身内部进行着分工：大气、地壳、地幔、地核、山、水、动物、植物等，而且还参与了太阳系的分工。太阳系同样也有自身内部的分工，并且还参与了银河系的分工等。分工不仅有宏观的，还有微观的：单位间的分工是宏观的，单位内部的分工相对来说是微观的（也可以说"自分工"是微观的，"公分工"是宏观的）。人类也这样：每个人都要参与家庭的、单位的、社会的分工，是宏观的，也就是"公分工"；同时，每个人体的内部有各系统的分工，是微观的，也就是"自分工"。每个系统在参与系统之间的分工的同时（公分工），系统内部还有各器官之间的分工（自分工）。这样，"公分工"相对于上一级单位就变成了"自分工"，"自分工"相对于下一级单位则是"公分工"，它们既相互促进又相互制约：当它们不协调时，就会互相制约；当它们能协调发展时，又相互促进。

随着人类社会的产生，分工又表现出三个层次。

第一个是宇宙的分工。宇宙是一个整体，是所有时间、空间、物质、能量的总和，它们相互依存、缺一不可。这无限的宇宙、无数的星球，是怎么形成一个整体的呢？那就是分工：自分工和公分工！只有用分工的方法才能把它们整合成一体。因而可以说"分工是手段，合作是目的或结果"。宇宙分为时间、空间、物质、能量。时间、空间、物质、能量又进行了各自不同的分工，如：不同的物质有各自不同的时间，占据不同的空间，拥有不同的能量。作为人类摇篮的地球，各种物质都有自己的时间、空间、物质、能量，它们共同组成了地球的时间、空间、物质、能量。人类作为地球的一部分，也不能脱离这个规律：每个人都有自己的时间、空间、物质、能量，所有这些共同组成了整个人类社会，形成了人类社会的时间、空间、物质、能量。不仅人类社会是这样，单个的人同样如此：人是由各种细胞组成的，每个细胞都有自己的时间、空间、物质、能量，它们共同构成人的有机体。时间、空间、物质、能量各自的分工又互相交叉，不是孤立存在的，而是相互依存共同组成宇宙。地球是宇宙分工不断演进、链条不断拉长的结果。这种分工合作是宇宙普遍存在的且不以人的意志为转移的法则。

根据宇宙的分工，可以勾画出宇宙的架构图。宇宙分为超星系团，然后再分为星系团，星系团下面又有星系，星系再分星球，星球又分为各种物质等。当然，并不是所有的都会有星系团或超星系团。不管是星球还是星系，它们都有自己的时间、空间、物质、能量，彼此相互依存成为一体，形成宇宙。如果画成架构图，就像一棵巨大的树：宇宙是整个大树，超星系团是主枝，星系团是第一级次枝，星系是第二级次枝……一直这样分下去，最后星球就像是叶子。星球内部也有时间、空间、物质、能量，它们则像是叶子的组成部分如各种器官、细胞等。不管是细胞还是树枝，它们都有各自的时间、空间、物质、能量，共同构成一棵完整的"大树"，即宇宙的架构图是一棵巨大无比的"树"。

分工的第一层次是最重要的，是宇宙的法则，是宏观的，宇宙中的一切都必须遵守这个法则。宇宙的分工不断地演进，从而使宇宙的链条不断地拉长，中间环节不断地增多，因此，宇宙在不断地运动、变化、扩大。地球上的各种物质、生物都是因分工不断演进、链条不断拉长而形成、产生、进化的，并沿着这个法则继续演进。

第二层次是人类自身及人类社会。作为自然界的一分子，人类自身及人类社会必然也要遵循这个自然法则。人类的进化、社会的发展，起决定作用的是分工演进的速度和程度。一个人可以没有文化、道德，可以不信仰宗教、不懂政治，可以不遵守法律，但他不可能不参与分工。目前，人类还没有认识到分工的极端重要性，人们研究分工的作用，主要在经济方面，仅强调了分工对经济的推动作用，忽视了分工对人类自身及整个社会的决定性作用。

分工的演进应该是人类产生、进化的根源。人类至今，大约有两三百万年的历史了，在这漫长的岁月里，我们从哪里来？是怎样来的？又将向哪里去？这些问题一直困扰着人们。关于人类是怎样形成的，在世界各民族中，有各种各样的神话和传说。几十亿年来，地球上一直生活着各种各样的生命，但对生命本身存在的道理却知之甚少。各种神话、传说听起来虽然美妙，虽有各自功能，但离事实太远。18世纪中叶到19世纪三四十年代，自然科学中的胚胎学、细胞学、比较解剖学、地质学、古生物学等有了很大的发展。达尔文出版了《物种起源》一书，提出了动植物不断地变化发展，从简单到复杂、从低级到高级的进化学说，"进化论"第一次把生物学放在完全科学的基础上。究竟是怎样进化的呢？达尔文认为是自然选择的结果。所谓的"进化"（包括变异）应该是有机体内部各组成单位分工演进的结果，"自然选择"只是改变"进化"（分工演进）的外因。随着人类智慧的增长，人们可以使用生物的手段使有机体内部各组成单位的分工突变，以改变物种进化的速度和质量。由此可见，生物的进化可能不是简单的自然选择的结果。恩格斯曾经说过"达尔文从他的科学旅行中带回来这样一个见解：植物和动物的种不是固定的，而是变化的"。

达尔文运用他的进化论原理，论述了人类起源于动物、人类在生物界的地位以及人和高等动物之间的血缘关系。他认为，人类同其他动物一样，在身体结构、生理特点以及精神和心理特征方面，都有变异性，各种变异都有遗传性；并且认为支配生物进化的各种规律，同样支配着人类。他以自然选择作为生物进化的动力。从达尔文主义的意义上讲，有机体不是为了自己而活着，塞缪尔·巴特勒认为"小鸡只是一个鸡蛋制造另一个鸡蛋的工具"。社会生物学认为"有机体只是DNA制造更多DNA的工具"。但是，达尔文并没有科学地回答人类与动物的本质区别，以及人类是怎样由动物界分化出来的，也没有彻底地解释古猿是怎样发展为现代人的问题。

根据目前所掌握的信息，人们认为：大约一两千万年前，在一些森林里，成群地生活着高度发展的古代类人猿（古猿）。它们长期生活在树上，前肢和后肢逐渐有了某种自然的分工，内脏的位置也逐渐作了新的适应。这种古代类人猿就是人类和现代类人猿的始祖。在地球不断变化的过程中，它们因自身细胞、组织、器官等的分工演进的速度和程度不一样，导致各群体的体质结构存在着差异，使它们对环境变化的适应能力不同，慢慢分化成不同的分支。有些因自身细胞、组织、器官等的分工演进的速度很慢甚至停滞，不能适应地球的变化，被淘汰了；有些有机体内部的分工能够缓慢地演进，能在小片森林里生活，它们后来就进化成为现代类人猿——猩猩、大猩猩、黑猩猩等。另外一些古猿，其早期代表可能为"腊玛古猿"，晚期代表可能为"南方古猿"，因为有机体内部的分工演进更快一点，其四肢、躯干、头颅等体质形态构造具有与人相接近的性状，适应能力较强，智力也比其他猿类发达，能够脱离森林，到林间草地上生活。在同自然界的斗争中，加快了自身各组成单位的分工演进的速度和程度，逐步向人类的方向发展变化。这种正在形成中的人，就是人类的远古祖先。根据古人类学以及考古发现，1932年在印度最先发现腊玛古猿的遗骸化石，随后在亚洲其他地方也陆续发现。据估计其年代大约距今一千四百万年至八百万年。1975—1980年，云南禄丰发现了八百万年前的腊玛古猿的头骨化石。经初步观察和研究，一般认为腊玛古猿可能是属于人的系统（即人科）最早的代表，它们能用"手"抓握树枝，还有防御能力。它们的上肢已开始部分地从行走器官解放出来，下肢能初步直立行走。稍后，由于腊玛古猿自身细胞、组织、器官等的分工合作演进的速度和程度不一样，又开始分化，其中有一支向着南方古猿发展。在非洲找到了不少南方古猿的遗骸化石。目前认为南方古猿中的粗壮型（如坦桑尼亚奥杜韦峡谷5号头骨）在发展中灭绝，纤细型中的一部分可以作为从猿到人的过渡阶段的晚期代表，它们的体质特征比腊玛古猿有了进一步发展。南方古猿由于能够直立行走，肢体分工进一步演进，遇到猛兽时会拾取现成的树枝、石块进行抵抗和回击，也能使用树枝或石块打下树上的果实或挖掘地下的块茎、块根。这种情况，从现代类人猿也会使用天然的甚至制造粗糙的工具可以得到证明。纤细型的南方古猿，可以称为"形成中的人"，它们在自身细胞、组织、器官等分工不断演进的同时，还参与了群体、自然界的分工且不断演进，逐步积累经验，进一步提高了技能，人工制造的石器大量出现，人类诞生了。

　　根据各种信息，对人类形成的以上推论基本被人们认可。但对是什么原因促使古代类人猿进化成人类则有不同的论调：有进化论、自然选择论、劳动论等。恩格斯认为"在某种意义上不得不说：劳动创造了人本身"。"手不仅是劳动的器官，它还是劳动的产物。"①当今，劳动论认为"劳动"在人类进化的过程中起着极其重要的作用：它促使猿的体质改造成为人的体质，把前肢改造成"人手"。人手与猿"手"有很大的差别：人的手臂、手腕灵活，手指发达，大拇指长而有力，并能与其他四指相对自由活动。还有人的大脑、语言、肺部、喉头等也与猿类有很大的差别。

劳动创造人似乎也存在一些问题。劳动不仅仅是发展成为人类的那支古猿所需要，其他古猿也需要劳动，只不过是劳动的方式有所区别，不劳动，它们就不可能生存下来。腊玛古猿不仅仅只有南方古猿一支，南方古猿也不是只有纤细型一支，它们相似度很高，同样都要进行劳动，并会制造、使用简单的工具，为什么就不能进化成人类？人有人言，兽有兽语：黑猩猩碰上"不如意"的事会发怒，看到大香蕉会高兴的互相拥抱；当小猩猩刚出生时，老猩猩都会欢乐；一旦幼仔死亡，母猩猩会悲哀失常；大猩猩还会用木棍打象、同伴死后会用树枝掩盖尸体；黑猩猩会用树枝从蚁穴里掏白蚁吃，用粗木棍作杠杆，扩大土蜂巢的入口，或把树叶嚼成海绵状，用它从树洞里蘸水，然后从这些"海绵"里吮吸水分等。它们和进化成为人类的类人猿一样劳动、制造使用工具，都为了吃、喝，能够生存下来，为什么就不能进化成人类呢？而且到现在，它们经过了更长时间的进化，仍然不能成为人类，甚至在遥远的未来，它们也不可能再进化成人类。显然，劳动、制造和使用工具并不是类人猿进化成人类的决定性因素，也就不是人与动物的本质区别。

类人猿在进化成人类的过程中，起决定作用的是自身各细胞、组织、器官、系统等的分工能不断地演进，劳动只不过是分工不断演进的加速器。生物的进化与工具的进化似乎有相同的原理：谁能想到一根木棒、一块石刀会"进化"成轮船、飞机、汽车等呢？谁又能想到一些生物大分子会进化成人呢？黑猩猩不能进化成人与小农化社会不可能爆发工业化革命的原因似乎

---

① 《马克思恩格斯选集》第3卷，人民出版社1995年版，第509页。

也一样：分工不能演进。自身细胞、组织、器官等单位的分工能不能不断地演进是人与其他生物的本质区别。现代社会生物学认为"有机体只是DNA制造更多的DNA的工具"的说法只适用于除人类之外的其他生物，似乎并不适用于人类，因为人类不是简单的复制，而是在不断地进化，这个进化的过程就是组成人体各单位的分工不断地演进的过程。这个"单位"不仅仅包括系统、器官、组织、细胞，还包括基因等。基因就是闻名的"双螺旋"——一对核苷酸的链，两条链相互盘旋交织，呈优雅的螺旋形。核苷酸构件只有四种，所有生物的这四种核苷酸都是一样的，只是它们的排序（分工合作）不同，从而使它们具有不同的功能。肉眼看不见的基因是怎样完成极其复杂的生命的全过程的呢？是成千上万的基因相互配合（分工合作）的共同事业，其中任何单个基因所做的贡献都不能与其他基因分开，必须是合作。一个基因对人体各个不同的部分所产生的许多不同的影响，都是同许多其他基因进行分工的结果。

进化成人的那支类人猿在长期的劳动中，加快了构成其身体的各单位分工演进的速度，最终进化成了现代的人。并且，现代人身体内部各组成单位的分工仍然在不停地演进着，推动着人类自身不断地进化。据报道，伦敦科学家在64年间，对48个国家二十多万人的智商进行了测试。虽然测试的难度不断提高，但接受测试的人仍能取得不错的分数，人类的平均智商自1950年以来提高了20分。在这个过程中，劳动不仅促进了人体细胞、组织、器官、系统等分工的演进，而且也促进了人与人、人与物之间分工的演进，加强了群体内、外之间的合作，让每个成员自觉不自觉地接受了分工，使人类由简单的群体走向了复杂的社会，并且使社会的数量不断减少、社会的规模不断扩大，并将实现全球一体化。蚂蚁、蜜蜂等自身细胞、组织、器官的分工没有演进或演进十分缓慢，虽然品种之间有些差别，但没有本质的区别，所以它们不能进化或进化十分缓慢，"自身身体只是DNA制造更多的DNA的工具"。

蚂蚁、蜜蜂等社会性动物，虽然其单位内部也进行了较为精细的分工，但是，千百万年来，其分工几乎没有演进。如负责战斗、保卫工作的兵蚁不能继续分工，使链条拉长，从而产生新的部门；负责采集食物、筑巢的工蚁也不能继续分工，拉长产业链，形成新的劳动部门；其他的蚂蚁同样不能进行分工的演进，拉长链条、形成新的部门。单位与单位间更是"老死不相往来"，没有进行分工，所以其单位的规模不可能扩大。其他具有社会性的动物如蜜蜂等同样如此。人类则完全不同：由于分工不断地演进，不仅人类自身不断地进化，而且人类的社会规模不断地扩大、社会关系不断地密切。比如，最早的人类没有专门从事打仗的人员，往往由单位内部比较强壮的人在需要时充当战士，类似于兵蚁等。但随着分工的逐渐演进，链条逐渐拉长，出现了专门从事战斗的人员——战士。打仗这个行业的分工并没有因为出现专业化的战士而停止，仍在继续演进，使其链条不断拉长，内部出现了新的部门、专业，如步兵、骑兵、水兵、工兵、侦察兵等；管理的链条也随之拉长，出现了各级军官、参谋人员、后勤保障人员等。尽管如此，分工的演进仍然没有停止，出现了更加细分、更专业化的部队，如步兵（还分有徒步步兵、摩托化步兵、机械化步兵、山地步兵、重装步兵、轻装步兵等）、装甲兵、炮兵、防空兵、空降兵、航空兵、海军、海军陆战兵等，并且各种分工交错演进，相互依存度不断增加，单个士兵再也不能像以前那样能够独立工作了。其他各行业也在不断地进行分工的演进，链条不断地拉长，新的单位、部门、行业不断地产生，需要参与的人、物不断地增加，独立性、全能性不断地降低，相互依存度不断地增加，从而使社会的规模不断地扩大。这就是动物社会与人类社会的根本区别。

在生物学上，人体按功能可分为八大（或九大）系统，即呼吸系统、消化系统、运动系统、循环系统、神经系统、内分泌系统、生殖系统、泌尿系统。这八大系统又分别由不同的器官组成，如消化系统由口、食道、咽、胃、小肠、大肠、肛门等组成。这些器官又分别由不同的组织组成，而组成这些组织的是细胞，也就是细胞是生物有机体基本的结构和功能单位。即使是这些肉眼看不见的细胞，它们也是由具有不同功能的细胞膜、细胞核、细胞质等组成。各细胞、组织、器官、系统相互联系，彼此分工合作，构成一个有机的整体。

人体本身就是各细胞、组织、器官、系统分工合作的集合体，任何单个的细胞、组织、器官、系统都不是独立的单位，都不能单独地完成整个生命的全过程，它们必须分工合作、相互依存，才能共同完成生命的全过程。多细胞生物的单个细胞不能独立完成生命的全过程，即细胞不具有全能性，独立性低，相互依存度高，必须与其他细胞一起进行分工合作，才能完成整个复杂的生命活动。成人身体大约有10^{14}个细胞，这些细胞大约有200多种不同的类型，根据分化（即分工）程度的不同，又可以分为600多种。它们的功能差异很大，但是都有基本相同的结构。也就是说，尽管结构基本相同，但因为分工使它们各具不同的功能。

组成人体的各个细胞、组织、器官、系统等没有高低贵贱之分，没有统治者、被统治者的区别。大脑是"司令部"，是指挥机关，手、脚是劳动的主体，是"劳动者"。如果用所谓的阶级观念来划分的话，大脑是"统治阶级"，手、脚则是"被统治阶级"，它们应该进行着你死我活的斗争，是敌我矛盾。但是，在单个的人体内部，不存在这种情况：因为分工，各细胞、组织、器官、系统等形成了垄断，并达到了垄断平衡，谁也离不开谁，谁也少不了谁，为了存活，就必须且只能是合作，从而实现了消灭"阶级"。人有健康和病态之分，之所以健康，大概是组成人体各单位如细胞、组织、器官、系统等的分工合作能正常进行，达到垄断平衡，实现了"共产化"。如果分工合作不能正常进行、不能保持垄断平衡，某些细胞、组织、器官、系统等多占有物质、能量，某些细胞、组织、器官、系统等少占有物质、能量，那么这个人可能就会成为一个病态的人，甚至死亡。单个的人是这样，人类社会同样如此：当单位内部、单位之间乃至整个人类社会因分工实现了垄断平衡，共同享有物质、精神时，这个单位、群体乃至人类社会就是健康的；如果不能因分工实现垄断平衡，某些单位、群体多占有物质、精神时，这个社会就是一个病态的社会，就会出现饥饿、疾病、各种灾害乃至战争。

功能不同的细胞构成组织，功能不同的组织组成器官，功能不同的器官形成系统，功能不同的系统构成人体。但人体并不是最终的形式——不同的人体组成社会，甚至可以说社会是生物大分子、细胞等进化的延续。单个的人是组成社会的细胞，与生物有机体的细胞情况相同：尽管都被称作"人"且外形没有本质的区别，但他们的能力（功能）并不相同，这是由每个人体内部各组成单位的分工决定的，从而使每个人在社会上所处的位置不同，具有各自不同的功能（即不同的社会存在具有不同的社会功能）。功能不同的人组成生产、生活单位，不同的生产、生活单位组成社会组织，不同的社会组织组成社会系统，不同的社会系统组成社会。迄今为止，人类尚未发现功能完全相同的单位如细胞、组织、器官、系统等能构成人体（或有机体），也未发现功能完全相同的人可以组成社会。分工使每个人的社会存在不同。

2013年，有一个"打赌"：小米和格力之赌。在这场赌局中，格力反复说"我不给你做了""不给你做怎么办？"为什么这样说，大概是对"分工"的理解有误。以单个的人为例：双手、双脚是用来劳动的，它们是劳动者，但是，它们的劳动成果自己并不能享受，而是送到嘴巴里。那么，它们的劳动果实是不是就被嘴巴得到了呢？不是，嘴巴只是一个进行初加工的"工具"，它把各种食物进行了最初的加工，然后送到胃里，那胃是最终的受益者吗？也不是，它只是把这些食物再次进行加工、消化，然后送到肠、肚里，由它们继续进行消化并吸收。它们是最终的受益者吗？也不是，它们吸收的营养被送到了全身每一个细胞，既包括大脑、手、脚、嘴、胃等，也包括自身。那些废物残渣，则通过肛门、尿道等器官排泄出来。人体的各部位所从事的工作职能不同，它们没有说"我不给你做了""不给你做怎么办"。如果那样：手、脚很辛苦地劳动，它们的劳动成果不送到嘴巴里，而是自己抓住；肛门、尿道等排泄废物的器官，是很脏的工作，它们也不做了——罢工，那么，这个人会怎样呢？如果某处出了问题或"罢工"，就会导致所有的细胞、组织、器官、系统的分工合作不能进行，使人体出现各种异常情况甚至死亡。人常常会生病、死亡，其原因大概就是某些细胞、组织、器官、系统不能正常地进行分工合作，从而表现出各种不同的症状，甚至导致生命停止。不仅仅人体是这样，具有社会性的动物如蚂蚁、蜜蜂等也是这样，它们不能说"我不给你做了""不给你做怎么办"，而必须按各自的专长，分工劳动，共同享受劳动成果。

澳大利亚有这样一个寓言故事：波斯国王患了一种病，只有喝狮子奶才能治愈。为此，王宫张榜："获取狮子奶者重赏。"一位非常爱自己国王的年轻人决定去取狮子奶。一路上，他身体的各个部位为谁最强大在互相争吵。最后，它们决定把这次冒险作为一个检验。为了寻找、等待和获取母狮的信任，年轻人花了几个星期的时间，才挤到母狮的奶水，然后拿着一壶珍贵的狮子奶返回王宫。路上，他身体的各器官和手脚激烈地争吵起来。"我可以看到母狮藏身之地，可以看到从哪里挤奶。"眼睛说。"我听到了母狮的呼噜声和咆哮声，知道何时靠近它不会有危险。"耳朵说。"要是没有我，你们怎么可能安全往返？"脚争辩道。"多亏了我们，"手大声喊道，"我们才能把奶挤出，不让它洒掉，送回王宫。"它们争来争去，舌头平静地说："事情还未结束呢。没有我，你们能做什么？""你？"它们全都放声大笑，"谁需要你？"年轻人站到国王的面前时，轮到舌头说话了。"陛下，我带来了你需要的东西，珍贵的……狗奶。"国王对年轻人的傲慢大怒："绞死他，直到他舌头吐出来。"舌头转过来对身体的其他部位说："你们看，离开我，你们什么力量也没有。我可以用一个字，在一秒钟之内，让你们千辛万苦所做的一切化为乌有。只要你们承认我是最强大的，我就可以让我们逃脱死亡。"手、脚、眼睛和耳朵赶紧表示同意。"哦，陛下，"年轻人说，"我刚才太着急，说错话了。这是一只母狮子的奶，请喝了它，亲爱的陛下，你就会痊愈了。请高抬贵手，饶我一命。"年轻人的声音感动了国王。国王喝了奶，很快就康复了。年轻人也得到了国王的重赏。这则寓言故事告诉我们，身体的各个器官没有高低贵贱之分，只有分工的不同，唯有合作，才能生存。单个的人体如此，整个人类社会同样如此，甚至地球、宇宙也是这个原理。人类社会要做到像人体的各个细胞、组织、器官、系统等一样没有高低贵贱之分，就需要不断地推动分工的演进。

与其说人是由类人猿进化而来的，不如说是细胞（或生物大分子）分工合作不断演进的结果，即有机体内部各细胞、组织、器官等的分工不断地演进，进而形成现在的人。直立行走是人体各细胞、组织、器官、系统等分工不断演进的结果，而不是形成人的原因。人和其他动物的根本区别就是组成有机体的各细胞、组织、器官、系统等的分工能不能持续不断地演进：组成人体的各细胞、组织、器官、系统等的分工能持续不断地演进，而组成其他有机体的细胞、组织、器官等的分工不能持续不断地演进或演进十分缓慢。分工的演进就像一辆永不停止、高速前进的列车，不同种类的物种在不同的站点下车了，而人类则是永不下车的乘客。亚当·斯密在《国富论》中说"而其他动物则不同了，它们一旦成年，便能完全独立，在自然状态下不需要其他生物的援助"。这是因为动物在成年之后，其分工（包括有机体内部和个体间）演进十分缓慢，或者说它们的分工演进基本停止了。人类则不同，他们的分工（包括有机体内部、个体间以及人与外界）一直在演进着，尽管时快时慢，有时是有意识，有时是无意识的，总的说来是没有停止。这也是人类之所以成为人类，而类人猿等不能进化成为人的根本原因。如果人是由猴子进化而来的，那岂不是有源源不断的猴子进化成人？事实上，在生物进化史上，再也没有出现过猴子进化成人的事例。据考古资料，人们推测在人类出现之前，有几种类人动物，他们都可以进化成人类。但实际上，只有一种动物进化成了人，其余的都灭绝了或再也不能进化成人。为什么呢？应该是这些类人有机体的各组成单位分工不能不断地演进，因而在漫长的岁月里不能适应地球的各种变化，最终被淘汰。劳动在类人猿进化成人的过程中，有一定的作用：它加快了组成有机体的各单位分工演进的速度。反过来，他们自身各组成单位分工的演进也促进了劳动的发展。直立行走是人这个有机体各组成单位分工演进的外在表现形式。

作为同样具有社会性的人类社会和其他动物社会的区别是：人类自身及社会的分工不仅能不断地演进，而且还能把劳动工具、自然界乃至整个宇宙都纳入到人类分工合作的体系中来，并不停地共同演进，所以人类社会的结构在不断地变化、社会的规模在不断地扩大。动物社会则不具备这种能力，尽管它们自身及社会内部也有分工，但在演进到一定的阶段后，不能继续演进，更不能将劳动工具、自然界乃至宇宙纳入其分工合作演进的体系中去。如具有社会性的动物蚂蚁、蜜蜂等，在漫长的岁月中，其社会结构几乎没有任何演进、社会规模没有任何扩大，一直保持着其原始性和一定的规模。

生物学家、人类学家长期观察和研究，发现人和猿无论在外表形态、解剖学、生理学、血液的生物化学等方面，都存在着极其相似的特征。从外表形态观察，猿的身躯与人相似，只是人类能站得更直，猿类则处于半垂直位置，后肢可以暂时直立，或用两条腿走路；上肢能够像人手一样捉虱子等，相当灵活；能制造简单的工具捕获食物；脸部无毛或少毛，没有尾巴；五官位置和形象与人极其相似；猿类同人类一样，有32颗牙齿，结构也大体和人相似；从身体结构上看，猿类骨骼大体上和人类具有同样的类型；基本生理现象上，猿与人也有十分惊人的相似或相同之处，都有A、B、O、AB等血型；从类人猿的染色体证明猿类的染色体形态和位置也和人类的相似等。即使有这么多相似的地方，猿类还是不能进化成人类，而人类则在不断地进化，其根源就是组成人类有机体的各单位的分工能够不断地演进，而组成猿类有机体的各单位的分工则基本处于停滞的状态或演进比人类要慢得多。直立行走、语言、思想、制造和使用工具等只是组成有机体各单位分工演进的结果，而不是人与动物的本质区别。人类有机体各组成单位分工的演进带来的是一系列的身体变化，直立行走、制造和使用工具等是这些变化的表现形式。这些变化相对于猿类来说，有的功能是增加或增强了，有的功能是减弱或消失了。

分工不是人类的天性，也不是人类所特有的，而是宇宙普遍存在的法则。具有社会性的动物如蚂蚁、蜜蜂等，一个群体与相隔千里之外的同类的另一个群体之间，它们老死不相往来，没有任何联系，终其一生它们都不知道在遥远的地方有很多自己的同类。尽管如此，它们的生活、生产、体形特征、社会结构等几乎没有本质的区别，它们过着同样的生活，进行着同样的劳动。它们的这个共性是谁规定呢？蚂蚁、蜜蜂是不同种类的动物，但它们的"社会结构"具有高度的相似性，这又是怎样产生的呢？是蚂蚁教会蜜蜂还是蜜蜂教会蚂蚁的呢？或是它们有共同的"理论"指导的呢？蚂蚁、蜜蜂的"社会结构"和原始人群的氏族社会结构很相似，这又是怎么回事？作为完全不同的物种，它们的"社会结构"竟然高度相似，这个奇迹就是宇宙的法则造成的。作为宇宙的一分子，它们和人类一样必须要遵循这个法则。人类作为最高级的动物，在遵守这个法则的同时，还必然要发展这个法则，这就是人类与其他生物的本质区别。西方历史学家费里曼根据人类的发展，认为无论是人们使用的各种工具、某些发明、政治制度等，在互不相通、联系的地方、国家，被独立地发明、使用。可见，所有这些都超出了宗教、文化、经济、道德、法律、政治、地域等的范围，有更大的法则支配着，这个法则就是分工。

单细胞生物的细胞全面生产、生活的能力很强，能够独立生存、完成生命的全过程，细胞间的相互依存度很低，但单细胞生物没有因此而成为高等生物，反而是最低级的生物。同样是细胞，多细胞生物有机体内的单个细胞全面生产、生活的能力很低，不能独立生存、完成生命的全过程，细胞间的相互依存度极高，但多细胞生物有机体的等级不是低级反而是高级。相对于单细胞生物的细胞而言，尽管多细胞生物单个细胞的全面生产的能力降低了、独立性丧失了，但整个生物有机体的等级提高了。可见，单个细胞全能性的高低与其所在的生物体的等级成反比：全能性越高，生物体的等级反而越低。

在调查农村的木工、裁缝等例子中，农村师傅们的全能性和独立性比城市木材家具厂、服装厂流水线上的工人们高得多，但是，其生产效率反而低。并且，农村的师傅们在同行之间没有长久紧密的合作，只有短暂的松散的合伙，他们随时会因各种原因而"不给你做了"。流水线上的工人们却不能这样，否则谁也无法完成一件完整的产品，导致谁也没有收益。可见，有机体的全能性、独立性的高低的原理同样适用于人类社会。因为分工，在降低全能性、独立性的同时提高了专业性，增加了相互依存度（它是以物质、能量的交换来实现的），密切了人类的关系，每个人都能极大地充分地发挥自己的长处，使自己所从事的那项工作得到极大的提升和发展，进而提高整个人类的生产能力、促进科技的进步和社会的发展等。

人类自原始社会发展至今，社会从无到有、规模从小到大、关系从松散到密切、结构从简单到复杂，无不是分工演进的必然结果。蚂蚁、蜜蜂等具有社会性的动物与其他动物的区别是什么？为什么说它们具有一定的社会性？就是因为它们的群体内部有明显的分工（即分工演进的程度相对较深）。由此可见，分工也是区分社会性与非社会性的根本标志。同样具有社会性的人类社会与蚂蚁、蜜蜂等的区别又是什么呢？他们的根本区别就是单位内部及单位间的分工能不能持续不断地演进。原始社会时期，人类社会的规模很小，一个群体、一个氏族、一个部落或部落联盟等就是他们的整个"社会"。随着单位内部、单位间的分工不断地演进，单位的全能性、独立性逐渐降低，单位间的相互依存度不断增加，逐渐融为一体，"社会"的规模由此逐渐扩大，数量不断减少，后来发展成为"国家"。国家并不是人类社会发展的终结，因为分工仍在不断演进，所以单个国家的全能性、独立性不断降低，相互依存度不断增加。现在，几乎每个国家都不再是传统意义上的独立的国家，国与国之间的联系不断加强、密切，全面战争的可能性在逐渐降低，国家不断融合，社会的规模不断地扩大，国界将逐渐消失乃至发展成真正的"地球村""全球一体化"等社会形态。蚂蚁、蜜蜂等具有社会性的动物，其单位内部的分工不能持续不断地演进，单位间没有分工，所以，它们只能是"具有社会性"，而不能形成"社会"。

第三层次是人类生产、制造的物品。亚当·斯密在《国富论》中指出机器是分工的产物，它们不是自然界产生的，而是人类生产制造的。人类利用分工的方法，先制造简单的具有不同功能的各种物品、工具，再把它们组合在一起，进而制造出比较复杂的物品、工具，遵循的就是"分工合作"且不断演进的法则。从原始人制造、使用的木棍、石头等到现在的汽车、飞机、轮船等，可以发现人类制造的物品、工具由简单到复杂，由低级到高级，其根本原理就是"分工合作"：工具的结构越复杂（功能分化越细）就越高级，反之就越低级。制造和使用工具大概是人类最早主导分工合作演进的开始。

最初的人类没有桌、椅、床等家具，几乎都是在地上完成。也就是大地既充当桌子，又充当椅子，还充当床铺，这几种不同功能都由大地来实现。随着分工的演进，功能逐渐分化出来，产生了桌子、椅子、床等。这也就是马克思认为的"工具的专门化"。

即使是人类制造的最原始最简单的劳动工具，也是分与合的结合体，最简单的如一根针、一根木棒、一块石头，它们根据功能的不同也可分为几部分：手握的部分和工作的部分，如石刀会有手抓的地方、刀刃、刀背等功能不同的几部分。随着发展，用简单的工具组装成较为复杂的工具，继而发展到现在的各种机器，其根本原理就是分工合作。结合人类生产工具的制造史、人类自身的进化史与人类社会的发展史，可以发现工具的发展与人类进化的过程基本一致，也就是人类制造的工具的"分工合作"的演进速度和程度与人类自身、人类社会的"分工合作"的演进速度和程度基本一致，它是人类整个分工合作体系中的一个组成部分，它们相辅相成、互相促进、互相制约，共同协调发展、演进，不会出现任何一方单独超前发展、演进的现象。人类出现的初期，制造、使用的工具简陋，人类及人类社会的分工合作同样原始。随着人类分工合作不断地演进，生产工具的分工合作也随之不断地演进，人类社会就不断地发展、进步。

原始社会，人类只能使用经过简单加工的天然石块和树枝作为工具，这段时期极其漫长，约从两三百万年前到一万年前结束，史称"旧石器时代"。1971年6月7日在菲律宾马尼拉南部500英里的热带丛林里，发现了矮个子的塔沙代人，他们过着采集和渔猎生活，使用的工具极为简陋，只是些石制的刮削器、砍砸器、石斧、石槌和挖土棒、杵。这些简陋的劳动工具基本上只有原始的自然的分工。到了旧石器时代中晚期，打制石器的方法逐步有了改进，石器的类型（功能的分化）逐渐增多，还使用了木棍顶端绑上尖石头或兽角的标枪等工具，简单的复合型工具（工具的分工合作）日益明显。到了旧石器时代的晚期，复合工具得到较为广泛的使用，发明了弓箭。到了新石器时代，出现了长方形的石器加上有权树枝的长柄的锄头，还有石锛、石铲、石刀等工具。随着新材料的发现，金属工具逐渐代替了石器工具，复合工具的发展呈现加速趋势，与之相伴的是人自身的进化速度加快，人类社会也不断地加速发展。到了有文字记载的历史时期，复合型工具得到了广泛的应用，并逐渐发展到使用畜力、风力、水力等作为动力的更加复杂的工具。

小农化社会里，人们以家庭为主要生产、生活单位，单位内部分工的演进基本停滞，所以，整个小农化社会，人们使用的劳动工具也很简陋、原始，不可能生产出高级的、复杂的工具，更不可能生产出机器。人类社会的发展几乎停滞，在历史周期律中不断循环。分工不仅制约着人自身及人类社会，同时也制约着人类制造的各种工具，这也是小农化国家不可能爆发工业化革命的根本原因。受分工演进的制约，小农化社会甚至不能使用高级的、复杂的劳动工具。

随着工业革命的爆发，新的动力代替了人力、畜力、自然力后，人类制造、使用的劳动工具得到了突飞猛进的发展，其复合程度得到了极大的提升，出现了由无数部件组成的高度精密的工具，如轮船、火车、飞机等。它们都是由无数的各种各样的具有不同功能的小型工具通过分工合作的方式组合而成的。这样的工具仍然在迅猛地发展，如大型计算机、机器人、智能机器等。尽管这些工具达到了前所未有的高度，但它们并不是人类发明、制造、使用的终极目标，还将会有更加先进的各种工具源源不断地被人类发明、制造、使用。与此同时，各种工具不断地参与人类的分工，增加各自的垄断程度，使人与工具的依存度不断增强。现在，人们已经离不开各种先进的工具了，如手机、电脑、汽车、机床等。在这种情况下，人类社会的分工也迅猛地演进，出现了跨地区、跨国界等更大范围的分工，并向全球一体化的方向发展。全球一体化是分工不断演进的必然结果，它不以人的意志为转移，人类只能延缓或加快它的进程。随着人类自身、人类社会及各种工具的分工不断演进，实现一体化的不仅仅是人类，还将包括人类之外的一切，实现某种程度的"天人合一"。

（三）分工的作用

第一，分工是宇宙普遍存在的法则。

分工决定了生产力水平和生产关系性质：分工的演进，不断地拉长了链条（包括产业链和关系链），不断地产生新的行业、职业，从而促进了生产力的发展，推动了科技的进步；分工的演进，使一切参与者的全能性、独立性不断地降低，形成垄断，从而不断地增强（包括人与人、人与物、人与社会、人与自然、人与宇宙等）相互依存度，因此改变了生产关系。分工演进的速度、程度决定了生产力、生产关系发展的速度和程度。

人类既受制于分工，又不断地促进分工的演进。对人类而言，分工包括自然分工和社会分工。自然分工是自然界（人类及外部环境）的一种分工，如地球上不同的地域，其生长的动、植物也不会相同，这是自然界的一种分工。它为人类的三次社会化大分工提供了必要的条件：因为地域的不同，其动植物不同，人们要获得其他地域的动植物，就只有进行交换，产生了最初的商人和市场。最初的商人和市场的出现，主要是交换因自然界的分工而产生的不同物品，人类加工制造的物品进行市场交换的比较少。这是因为人类最初的分工处于非常低的水平，生产力非常有限，没有能力生产出足够多的物品参与交换。社会分工包括人与人、人与物等的分工。随着分工的不断演进，社会规模不断扩大，人类逐渐主导分工的演进，不断地将人类之外的分工都纳入到人类分工合作的体系中来。

第二，分工是人类实现一体化的必由之路。

任何具有生命的单个多细胞生物有机体，其内部细胞、组织、器官等必然是一体化的。但是，多个多细胞生物有机体或多细胞生物群体较难实现一体化。具有社会性的动物——蚂蚁、蜜蜂等也只是在单个群体（单位）内部实现了低级的一体化（和原始人群类似），但群体之间不能实现一体化。这是因为一体化必然以相互依存度为基础，没有高度相互依存，就不可能实现"一体化"。人类之所以比其他生物高级，就是不仅单位内部的分工能不断地演进，而且单位间的分工也在不断演进，最终高度相互依存，从而实现一体化。

人是由很多细胞组成的，不同的细胞具有不同的功能，因而垄断着它所在的那项功能，而不具备其他功能，这样细胞与细胞之间就必须相互依存，进行物质、能量等的交换，否则它们谁也无法存活。如果构成人体的每个细胞、组织、器官、系统等都能单独地完成人体自身的全部功能，人可能会退化为一种单细胞生物。单细胞生物进化成多细胞生物的过程、原理与人类社会由低级向高级发展的过程、原理类似：单细胞生物因分工的不断演进逐渐进化成多细胞生物乃至人；人类也因分工的不断演进逐渐由原始人群向各种形态的社会发展。人类社会的形成、发展是生物进化的延续，同样要遵循生物进化的普遍规律。人类社会只有不断地促进分工的演进，达到垄断平衡，高度相互依存，才能实现一体化。

人与人之间必然不是竞争的关系，而是合作的关系。人有两条腿、两只手、两只眼睛、两只耳朵等，它们绝不是竞争的关系。同样是细胞，单细胞生物群里的细胞与细胞之间以竞争的关系为主而不是以合作的关系为主，但组成多细胞生物有机体的细胞与细胞之间绝不是竞争的关系，必然是合作的关系。作为具有社会性的动物如蚂蚁、蜜蜂等，其单位内部的个体之间也不是竞争的关系，而是合作的关系。一只寻找食物的蚂蚁发现了死苍蝇，非常高兴，立即上去搬。但苍蝇的个大，蚂蚁个小，用了多种方法都搬不动。这只蚂蚁可能是着急，也可能是做记号，围着苍蝇转了几圈，然后离开了。不久，地上出现了成群结队的蚂蚁，排着整齐的队伍浩浩荡荡地来了。蚂蚁们发现了目标后，立即散开，围着苍蝇拖的拖，推的推，抬的抬，这只死苍蝇很快就被小蚂蚁们搬回家了。剩下的蚂蚁会以这只死苍蝇为中心，四散开来，继续搜索，以期寻找更多的食物。它们根本就不存在竞争的关系，而是密切合作。在单位内部进行了分工，有共同的利益，为了这个利益，必然是合作，而绝不是竞争。如果不同的两群蚂蚁，它们没有分工，就会为了争夺食物而干仗，出现竞争。在一个家庭内部，夫妻之间是合作的关系，而不是竞争的关系，因为他们有分工而相互依存。可见，决定相互之间关系的因素是分工。小农化社会里，人与人之间的分工很原始，就像单细胞生物群里细胞与细胞之间的关系一样，它们以竞争的关系为主。随着分工的演进，人与人之间的相互依存度不断增加，他们之间的关系逐渐演变成合作。就像单细胞生物随着进化，细胞与细胞之间的关系也由竞争演变成合作的关系一样。人与人之间的关系显示了社会等级的高低：竞争关系的社会等级低；合作关系的社会等级高。经济学界的理论认为人与人之间是竞争的关系，以为这样有助于社会的发展、进步，如斯蒂格勒的"两难"就认为分工导致了垄断，必然产生合作，而市场经济的产业结构是竞争，需要打破垄断。

分工必然会形成垄断，因而必须进行合作，因为合作，推动了人类的进步。新中国成立之初，人们在一穷二白的基础上迅速建立起了门类齐全的工业化基础，各种高科技产品、技术不断出现，就是因为在全国范围内实现了分工合作，而不是竞争。竞争一般有几种方法：一是提升自己，二是打压对手，三是既提升自己又打压对手。在竞争的情况下，人们没有共同的利益，为了各自利益的最大化，竞争双方必然都有保留、打击对方。竞争得最激烈阶段就是战争，战争对人类的破坏是巨大的。在合作的情况下，人类有共同的利益，为了共同利益的最大化，不会丝毫保留，会为之共同努力奋斗，从而加快社会的发展、进步。

第三，分工是人类自身进化及人类社会进步的根本途径和标志。

判断一种社会制度在历史上究竟是进步还是退步，其标准就是这种社会制度促进还是阻碍人类分工的不断演进：如果它促进了人类分工的不断演进，说明这种社会制度顺应了历史发展潮流，是进步的；如果它阻碍了人类分工的演进，那么说明这种社会制度违背了历史发展的趋势，是倒退的。

分工的演进能够使每个人不断地充分地发挥自身的长处，做到人尽其才，从根本上解放人类自身。同时，分工使人的全面生产的能力降低，形成垄断，增加相互依存度，使人类必须密切合作，形成共同的根本的利益，从而共同努力奋斗，消灭各种斗争和战争，是实现人类一体化的唯一方法。人类的各种矛盾都是为了维护、扩大各单位的利益而产生的。当人类没有各自的利益，只有共同的利益的时候，这种矛盾才会消失，人类才能和平共处。人们在极大地发挥自身长处的同时，也促进了人类自身各组成单位分工的演进，加快自身进化的速度。

奴隶社会比原始社会进步、封建社会比奴隶社会进步、资本主义社会比封建社会进步、工业化社会比小农化社会进步，其根本区别就是分工的演进程度不断加深、速度不断加快。分工不断演进，导致人的社会性不断增强，社会规模不断扩大，社会不断进步。在古希腊的手工业作坊里，常有几十个到成百个奴隶在一起劳动，如公元前四世纪，雅典著名演说家吕西雅斯的父亲的手工业作坊里，就有一百二十个奴隶服苦役。在古罗马的一些手工作坊里，也常有成百的奴隶在一起做工，有的矿山和建筑工地上，合作的规模更大，被驱使劳动的奴隶往往多达几万人，甚至超过几十万人。这样大规模的劳动合作，不仅提高了劳动生产率，而且还能完成分散劳动所无法做到的工作。古希腊著名思想家色诺芬（约公元前430—约公元前354年）曾对奴隶社会的这种分工状况，做过具体的描绘："在大城市里，每一个人都能找到许多买者，只从事一种手艺就足以维持生活。有时甚至不必从事整个手艺，一个人做男鞋，另一个人做女鞋。有时，一个人只靠纳鞋为生；另一个人只靠切割鞋皮为生；有的人只裁衣，有的人只缝纫。从事最简单工作的人，无疑能最出色地完成这项工作，这是必然的。"①奴隶社会里，不仅作坊与作坊之间有了比较精细的社会分工，就是在同一个作坊内，由于奴隶主使用了大量的奴隶一起劳动，在生产过程中也实行一定的分工，每个劳动者都有专门的职能，这就大大地提高了生产效率。中国西周时代，在生产车辆的作坊中，就已经分有木工、金工、漆工、皮革工等多种工种，这些工匠分工合作共同完成一辆车。

劳动工具也随着人类分工的不断演进而改进。劳动工具的材质由石质、骨质、木质逐渐发展到青铜质再到合金质，由简单的工具到复合型再到复杂型，这一切都是分工演进的结果。一项复杂的完整的劳动因分工，被分解成较多不完整的简单的劳动，有利于各种劳动工具的制造、使用、发展。并且，劳动工具本身就是一种分工合作的物体，它的组成部件越多，就越高级，其分工演进的程度就越深。

生物等级的高低，取决于该种生物有机体自身各组成单位分工的演进程度及速度。草不能长成大树、类人猿不能进化成人等，其根本区别是由它们自身各组成单位分工合作的演进程度以及速度决定的。人类之所以能区别于其他生物，就是人类自身各组成单位的分工合作能持续不断地演进，而且能认识"分工合作"且主动地发展、利用它，并能将人类之外的一切都纳入到人类分工合作的体系中来；其他生物自身各组成单位的分工合作不能持续不断地演进，更不能认识分工合作而只能被动接受。

人们认为发展生产力是人类进步的根本，但生产力又是怎样发展的呢？亚当·斯密在《国富论》中就明确表明是分工提高了劳动生产力。分工演进的速度快，生产力的发展就快；演进的速度慢，生产力的发展就慢；演进停滞，生产力的发展也基本停滞。动物的分工演进基本停滞，所以其生产力也就不会发展：蚂蚁、蜜蜂等千百万年来，其分工没有任何演进，生产力也就

---

① 陶大镛：《社会发展史》，人民出版社1982年版，第98页。

不可能有任何发展，始终维持在一定的水平上；小农化社会的分工演进缓慢，其生产力发展相应缓慢，如小农的封建社会时期、东南亚农业社会时期、非洲农业国家等；工业化社会的分工演进速度快，其生产力发展相应的就快，如西方英、美等国家。科技是人类分工不断演进的过程中产业链不断拉长的产物。如钟表最初是纽伦堡手工业者的个人制品，后来变成了无数劳动者的社会产品。这些劳动者是：发条工、字盘工、游丝工、钻石工、指针工、表壳工、螺丝工、镀金工等。还有许多小类，例如制轮工（又分黄铜轮工和钢轮工）、齝轮工、上弦拨针机构工、装轮工（把轮安到轴，并把它抛光）、轴颈工、修整工、发条匣安装工（把各种齿轮和齝轮安装到机心中去）、擒纵机构工、摆轮工、擒纵机构安装工、发条匣磨光工（发条匣的最后完成者）、钢抛光工、齿轮抛光工、螺丝抛光工、描字工、制盘工（把搪瓷涂到铜上）、表壳环制造工、装销钉工、表壳弹簧制造工、雕刻工、雕镂工、表壳抛光工以及其他工人，最后是装配全表使其能够在市场上出售的装配工。[①] 人们对科技的认识是缓慢的、渐进的，这与人类的分工演进的过程基本一致。原始社会，分工合作演进十分缓慢，科技的发展也十分缓慢。进入阶级社会后，分工的演进速度得到了一定的加快，科技的发展也随之加快。

奴隶制社会是剥削社会，原始社会没有剥削，为什么又说奴隶制社会是一种进步呢？这主要体现在分工上：因为奴隶制社会的分工比原始社会进步得多，且演进的速度也加快了，决定了奴隶制社会比原始社会进步。原始社会没有什么科学技术，奴隶制社会的科学文化出现了前所未有的繁荣，其原因就是脑力劳动与体力劳动的分工，只是这种分工很不完善。分工是要不断地演进的，当奴隶制社会阻碍了它的演进时，这种社会制度必然会覆灭。原始社会末期，随着分工的演进，生产力得到了一定的提高。随着分工缓慢地演进，社会链条、产业链条得到了拉长，出现了脑力劳动与体力劳动分离

---

① 马克思：《资本论》，中国社会科学出版社1983年版，第345页。

的萌芽。奴隶制社会建立后，脑力劳动与体力劳动的分工继续演进，社会链和产业链继续拉长，大量的奴隶生产出较多的剩余产品，能够使社会上的一部分人脱离生产劳动，专门从事管理、组织生产、科学研究、文化艺术等工作。如果没有这个分工，也就不可能建立起天文学、数学、物理学、医学、哲学、历史学、生物学等学科（这本身就是一种分工），不会修造出蔚然奇观的金字塔和狮身人面像，不会铸造出雄伟精致的司母戊大方鼎，不会建起华丽的罗马城，也不会出现古代各国如此绚丽多彩的文学艺术作品。只有出现了脑力劳动与体力劳动的分工以后，才能创造出光辉灿烂的古代文化，并为后世科学文化的发展奠定了基础。恩格斯指出："没有奴隶制，就没有希腊国家，就没有希腊的艺术和科学；没有奴隶制，就没有罗马帝国。没有希腊文化和罗马帝国所奠定的基础，也就没有现代的欧洲。"[①]脑力劳动和体力劳动分工后，分工的演进逐渐加快，促使人类社会不断地进步，这个进步不仅仅是科学技术，而是全面的。

在漫长的小农化封建社会里，分工的演进几乎停滞，所以科技发展十分缓慢。在工业化社会里，分工演进的速度得到了很大的提高，科技也日新月异。1949年前，还有一些处于原始社会末期的人，如苦聪人、独龙人、鄂温克人等少数族群。鄂温克人游猎于大兴安岭地区，一百多年前还用弓箭和扎枪打猎，栅栏、驯鹿、桦树皮船、渔具等生产资料都归父系家族公社所有。他们的劳动工具简陋，劳动方法原始：围猎时男女老少一齐出动，妇女们先用栅栏把有野兽的山丘围起来，留几个挖好陷阱的出口，旁边藏着拿弓箭的射手，其余人到山上轰撵野兽。受惊的野兽从林中逃出来，顺着栅栏跑，一旦掉进陷阱，拿弓箭的人就一齐上前捕捉、射杀。因为不是经常能打到野兽，所以他们的生活十分艰苦，甚至连一根兽骨也要一煮再煮。在近代原始民族中，还有如格陵兰的爱斯基摩人、巴西的波托库多人等。这种情况在如今的社会是不可想象的：人类为什么在不久前还有这样落后的生产力呢？这

---

① 《马克思恩格斯选集》第3卷，人民出版社1995年版，第220页。

些人仍然停留在原始社会末期，而绝大多数人在经过几千年的发展后，生产力已经得到了很大的提高，远不是他们那种状况。其根本原因就是分工：因为这些少数民族的人很少，如鄂温克人才6户，其他民族的人也不多。这么少的人是很难进行分工的，更不能演进，即使有一定的分工，也是很低级原始的，从而决定了其生产力也停滞不前。或许可以让同等数量的现代人做个实验：与外界断绝一切联系进行生产、生活，估计他们也会退回原始状态。

人类不仅受制于社会化的分工，还受制于自然的分工。小农化的封建社会初期，小农生产可以满足人们最基本的生产、生活需要。此时，分工很原始、低级，自然分工处于主导地位：由于东西南北中、江海湖山谷等自然的分工，致使各地出产的物品不同。人们的需求是多种多样的，为了满足这些需求，增加了人们的相互依存度，所以国家必须统一（当今全球一体化就是人类分工不断演进，增加了人与人之间的相互依存度的必然结果）。如果社会化分工十分原始且不能演进，自然分工也得不到遵循，那么人类仍将处于原始社会状态，如近期发现的苦聪人、独龙人、鄂温克人以及国外的爱斯基摩人、波托库多人等。小农化封建社会的统一是自然分工合作的要求，正如斯大林所说："如果不摆脱封建分散和诸侯混乱的状态，世界上任何一个国家都不可能指望保持自己的独立和真正发展经济和文化。"[①]人类的产生、发展是分工合作不断演进的结果，封建割据不利于人类分工合作的演进，因为割据后，面积小，人口少，不能支撑分工不断地演进。

欧洲从十一世纪下半期开始出现政治上中央集权的倾向，到十四世纪时，中央集权的封建国家在西欧的英、法两国形成。历史上的欧洲以庄园经济为主，庄园是其生产、生活单位，这个单位的规模远比家庭大，人口多，内部分工明确并且能够演进。庄园具有较高的全能性，能够独立完成生产、生活，庄园间的相互依存度较低，所以欧洲分裂的时间长，国家的面积也不大。但当分工演进到庄园不能支撑时，就需要统一，以扩大规模、增加人

---

① 《斯大林文选》，人民出版社1962年版，第305页。

口，来支撑其分工的演进。从世界地图上可以看到，欧洲国家的面积都不大，这是因为欧洲大多数国家是在庄园、城堡等的基础上建立起来的，庄园或城堡内部实行了比较精细的分工，能够独立进行生产、生活。几个庄园或城堡就能建立一个国家，甚至单个的城堡也能建国。但国与国之间的关系比较密切，相互依存度比较高，没有十分严格的区别，其根源就是分工演进的需要。欧洲"共同体"，不仅是政治的需要，更是分工不断演进的需要。

分工使社会链、产业链不断地拉长，每个链条上的中间环节或服务的数量不断增多。这种情况就像树木的生长一样：随着树木不断地长高，在主干上会萌发新芽，抽生主枝，扩大树的空间，增加叶的数量和面积，吸收更多营养；反过来，又促进树长得更高更大，抽出更多的树枝，可以称之为"树状结构"。工业化社会的架构图是树状的，分工不断地演进，促使社会不断地发展，反过来，社会不断地发展就需要分工不断演进。古代的中国是小农化社会，家庭是生产、生活单位，分工原始且演进缓慢，所以其社会链、产业链都很短并且不能拉长，不能产生新的行业、产业。以华中某地区一个农民家庭一季的劳动情况为例：春季开始整理秧田——耕地、平整、灌水，然后泡谷种，将泡好的谷种播到秧田里，覆盖保温薄膜、除草、除虫、施肥、灌水，生长二十多天后，准备夏季的收获、插秧（即"双抢"）——收割夏粮、耕地、灌水、平整土地、施肥、插秧，插秧后需要进行田间的管理——施肥、除草、除虫、管水等，九月中下旬收获稻谷——人工割、脱粒、晒、装仓或销售等。然后再耕地，准备秋季小麦的播种。由于是一家一户的小农生产，家庭是生产单位，一季的劳动全部由家庭成员完成。单个家庭的劳动力数量有限，不能进行细致的分工，所有的重体力劳动几乎都是由当家人——成年男性完成，妇女、老人和孩子主要做些比较简单、活路轻的劳动。这就决定了这个家庭的当家人必须对这一整套的农活很熟悉（具有"全能性"），否则就不能完成生产、养活自己和家人。由于以家庭内部分工为主，所以家庭成员对家庭的依存度很高，家庭成员离开了家庭，很难进行生产、生活，这也是农村"父（夫）家长"权威的根本保障。传统的"男耕女织"也由此而来。由于家庭的主要劳动力要完成这一整套的生产程序，另外还有加工粮食、种菜园、砍柴、挑水等繁杂的劳动，所以没有精力做其他工作，就不能产生新的行业。几千年来，农民们一直都是这样进行生产劳动，几乎没有一点改变。如果有足够多的劳动力，就能够进行分工，从而拉长产业链，增加很多新的产业。如分工后，种子：有各种专业的制种业；肥料：有专门生产各种化肥的企业；农药：有各种专业的农药公司；机器：有收割机、拖拉机、插秧机等各种机械产业；灌溉：有专业的供排水产业；购销：有专业的收购、销售、运输产业；还有专业的耕地、施肥、打药、除草等队伍。总之，农村一季的劳动，通过分工，可以分出许许多多的产业来。由于农村没有进行这样的分工，也就不能拉长产业链，不能产生新的行业。这种情况就像草一样，所以形成的是"草状结构"社会。新产业的产生和发展是分工演进的结果，没有分工及分工不能演进，新产业就不可能产生和发展。不能脱离社会来看产业，就像不能脱离树来看树枝的生长：树木的分枝是为了树长的更大；同样，社会的分工是为了社会的规模更大、关系更密切、发展更快、人类更进步，分工是社会发展的手段，而不是目的。

人类由原始社会时期的仅靠采集自然食物维持生计到后来的三次社会大分工，再到现在的无数的行业，都是分工演进的结果，而这无数的行业本身就是分工。没有分工的演进，就不会拉长产业链、社会链。小农化社会的农村，没有什么分工，所以几千年来，没有出现新的产业，农民们自始至终都是脸朝黄土背朝天地劳动着。

古典四大名著之一的《水浒传》中，分工合作也得到了很好的体现，几乎贯穿始终：水泊梁山一百单八将就是分工合作的一个典范。在这一百零八个头领中，有擅长马战的，有擅长步战的，有擅长水战的，有长于计谋的，有专工法术的，有会射箭的，有会扔石子的等，各有所长。这些人在单打独斗中，打的败仗不少，但在整体作战中，则是胜多败少，就是利用了分工合作的原理，充分地发挥了每个头领的长处，互相取长补短，提高了整个队伍的战斗力。军队是分工合作演进比较快的部门，当今，人们普遍认识到联合作战的巨大意义，联合的前提是分工，没有军、兵种之分，也就无从谈起联合了。军人使用的工具——武器同样如此：据统计，一战时期，武器装备研制涉及的工业行业技术门类数以十计；二战时期扩展到数以百计；到海湾战争时期，则是数以千计。

鸟有了翅膀，就不能再给它手了；牛有了锐利的角，就不能给犀利的牙齿，只有嚼嚼草……大自然对每一种生物赋予的功能都不全备，总让它有所不足，不能集中在一个人（物）的身上。同样，有了白天，就必须有黑夜；有了嘉禾，就必须有莠稗；有了凤凰，就少不了鹞枭……这就是宇宙的法则——分工，这个法则让宇宙中的万物（包括人类）都不完美，都不具备全能性，都存在各种不同的缺陷。明代的王祖嫡在《师竹堂集》中有一篇《缺陷说》，确认"缺陷"是世界的本质，因此天地人世间，一切不能圆满，是势之必然。如果必求人生的圆满，是逆势和造物主相争了！他并举例说：已做官的人，想求仕途更圆满，就会急切地生出觊觎之心；已暴发的人，想求财富更圆满，那造物主会笑他太劳心，连路人也会嫉妒他的非分了。清代的龚自珍更有"缺陷好"的说法，他的诗道："未济终焉心缥缈，百事翻从缺陷好。吟道夕阳山外山，古今谁免余情绕！"连《易经》的最后一卦是"未济"，象征着一切以"未完成"为收结。为什么有"缺陷"呢？其实，这个"缺陷"既是"分工"的必然结果，也是"分工"的表现形式：只要有"分工"，就必定不具备全能性，必定存在"缺陷"。"缺陷"也就成了人们所认为的是"世界的本质"了。只是他们认为"缺陷"既然是"世界的本质"，就以此来告诫人们要知足常乐，不要贪得无厌，从而遏制了人们的创造力、想象力。人类作为宇宙的主宰者，是追求完美的。能不能实现完美？怎样实现完美？这是人类所追求的目标，也是人存在的意义，更是人类发展的不竭动力。只有找到"缺陷"形成的原因，才能实现"完美"。知道了"缺陷"是"分工"的必然结果，就只有从"分工"入手，顺应宇宙的法则——不断地推动合作的演进，才能弥补"缺陷"，实现"完美"。人类从原始社会发展到现在的工业化社会，分工在不断地加速演进，社会也随之不断地加速进步，"完美"的速度也在不断地加快，尽管离实现"完美"还很遥远，但必然会到来。

古代社会的内部也有分工，如粮食、服饰、食盐的生产、劳动工具、兵器的制造等，这些在现代社会都属于第二产业的范畴。但由于是以家庭为单位进行生产，单位规模小、劳动力少，其分工不能持续演进，产业链条不能拉长，所以这些本应该发展成为工业化的产业只能以小农化的模式存在，不能产生新的行业和产业。西方国家，同样也存在这些产业，但由于家庭不是生产单位，而是以比家庭大得多的庄园、手工工场等为单位进行生产，能在单位内部进行分工且能缓慢演进，链条不断地拉长，逐渐发展成单独的行业，并不断产生新的行业和产业，继而以工场化的形式存在。随着工业革命的爆发，发展到以工业化的方式进行生产。蒸汽机的发明和机器的使用加快了生产上分工演进的速度。这种情况与人类进化的过程和原理类似：类人猿的一支由于身体内部细胞的分工能持续不断地演进，逐渐进化成人类，人手的形成和制造、使用工具加速了人体内部细胞、组织、器官、系统等分工演进的速度。其他类人猿因为身体内部结构的分工不能持续不断地演进，所以它们不能进化成人类或被自然淘汰。小农化社会因为分工不能持续不断地演进，所以就不能发展到工业化社会，只能一直以小农化的形态存在，长此以往，必定会被人类淘汰。

比较多细胞生物和单细胞生物的异同点，可以为人类社会的发展作参考。多细胞生物有机体体积的增大，即生物有机体的生长，既需要细胞的生长增大体积，还需要细胞的分裂增加数量，更需要细胞的分化（分工）增加不同的功能。动（植）物同类器官或组织的细胞大小一般无明显差异，器官的大小主要取决于细胞数量的多少。细胞以分裂的方式进行增殖，在分裂之前，必须进行一定的物质准备。细胞增殖包括物质准备和细胞分裂整个连续的过程。细胞的分裂和人类分家的过程、作用十分相似：第一次分裂和第二次分裂中间有间隔期，时间比较长，真正分裂的时间比较短。一个细胞分裂成两个细胞，其细胞的功能也相似。人类分家也有分家间隔期（时间长）和分家期（时间很短），在分家之前要进行物质的准备，一旦条件成熟，就开始分成功能相似的两个家庭。不论是单细胞生物还是多细胞生物，它们的增殖都是通过细胞的分裂来实现的（即增加细胞的数量）。但是，多细胞生物和单细胞生物是有根本的区别：多细胞有机体从小长大，不仅有细胞数量的增加，更有细胞在结构和功能上的分化（即"分工"）。在胚胎发育的早期，各个细胞彼此相似。通过细胞的有丝分裂，其数量越来越多。与此同时，这些细胞又逐渐向不同的方向变化。如在动物胚胎发育过程中，红细胞和心肌细胞都来自一群相似的胚胎细胞。后来，有的细胞发育为红细胞，合成运输氧的血红蛋白；有的细胞发育为心肌细胞，合成行使运动功能的蛋白。在同一植物体中，叶肉细胞的细胞质中有大量的叶绿体，能够进行光合作用；表皮细胞具有保护功能，细胞质中没有叶绿体，而在细胞壁上形成明显的角质层；储藏细胞没有叶绿体，也没有角质层，但有体积较大的液泡，里面储藏着许多营养物质。这些同一植物体的细胞也都来自一群彼此相似的早期胚胎细胞。什么叫细胞的分化（工）呢？细胞的分化（工）就是在个体发育中，由一个或一种细胞增殖产生的后代，在形态、结构和生理功能上发生稳定性差异的过程。细胞的分化（工）是一种持久性的变化，一般保持分化（工）后的状态，直至死亡。细胞分化（工）是生物界普遍存在的生命现象，是生物个体发育的基础。多细胞生物有机体在生长发育的过程中，如果仅有细胞的增殖，没有细胞的分化（工），就不可能形成具有特定形态、结构和功能的组织和器官，生物有机体也就不可能发育或只能以单细胞的形态存在。细胞的分化（工）使多细胞生物有机体中的细胞趋向专门化，全能性、独立性降低，细胞间的相互依存度增加，有利于提高各种生理功能的效率。单细胞生物有机体不存在细胞的分化（工），只有细胞的分裂，其生命个体只有一个细胞，因此，细胞的全能性高、独立性强，细胞间的相互依存度低。单细胞生物有机体完成生命所需的不同功能是依靠细胞内部不同细胞器的不同功能来实现它的全部生命活动，它在生物界中是最低等、原始的。小农化社会里传统的分家模式就像细胞的分裂，能够增加数量，但分家后的家庭没有分工，就像单细胞生物的细胞分裂后没有分化，单个的家庭能够独立完成生产、生活，其独立性、全能性高，家庭间的相互依存度低。工业化社会里，因为家庭不是生产、生活单位，无论是否分家，都必须参与社会化分工，就像多细胞生物的细胞分裂之后还必须进行分化一样，因此其全能性、独立性低，家庭间的相互依存度高。

从单细胞生物到多细胞生物，体现了高等生物个体的发育历程，也是生命的进化历程。个体生命到种群再到群落，体现了生物之间的发展历程。群落到生物圈再到生态系统，体现了自然界的发展历程。所有这些历程，无不是各种分工合作决定的，人类社会的发展历程也不例外。

马克思认为"一个民族的生产力发展水平，最明显地表现于该民族分工的发展程度"。分工不仅仅是生产力发展的标志，还是整个人类社会的发展标志。毫无疑问，人类由原始社会里有无数个几乎互不相知的小社会演进到今天地球上全人类紧密相连的大社会，其数量不知减少了多少倍、规模不知道扩大了多少倍，其根本原因就是分工的演进。分工的演进使社会的全能性独立性不断降低、相互依存度不断增强，导致了社会的数量不断减少、规模不断扩大、发展速度不断加快。

今天，人类社会的发展速度越来越快，其原因是分工演进的速度越来越快、程度越来越精细。人类可以发展得更快，但由于各种不同利益如政治的、经济的、国家的等严重地阻碍了分工演进的速度和程度，导致了人类社会的发展速度降低。如人类生产的粮食已经完全能供应全人类食用，但由于各利益集团的阻碍，人们获得的粮食很不平衡，不时出现饥饿、浪费。人类应该实现更广泛的合作和分工。

新中国成立后，在不长的时间里，就建立起了种类齐全的工业基础。此后不到二十年，就成功地爆炸了第一颗原子弹，接着就是氢弹、导弹、卫星等。这些成就比西方先进国家花的时间要短得多，而且是在一穷二白的基础上取得成功的。这是因为人类首次在这么大的范围、有这么多人参与分工合作，所以能在这么短的时间里、在一无所有的基础上获得举世瞩目的成就。

因为进行了大规模的精细的分工合作，所以这些成果几乎是整体推进，不存在什么关键性技术的限制。比如在卫星项目中，有一个同步控制的问题，需要四个完全一样的小弹簧。上海方面几十个单位的老工人技师开会，一个校办工厂的老工人连夜把弹簧做出来了，前后不到二十四小时。因为分工，各有各的长处、优点；因为合作，这些长处、优点就能集中起来办大事。在完成这些高科技产品面前，无论什么样的研究机构，无论取得什么样的新成果，只要需要，就会无条件地拿来使用，共同完成一件产品。此时，完全没有出现"我不给你做，你怎么办"的问题。如果按照这个说法去做，那么"两弹一星"大概不会获得成功。比如那个校办工厂的老工人就会在这四个弹簧上出难题，要高价、拖延甚至拒绝加工。那么，这个卫星就会因这四个弹簧而不能上天。"两弹一星"作为高科技产品，其关键部件、技术多的不可胜数，又岂只有这四个弹簧？如果每个人都这样，就不可能在那么短的时间内完成"两弹一星"，并打下工业化的基础。由此可见，只有进行大规模、高精度的分工合作，科技才能得到迅猛发展。因为大规模、高精度的分工合作，才能在短短的几十年的时间里，所获得的成就远远超过了小农化社会几千年的成就。

以加工一张桌子为例，简单地比较一下小农、工场手工业、机器大工业生产方式的区别。小农模式：木工师傅以家庭为单位进行加工，师傅会先考虑这张桌子的材料、大小、式样等，然后到山上选择、砍伐原木，扛回家风干后锯成木板、木方等，并对这些木材进行刨光、凿眼、雕花等处理，再把处理好的这些木材进行组装成半成品，最后是上漆等工序，至此完成任务。工场手工业模式：先有专人设计这张桌子的式样、大小、材料等，根据设计要求由伐木工人选择树木进行砍伐、风干（根据分工演进的程度，有可能在木材市场上购买），然后把木料弄回工场。接着，有专人对木料进行初加工，锯成木板、木方等，然后有另外的专业人士分别对这些木材进行刨光、凿眼、雕花等，再次有其他人对加工好的木板、木方等进行组装，最后有人对这些半成品进行检查、上漆等，一件产品完成。机器大工业模式：有专业的伐木工人使用各种专业的机器在山上砍伐原木，再有专业的人员对原木进行分类，然后用火车、汽车等不同的交通工具运到各种工厂，进行各种初处理，如脱脂、脱油等。这些原木根据用途的不同用不同的机器加工成不同的材料，有的剥成几毫米厚的木皮子，有的锯成木方、木板等。这些经过初加工的不同的原料会送到不同的工厂：板材可能送到实木家具厂，家具厂根据桌子设计的图纸（有专业的设计人员），使用各种专业的机器由不同的工人进行刨光、凿眼、雕花等，再由另外的专业工人对处理好的木板、木方、雕花等进行分类，然后进行检查、上漆，最后是分类包装、送到商店。被剥成皮子的木料，会送到木板加工厂，用机器压制成厚薄不同的各种标准木板。这些标准的板材再送到家具厂（根据用途的不同送到各种不同的厂家），家具厂根据设计图纸，选取不同的板材按尺寸进行分割、抛光、上漆等工序，再根据每张桌子所需的材料进行分类、包装，送到商店。最后，商店根据客户的需要送到家中，再由工人进行组装成成品。

　　一张桌子因为加工方式的不同，过程完全不一样，尽管材料、结果一样。同样生产一张桌子，小农模式因为没有分工，就只生产了一张桌子，链条很短；手工工场模式由于有了一定的分工，链条被拉长了，从而萌发了一些新的行业；机器大工业模式因为分工得到精细的演进，产业链不断地拉长，新的行业不断产生，如伐木行业、板材行业、家具行业、销售行业、机器行业、运输行业等，形成了产业网。

　　2015年1月21日下午，调查了位于湖北随州市曾都区洛阳镇珠宝山村八组福银高速公路东边山坡上的一个养鸡场。场主丁永红，男，1962年出生，该村七组农民。丁永红于2008年开始养鸡，鸡场面积约60亩，每年养鸡1.5万只左右，年利润10万元以上。主要由父子两个人负责（其妻子于2014年春去世）。每年春天，他们从专业孵化小鸡的工厂购买刚孵化出的公鸡苗或母鸡苗回场饲养（鸡苗场有专门的辨别师辨认鸡苗的雌雄，不是专业人士，是不能辨认的），鸡饲料也是从专业的饲料公司购买。小鸡养大后出售成鸡或鸡蛋，销售地有福建、安徽、武汉等地的菜市场。最初的几年，是自己外出跑市场销售，熟悉后有经销商上门收购。目前没有进行深加工，仅仅销售毛鸡、鲜蛋。

距离丁永红养鸡场不足200米的地方就有养鸡的农户，每个家庭养有20只左右不等的鸡。他们用自己的鸡下的蛋孵化小鸡，每次不超过20个，每年不超过2次。用自己种的粮食喂养这些小鸡，长大后或自己吃，或每次用蛇皮袋装一两只到镇上去卖，产的鸡蛋同样如此。用农户自己的话说：卖的够一家人的油盐钱或者孩子的学杂费。

养鸡不是新事物、新产业，至少有几千年的历史。同样是养鸡，生产方式不同，产生的效果就不一样：丁永红养鸡的规模大，进行了一定的产业分工，导致了产业链拉长，出现了一些新的行业，如有专门孵化小鸡的、专门生产饲料的、专门销售饲料的、专门销售鸡及鸡蛋的等。同时，这些行业还会派生出很多新的行业：如饲料、鸡、蛋等的运输需要车辆、道路等；给鸡防虫治病需要生产各种药物；装鸡、鸡蛋需要各种框子；销售鸡、鸡蛋需要场地等。如果进行深加工，还会产生更多的行业。这样，随着分工的不断演进，一个行业不仅仅形成了产业链，还能形成产业网，它们的相互依存度很高，独立性、全能性很低，缺少任何一个环节，都会导致产业链条断裂。丁永红养鸡的规模大、效益高，但他的独立性和全能性很低、相互依存度很高，离开了外部的任何一个环节，他就不能完成养鸡这项工作。附近农户的小农养鸡模式，规模小、效益低，但独立性和全能性很高、相互依存度很低，单个的家庭完全能独立地完成养鸡的全过程，离开了外部的联系，仍然能够完成养鸡这项工作。传统的农户养鸡，由于没有进行分工，所以只能满足一家人的油盐钱，不会拉长产业链，更不能产生新的行业、产业，不会辨别小鸡的性别。可见，由于分工的不同，产生的结果也完全不同。

第四，提高劳动生产力，解放人类。

人类的生产分为物质生产和人类自身的生产，无论哪种生产，都取决于生产方式。生产方式决定生产力，有什么样的生产方式，就有什么样的生产力。

生产方式是社会发展的决定力量,主要表现在:第一,采取一定方式进行的物质生产,是人类社会存在和发展的基础,是人类其他一切活动的首要前提。人类要从事政治、科学、艺术等活动,首先要吃、喝、穿、住等,要能够生存。为了生存,就必须有食物、住房、衣服等生活资料。为了获得这些生活资料,就必须从事物质生产。第二,生产方式决定社会的性质。一个社会处在什么样的发展阶段上,它的社会制度、阶级结构以及政治、法律、道德、哲学等如何,人们的社会关系、生活方式怎样等,归根到底取决于生产方式。马克思指出:"物质生活的生产方式制约着整个社会生活、政治生活和精神生活的过程。不是人们的意识决定人们的存在,相反,是人们的社会存在决定人们的意识。"①这就是说,以社会物质生活资料的生产方式为主要内容的社会存在是一切社会赖以存在和发展的基础,生产方式是社会历史发展的决定力量,有什么样的生产方式,就有什么样的社会形态。第三,生产方式的发展和变革,决定着社会形态的发展和变革。物质生产总是处在不断的发展变化中,随着生产方式的变化,生产也会发展。当旧的生产方式被新的生产方式代替的时候,社会制度、阶级结构、意识形态等也必然发生根本的变革。人类从原始社会向农业化社会、工业化社会、社会化社会转变,都是生产方式发展和变革的结果。第四,生产方式是划分社会类型的基本标志。

生产方式包括生产力和生产关系两个方面。生产力是生产方式的物质内容,生产关系是生产方式的社会形式。马克思主义认为生产方式的概念:①人们保证自己生活的方式;②生产力的利用形式;③生产力和生产关系之间的中间环节;④人们利用什么样的劳动资料进行生产以及生产规模的大小;⑤生产关系。人与自然界的关系,表现为人类利用和改造自然的物质力量,即生产力;人与人之间的关系,即人们的生产关系。这两个方面相互联系、相互作用,人与自然界之间的关系决定人与人之间的关系,人与人之间

---

① 《马克思恩格斯选集》第2卷,人民出版社1995年版,第82页。

的关系反过来制约着人与自然界之间的关系。

生产力的基本因素是生产资料和劳动者。生产资料是生产力中物的因素，劳动者是生产力中人的因素。生产资料包括劳动对象和生产工具。劳动对象是人们在生产过程中对它进行加工的东西，它包括自然物，如森林中的树木、地下的矿藏等，还包括经过劳动加工过的物质，如棉花、金属、劳动工具等。劳动对象的范围越广，质量越好，社会生产物质财富的力量就越大。随着人类分工的不断演进，人们向生产的广度和深度发展，分工的范围就会不断地扩大。如现在人类的分工不仅仅在地球内部，还开始向地球之外发展，说明了纳入人类分工演进体系的范围得到了空前的扩大。生产工具是生产力中的重要因素，它是人类控制分工演进的尺度，也是演进程度的重要标志，还是划分生产力发展水平的根据之一。人类根据劳动工具的不同，划分了旧石器时代、新石器时代、青铜器时代、铁器时代、农业化时代、工业化时代等。劳动者是生产力中的能动因素，是分工演进的主导者、生产工具的创造者和使用者。劳动者还能凭借他们的生产经验、劳动技能和对科学文化知识的掌握，充分地发挥生产工具的效率，不断地扩大劳动对象和改进生产工具，把分工不断地推向前进。如果用图形来表述，是树状架构图：即生产方式就是"分工"，它首先分为生产力和生产关系，生产力又分为生产资料和劳动者，生产资料再分为劳动对象和生产工具，劳动对象和生产工具能分出更多的环节；劳动者也可以分成很多种类，有性别、年龄、知识层次、劳动技能等；生产关系可以分为人与物、人与人的关系，人与物、人与人的关系也可以不断划分。

发展生产力，就是发展分工持续、快速演进的能力。从整个历史看，随着分工由原始向高级不断演进，生产力也由低级向先进不断发展。分工演进得快，生产力发展的速度就快；分工演进得慢，生产力发展的速度就慢。原始社会，人类的生产力很低，人们认为是由人类的生产工具简陋、生产经验有限、劳动技能低等决定的。而这些又都是由分工决定的：生产工具分工的等级低，决定了它的简陋、原始；人类只有原始的自然分工，没有社会的分工和生产组织内部的分工，所以生产经验有限，劳动技能低；而且，因为没有分工，产业链也很短，导致了劳动对象也极其有限。

随着分工不断地演进，产品从一个要完成许多种操作的独立工人的个人产品，不断地变成只完成某一种局部操作的各个工人联合劳动的社会产品，一套完整、复杂的工序被分解成几步、几十步甚至更多步不同的工序，从而降低了劳动强度，提高了效率。人的需求是多种多样的、社会的发展是无限的，但单个人的能力、精力是有限的。单个的人不可能也没有能力去从事多方面的工作：不可能每个人都会盖房子、种庄稼、织布做衣服、修公路、制造汽车、生产石油、搞科研等一系列的多种多样的活动，人类又必然需要这些东西，怎么办？这就只有进行"分工"——根据每个人的专长进行社会化和生产组织内部的分工，使每个人只从事自己最擅长的工作，才能够生产出无穷尽的满足各种人需求的产品。

生产力决定生产关系，生产关系反作用于生产力；物质基础决定上层建筑，上层建筑反作用于物质基础；社会存在决定社会意识，社会意识反作用于社会存在。那么，是什么决定生产力、物质基础、社会存在呢？是分工。生产力是由分工演进的程度、速度决定的。决定人、物的社会存在也是分工。多细胞生物有机体内部的细胞存在于什么位置，是由这个细胞具有什么样的功能决定的。人类同样如此，一个人在社会中处于什么位置，也是由这个人具有什么样的能力（功能）决定的。

（四）合作是分工的必然结果

分工的基本含义是由两个或两个以上的单位或组织去执行原来由一个单位或组织所执行的不同操作或职能，合作的基本含义是分工后的单位或组织必须相互依存。只要有分工，就会降低全能性、独立性，形成垄断，增加相互依存度，即合作。如果把两个单细胞生物的细胞分开，每个细胞都能够独立存活；但如果把一个多细胞生物的两个细胞分开，则它们就都不能存活。

同样，如果把两个小农化的家庭分开，每个家庭都能够独立存活；但如果把两个工业化的家庭分开，则每个家庭就都无法独立存活。

分工的不断演进是生产力不断提高、社会不断发展进步的根本动力，分工演进的速度和程度是人类进化、社会发展的标志。分工与合作不是并立的关系，而是因果的关系：分工是合作的前提条件，合作是分工唯一的必然结果，不存在没有合作的分工。如果说分工决定生产力，那么，它也同时决定了生产关系，即合作的关系。分工演进的过程就是生产力发展的过程，分工演进的速度就是生产力发展的速度，分工演进的程度就是生产力发展的程度。没有分工的合作只能是暂时的、松散的，其实质是合伙，而不是合作。小农化社会里，分工演进的程度非常低、演进的速度非常慢，所以就不可能有真正的、长久的、紧密的合作，整个社会就是一盘散沙（单细胞生物群），人们都在单打独斗，社会发展的速度也非常缓慢。

合作不仅是一种静态的结果，还是一种动态的过程。

"人没有高低贵贱之分，只有分工的不同"，这句话表明了分工决定了人与人之间的关系和人的社会存在。具有社会性的动物，如蚂蚁、蜜蜂等，在其单位内部，它们没有高低贵贱之分，只有分工的不同。单个的多细胞生物有机体，其各细胞、组织、器官、系统等也没有高低贵贱之分，只有分工的不同，这些都值得人类借鉴学习。只有通过分工的不断演进，才能从根本上解决人类的各种不平等。

（五）人类的社会化分工与生产组织内部的分工

人类劳动的自觉性、目的性和社会性决定了其最基本的活动方式是分工，这也符合宇宙的法则。分工是"不同种类的劳动的并存"。从人类劳动过程的发展史看，分工可以分为自然分工和社会分工。自然分工是指基于人类（生物）性别、年龄等差异的生理分工和基于自然环境差异的地域分工。社会分工是人类劳动在生产发展的过程中逐渐突破自然和生理对人类活动方式的限制而发展起来的分工形式。社会分工包括一般分工和特殊分工：一般分工是指各个劳动领域之间以及各领域劳动者之间的分工，比如农业、手工业和商业的分工，也就是所谓的"公分工"。特殊分工是指各个劳动领域内部不同劳动部门之间的分工以及劳动者的职业分配，也就是所谓的"自分工"，比如农业内部的农、牧、渔等行业和农民、牧民、渔民等职业。社会分工的形成，使人类劳动成为"在社会中而且通过社会进行的劳动"，是人类社会形成的根本保证。

在社会分工的自然状态下，劳动分工是在相对小的范围、分割的地点进行的直接的社会劳动。在社会化分工的形态下，自分工（单位内部的分工）不断演进，使分工的范围不断缩小，形成生产组织内部的分工。生产组织内部的分工是指在直接生产过程中不同工序和职能的划分，以及劳动者在具体工作上的职务分配。生产组织内部由于分工的演进，使生产链条不断拉长，形成"线状"结构，如流水线。有的工序会从这个生产组织内部即"线状"结构上分裂出来，成为一个新的生产组织。新的生产组织和旧的生产组织并不是相互独立的，它们之间彼此合作，组成单位间的分工即"公分工"。公分工把无数"线状"的生产组织通过合作组合在一起，形成一张网状的"大网"，每个生产组织都是这张"网"上不可或缺的一部分。社会上的每个人通过自分工连成一条"线"，每条"线"又通过公分工结成一张"网"。这样，人类社会就形成了一张巨大的"网"，每个人在这张"社会网"上处于什么位置，是由其分工决定的。分工不断地演进，这张"网"就不断地扩大，即分工的演进使社会的规模不断地扩大。社会分工的劳动是相对完整和独立的，是以全能性的降低和独立性的丧失、相互依存度的增加来实现其总体联系的；生产组织内部分工的劳动是单一的片面劳动，在生产组织内部，也是以其全能性和独立性的丧失、相互依存度的增加实现其总体联系。物质、能量等的交换只是这种联系的表现形式。

公分工和自分工共同组成完整的分工，促进生产力的发展、推动社会的进步、扩大社会的规模。分工只有很原始的自然分工且不能演进、又没有生产组织内部的分工的社会是小农化社会。人类最初的分工是以原始的自然分工为基础的社会分工，没有分工的演进，就不会形成自分工和公分工。

分工必然形成垄断，导致了人与人相对独立而又相互依存的关系，所以必然合作。没有自分工的演进，链条就不会拉长，产生不了新的单位，因此公分工也很简单、原始。虽然也会存在相对独立而又相互依存的关系，但这种独立性较强，依存的关系比较松散、不稳定。历史上的"分""合"就是这个原因造成的。所谓的"同苦不能共甘"就是在困难的时候，能够相互依存而共渡难关；困难过后，不需要这种相互依存。这种情况在广大农村十分普遍：每到农忙时节，为了完成生产，农民们进行了简单的分工，能合作劳动；当农忙结束后，这种分工也随之结束，合作也就解散了。这是因为农村是小生产，家庭成员是生产单位的主要劳动力，农忙是抢种抢收的关键季节，劳动量大、时间紧，单个的家庭要独立地完成工作，十分困难，只有与其他农户进行临时性的分工合作，提高生产效率，才能完成任务。当这个任务完成后，单个的家庭又能够独立地进行生产、生活，相互依存度降低，不需要与其他家庭进行分工。

个体工商户以参与公分工为主，因单位规模小，自分工的水平低或处于萌芽状态且无法演进。如果这种低水平或萌芽状态的分工不能继续演进，则它只能是一个个体工商户。当它在经营的同时，单位内部的分工不断地演进、发展，链条不断地拉长，那么它的规模就会不断地扩大，发展成为一家公司，实现社会化生产。由此可见，个体工商户是介于小农化与工业化之间的一种中间模式：分工演进了就能实现工业化生产模式，分工不能演进则只能是小农化生产模式。

小农化的农村，生产单位规模小，单位内部几乎没有分工更不能演进，社会化分工也很原始，导致链条不能拉长，新的产业、行业不能产生，规模不能扩大，生产力不能发展，所以整个农村很落后，发展、进步也很缓慢，是被城市工业化推动着前进。几百年前的亚当·斯密就认为城市与农村、发达与落后、文明与愚昧的差距就是分工的差距。

　　"打土豪分田地""分家"等的"分"都是干脆、彻底的"分"，分的是物质基础，把人们分成了无数的小利益单位，这些利益单位互不依存，没有共同的利益，不具备社会结合的特性。当这些小利益单位为了自己的利益最大化时，就会互相攻讦、倾轧，甚至出卖国家的民族的利益。这既是汉奸辈出、前仆后继的根本原因，也是各个历史朝代皇帝与权臣之间相互防范、斗争的根本原因。小农化社会的"分"是彻底的"分"，人们没有共同的利益，只有"自己"的利益，导致了整个社会的一盘散沙。工业化社会的"分"只是"分工"，而不是"分财产""分生产单位"，"分"只是手段，不是目的，"合"才是目的。因"分工"形成垄断，相互依存度极高，在生产组织内部，如果缺少某一工序，就会导致整个产品的失败；在社会内部，如果缺少某一环节，就会导致整个社会的瘫痪。在工业化社会，一个人如果不参与分工，根本就不可能生存。人类的这种依存是相互的，社会越发达，生产力越高，相互依存度就越高，共同的利益就越多，就越能形成一个整体。

　　不仅仅人类社会如此，人类制造的工具也这样：机器、工具的等级越高，其内部各零件的相互依存度也越高。2015年年初，摩尔多瓦共和国的"汽车大王"格尔德宣布旗下的克莱斯勒汽车公司破产。格尔德从事汽车制造三十多年，由于不满足于国内汽车的生产，于1994年购买了美国三大汽车公司巨头之一的克莱斯勒汽车的制造技术。为了节省成本，格尔德没有转让克莱斯勒汽车的一颗通用型螺丝的生产技术。公司很快就投产，螺丝的问题也解决了。汽车投放市场后，开始反映不错。到2001年，问题出现了，汽车的故障率极高，销量下降。在所有问题中，因螺丝松动而引起的故障和车祸占80%：有时方向盘掉下来，有时轮胎掉下来……格尔德生产的汽车遭到质疑和否定，受害者要求停止生产这些汽车和赔偿并告上法庭，政府也发出警告。经过几年的苦苦挣扎，格尔德无力回天，宣布破产。格尔德花巨资取得先进的技术，却因一颗螺丝而失败。无独有偶，被日本人称为"日本近代陆海军的始祖"小粟忠顺1860年到美国访问时，看到高大威武的战船时，羡慕不已，说日本迟早有一天也要造这样的大船。陪同的美国官员嘲笑说日本连一颗螺丝钉都不会造，怎么可能造大船？小粟忠顺回国后，开始创业，从生产螺丝钉开始，八年后，造船厂建好一大半。可见，即使是人类制造的各种劳动工具、机器也因自身的分工，其内部各组成部分的依存度极高，缺少任何哪怕作用很小甚至是不起眼的零部件都会导致整体的失效。

人类只有在高度相互依存的情况下才能实现一体化。原始社会，单个原始人群内的人们不能单独地生产、生活，个人没有私有财产，必须相互依存，马克思主义者称之为原始的共产主义，这是因为生产力极低、致使人们的相互依存度极高的缘故。只是这种极高的相互依存度不是分工造成的，一旦人们能独立地进行生产、生活，这种原始的共产主义就会随时解体。分工演进越精细，生产力就越高，社会越发达，人们的相互依存度也越高，只有在此基础上才能实现一体化。

社会发展的初级阶段，分工很不发达，社会分工主要表现为农业、手工业和商业等大部类产业之间的分工。随着社会的发展，尤其是工业革命后，生产组织间的分工和生产组织内部的分工的演进，社会分工日益表现为更加广泛领域里的多层次、系列化的分工。分工的深度、广度和结构以及与此相联系的社会生产的专业化水平，都成为社会发展水平的标志。

产业分工的演进表现为新产业的出现。新产业的出现是生产组织内部分工的演进导致链条拉长使新产生的环节独立化、社会化的结果，产业分工与生产组织内部分工相互作用。社会发展的过程本身就是分工不断演进，使链条不断拉长，在初始生产要素与最终产品、消费者之间插入越来越多的生产工具、中间产品、服务、环节、知识的专门化等生产部门的过程；反过来，链条的不断拉长也造成越来越迂回、越来越间接的生产方式，从而不断地把先进的、更专业化的生产方式引入到生产过程中来，其结果是生产力的提高。就是在这种分工的"内涵式"的演进过程中，市场的范围得到扩大。生产组织内部的分工使产业的链条越拉越长，链条中的中间产品的数量、种类越来越多，当劳动力和生产工具的规模足以支撑这些中间环节、中间产品的独立化和专业化时，原先的产业就分裂为更多、更专门化的生产部门，即产业分工进一步扩展。

人类社会的发展就像树木的成长，它的发展过程就像树木长大的过程：树木的长大是以不断地长高、分枝来实现的。树木的长高，促进了它不断地分枝，反过来，分枝又加快了树木不断地长高。社会的发展则是以不断地分工来实现的：分工不断地演进，链条不断地拉长，链条上的中间环节不断地增多，导致了社会的规模不断地扩大；反过来，社会规模不断地扩大又促进了分工的不断演进。

分工对劳动生产率的提高过程依赖于分工的这两个层次不断相互作用的深化过程，即分工的不断演进。一方面，生产组织内部分工以社会分工的演进为基础，其进一步的演进依赖于社会分工体系的扩大所带来的社会规模的支撑。首先，社会分工的演进使社会规模不断扩大。其次，当社会分工体系扩大到足够大规模的市场支撑时，生产组织内部的分工才可能进一步细化、深化。内需不足的国家，是因为国家分工水平低，导致了市场规模小，形成不了统一的广阔的市场。反过来，由于市场规模的不足，制约了分工的演进，从而制约了整个国家发展、进步的速度。

另一方面，作为不同劳动领域分离的社会分工体系的演进又取决于生产组织内部分工的演进和不断扩大。首先，生产组织内部的分工导致了劳动生产率的提高，增加商品的数量，在流通领域扩大的过程中不断地促进分工的演进；劳动生产率的提高节省了社会劳动，从而使剩余的劳动可以进一步地开发一系列崭新的生产部门，使社会分工体系不断扩展；劳动生产率的提高增加了剩余价值，剩余价值造成的消费需求和资本积累也使社会生产部门增多。其次，从生产组织内部分工的特点来看，在生产规模扩大的情况下，原来同一劳动的各个组成部分现在被当作相互独立的不同劳动来生产，这些从劳动组成部分中独立出来的新的劳动，在其生产过程中还会发生类似的分离。在分工不断演进的作用下，这种分离不断地形成新的社会生产部门。生产组织内部从手工劳动分工演进到机器体系分工的过程，就是工业从农业中分离和工业内部的社会分工体系不断演进、扩展的过程，即自分工不断演进的过程。总之，"现在工业从来不把某一生产过程的现存形式看成和当作最后的形式"，生产组织内部劳动过程中建立在分工基础上的技术进步、技术创新和技术变革，在不断地催生出一系列新的社会生产部门的同时，也进一步深化了生产组织内部分工的独立化和专业化。在生产组织内部分工和社会分工互动的演进过程中，产业分工不断发展并呈现出体系化和结构化的特点。

（六）分工与经济

人类的三次社会化大分工，首先是游牧业同农业的分离，其次是手工业同农业的分离，然后才有第三次社会化大分工——商人的产生。没有分工，就不存在交换，没有交换就不可能形成市场，没有市场也就不会产生所谓的"市场经济"。所谓的市场最初只是交换的场所，买卖只是众多交换方式中的一种，是人类所特有的，市场经济不等于买卖经济，而是交换经济，买卖只是交换经济中的一种方式。交换是分工的结果，而不是原因，也就是所谓的"市场经济"说到底就是"分工经济"。小农化的农村是典型的自给自足的小农经济，一定地域范围内没有分工，他们可以不需要交换就能生产、生活，因此，在广大的农村形成不了交换的场所——市场。

（七）分工与货币

有一篇名为《金融的本质》的文章讲了这样一个故事：这是炎热小镇慵懒的一天。太阳高挂，街道无人，每个人都债台高筑，靠信用度日。这时，从外地来了一位有钱的旅客，他进了一家旅馆，拿出一张1000元的钞票放在柜台上，说想先看看房间，挑一间合适的过夜。就在此人上楼的时候，店主抓了这张1000元钞票，跑到隔壁屠户那里支付了他欠的肉钱。屠夫有了1000元，横过马路付清了猪农的猪本钱。猪农拿了1000元，出去付了他欠的饲料款。那个卖饲料的拿到1000元赶忙去付清他召妓的钱（经济不景气，当地的服务业也不得不提供信用服务）。有了1000元，这名妓女冲到旅馆付了她所欠的房钱。旅馆店主忙把这1000元钱放到柜台上，以免刚才看房的外地旅客下楼时起疑。此时那旅客正下楼来，拿起1000元，声称没有一间满意的，他把钱收进口袋，走了……这一天，没有人生产了什么东西，也没有人得到什么东西，可全镇的债务都清了，大家都很开心……从这个故事中可以看清货币的本质：货币并不是财富，从表面看，是人们交换各种商品的凭证，究其根源，其实是人们交换分工的凭证。因为人们参与了各种分工，生产出各种商品或提供了各种服务，任何一个人都不可能独立地生产出自身所需的全部物品，这就需要进行交换，货币就是作为这种交换的凭证或工具而出现、产生的。它是分工不断演进且不完全，交换逐渐增多、复杂的产物，是联系分工各方即合作的一种表现形式，本身并没有多大的价值和意义，其价值和意义完全是在促进分工不断演进的过程中得到体现的，是促进分工加速演进的工具。

货币不是天生就有的，也不是一成不变的，是在人类分工不断演进的过程中逐渐形成、产生的，并随着分工的不断演进而发展、变化。当分工演进到一定程度时，实物货币跟不上分工演进的速度，数字货币就会取代实物货币，成为促进分工演进的工具。现在全球金钱总和大概为60兆亿美元，但所有的硬币和纸币加起来还不到6兆亿美元，超过九成的金钱都只是计算机上显示的数字而已，大多数商业交易其实只是数字的转移，并没有任何实体金钱的交换。[1]当分工成为人们自然而然的必然的时候，货币——这个分工的产物和加速器就失去了存在的价值和意义，从而退出历史的舞台。货币在分

---

[1] 尤瓦尔·赫拉利：《人类简史》，中信出版社2014年版，第174页；Niall Ferguson，*The Ascent of Money*（New York：The Penguin Press，2008），4.

工的演进中产生、发展，最终也将在分工的演进中消亡。实物货币向数字货币的发展标志着分工演进的速度更快了，这也是它将退出历史舞台的前兆和必然。

　　货币是人类历史发展过程中的产物，它具有地域性、时间性，所以会随着人类的发展而产生、消亡，因此，不是人类真正的财富。分工不是人类历史发展的产物，它没有地域性、时间性，不会消亡，只有不断演进，是人类真正的财富。

五

分工与阶级

阶级是怎样产生的呢？是不是天生就有？阶级是人类特有的一种历史社会现象，它不是从来就有的，也不会永远存在，是社会发展到一定历史阶段的产物。它随着社会的发展而产生、发展，也必将随着社会的发展而灭亡。自人类进入父系氏族社会后，逐渐出现了阶级的分化，这个分化是全人类的事，没有地区、民族、种族、文化、宗教、法律、政治、道德等的区别。早在父系氏族时期，地球上的各原始人群活动范围很小，人们还不能互相联系，不知道除了自己之外还有其他的人群存在。在这种情况下，为什么不同地区、不同种族、不同文化、不同宗教信仰的人都产生了阶级？都出现了男性的地位高于女性？当时，人类既没有统一的文化、道德，也没有统一的政治、法律、军事等，甚至连神灵都没有统一，为什么在这些方面却出现了高度的一致性？《汉谟拉比法典》《独立宣言》等都只是阶级的产物，而不是阶级产生的原因。阶级既不是法律的产物，也不是人类想象的产物，它是人类分工演进不完全的产物。因为分工与阶级的产生一样没有地域、民族、种族、文化、法律、政治、军事、道德等的区别。

原始社会时期，人类社会的规模很小但数量很多，"社会"与"社会"之间没有联系。由于此时几乎没有分工（只有原始的自然分工），生产力十分低下，也就没有阶级产生的基础。在分工不断演进的同时，人类的一夫一妻制婚姻模式出现了，首先确定了人的私有，它为私有化的产生准备了人的条件。随着分工的演进，生产力不断地提高，产生了大量的剩余产品，为私有化准备了物的条件。在这两个必要的条件都得到实现的同时，分工的演进还改变了人的社会存在，促进了阶级分化的进程，逐渐产生了阶级。私有、阶级、国家的演变、产生都是一个缓慢的渐进的过程，而这个过程就是分工不断演进的过程，并且它们本身就是一种分工。阶级在人类分工演进的过程中产生，也必将在人类分工演进的过程中灭亡。

列宁在《伟大的创举》一文中指出："所谓的阶级，就是这样一些大的集团，这些集团在历史上一定社会生产体系中所处的地位不同，对生产资料的关系（这种关系大部分是在法律上明文规定了的）不同，在社会劳动组织中所起的作用不同，因而取得归自己支配的那份社会财富的方式和多寡也不同。所谓的阶级，就是这样一些集团，由于它们在一定社会经济结构中所处的地位不同，其中一个集团能够占有另一个集团的劳动。"①列宁的定义，揭示了阶级的实质，即阶级实际是一个经济范畴，划分阶级的标准只能是经济标准。但这个"经济"却又是分工演进不完全所决定的：有什么样的分工就有与之相对应的经济。在这里，列宁无意中也证明了阶级是分工的产物，如他说"在社会劳动组织中所起的作用不同""由于它们在一定社会经济结构中所处的地位不同"，这个"作用不同""地位不同"都是通过分工来实现的，没有分工，就不可能有作用不同、地位不同。

从阶级的产生、特性等可以看出：阶级的出现远比分工要晚，而且不是永恒存在的；分工在人类出现之前就已经存在了，且会永远地存在。阶级

---

① 《列宁选集》第4卷，人民出版社1995年版，第11页。

是在人类出现相当长的时间后随着分工的不断演进导致生产力的不断发展、人的社会存在不断改变而逐渐产生的。分工不是人类特有的现象，是宇宙普遍存在的法则；阶级是人类社会特有的产物，动物不存在阶级的划分。如蚂蚁、蜜蜂等具有社会性的动物，它们是没有阶级划分的。蚂蚁、蜜蜂等所谓的"王""后"，并不是统治阶级，它们不占有生产资料，更没有在政治上占统治地位，也没有国家机器，只是在它们那个群体里，因分工起了个"头"的作用而已。它们同样需要劳动：不停地繁殖后代。因为有劳动，所以也就有获得食物的权力，但不是直接去寻找食物，而是通过分工，然后进行劳动交换得到食物。工蚁、工蜂等也不是被统治阶级，它们只是根据自身特点的分工从事寻找食物等的工作而已。在它们群体内部，没有高低贵贱之分，只有分工的不同。它们的这个分工，不是"王""后"所决定的，而是由各自身体内部各组成单位的分工所决定的。蚂蚁、蜜蜂等的社会结构与原始人群的母系氏族社会结构十分相似，所不同的是蚂蚁、蜜蜂等的社会结构在分工演进到一定程度后，不能再持续不断地演进，所以至今其社会结构没有本质的变化。原始人的社会分工能持续不断地演进，社会结构不断地变化，所以形成、产生了阶级。

随着分工的不断演进，生产链条不断地拉长，同时，人与人、人与物等之间的关系（生产关系）链条也随之拉长，使人们的社会存在发生了变化，产生了不同的社会阶层，进而形成了阶级。动物则因分工不能不断地演进，其社会存在不能改变、生产力不能得到提高，所以尽管整天忙忙碌碌，辛勤劳作，所获得的食物仅仅只能满足自己和群体的生存需要，不能有结余，因而不能产生剩余财富，没有可供剥削的财物，也就不能产生阶级。

私有制出现后，产生了阶级对立，分工也被打上了阶级的烙印。在阶级社会里，统治阶级为了实现利益最大化，用尽一切手段，他们发现不完全垄断是很好的办法。不完全垄断需要不完全分工来实现，统治阶级就利用不完全分工来剥削、奴役被统治阶级，于是，分工被阶级化了。古代就有"劳心者人，劳力者制于人"的理论，这可能是最早记录分工具有阶级性的言论。不完全分工、不完全垄断变成了统治阶级获取经济、政治利益的手段，市场变成了他们获得利益的场所。分工是合作的基础、条件，但在阶级社会里，统治阶级为了自己利益的最大化，分工的结果被异化成了竞争，而竞争就是不完全垄断的产物。如资本主义社会里，人与人、人与企业、企业与企业、企业与国家、国家与国家等之间，他们没有共同的利益，只有各自的利益。为了各自利益的最大化，他们之间是竞争的关系，分工变成了竞争的手段。由于分工演进不彻底，从而导致了垄断的不完全——资本垄断的力量大于其他垄断的力量。只有当分工演进完善、彻底，形成绝对的垄断，才能消灭垄断。绝对的垄断不可能形成竞争，垄断的目的就是为了消灭垄断，使人类形成共同的利益整体，进而消灭阶级。

阶级是阻碍分工演进的重要原因，而分工的演进又是人们的社会存在不断地改变、推动社会制度不断变更的根本动力。奴隶制社会比原始社会进步、封建主义社会比奴隶制社会进步、资本主义社会比封建主义社会进步，其原因就是分工演进的速度、程度在不同的社会形态里是不一样的，且不断呈现出加速演进的趋势，演进的程度也较上一级社会形态为深。每种新形态社会诞生之初，分工是加速演进的，因而是先进的、科学的、革命的。但每种形态社会中的统治阶级一方面为了维护其统治地位，会阻碍生产关系的分工继续演进；另一方面，为了增加自己的财富，又会促进生产劳动中的分工不断地演进，以提高被统治阶级的劳动效率。被统治阶级为了自身的利益，获得财富和地位，必然要求生产关系中的分工不断演进。而且，为了减少统治阶级的压迫和剥削，必然会阻碍生产劳动中的分工演进。这样，统治阶级和被统治阶级就会产生不可调和的矛盾，从而发生斗争，其最高形式就是暴力。阶级斗争的本质就是推动和阻碍分工演进的斗争。在统治阶级的压迫下，被统治阶级会消极、被动地劳动：怠工、破坏工具、逃跑甚至反抗。反抗、起义更是多得不可胜数。另外，因为分工的演进需要越来越多的劳动力共同参与才能进行，当被统治阶级因分工的演进而逐渐集中后，会形成一定的垄断，容易暴动、起义，进而推翻统治阶级。欧洲的奴隶制社会就是这样在奴隶们的起义中逐渐走向灭亡。因此，统治阶级又会通过各种方法阻碍分工的演进。但是，无论任何方法都阻止不了分工的演进，因为分工不是人类的产物。阶级因分工而产生，也将因分工的不断演进而消亡。

前面用"人"这个例子来说明了"分工合作"的重要意义。如果把单个的"人"看成是一个完整的社会，可以发现"人"这个社会已经达到了分工的最高境界：大脑是人体的"司令部"，人体所做的任何动作，都是它下达的，身体任何部位的感受、反应都会传递到大脑，它是名副其实的"统治阶级"。人的四肢则是劳动的主要力量，要获得任何食物，就要使它们进行劳动，是典型的"被统治阶级"。但是，在单个的人体身上，是没有阶级划分的，因为它们的分工高度完善，已经实现了垄断平衡，成为了一个整体，从而消灭了阶级：大脑是人体的"司令部"，是"政府"，是"统治阶级"，但是，它并不占有生产资料，也没有"国家机器"。不管是大脑还是手、脚等，它们都进行了完善的分工，实现了垄断平衡，没有高低贵贱之分，按需分配，实现了"共产化"。

根据历史的发展规律发现，任何一个阶级登上历史的舞台或被赶下历史的舞台，都有一个共同的规律：当这个阶级推动分工的演进时，就会登上历史的舞台；当它阻碍分工的演进时，就会被赶下历史的舞台。奴隶主阶级、地主阶级、资产阶级都是因为推动分工的演进而登上历史的舞台，后又都因阻碍分工的演进被赶下或将被赶下历史的舞台。

阶级既然不是从来就有的，那就必然有消亡的一天。但是，怎样才能消灭阶级呢？只有找到阶级产生的根源，才能从根本上消灭阶级。阶级是人类社会特有的历史现象，在整个人类历史上，阶级产生的时间并不久，才几千年。但是，就是这几千年，在人类发展史上却十分重要：既是人类大发展的几千年，也是血腥残酷内斗的几千年。这几千年来，人类获得了巨大的发展和进步，同时，各种战争也贯穿着这几千年，导致了无数的人死亡，社会环境、自然环境、财富等都受到了极大的破坏和浪费，延缓了社会的发展和进步，人类也为此付出了极其惨重的代价。阶级从它产生的那一刻起，就注定会产生斗争，这几千年的历史，既是发展史，又是阶级史，更是斗争史。但是，人类的各种斗争并没有导致阶级的灭亡，往往只是消灭了旧的统治者，却又产生了新的统治者，形成了人类社会的"周期律"："你方唱罢我登场"，统治阶级作为一个阶级，并没有被消灭。几千年的阶级斗争史证明，不找到阶级产生的原因，试图用暴力的办法来消灭阶级似乎并不正确，反而会造成人类大量的死亡、社会财富大量地毁灭。被统治阶级在反抗压迫、剥削的过程中，必然会产生领导者，如果反抗成功，领导者就会变成新的统治者，实现"城头变幻大王旗"；反抗不成功，旧的统治者依然是统治阶级。几千年来，人们并没有消灭阶级，只是消灭了旧的统治者。阶级是人类社会分工演进不完全的产物，统治阶级、被统治阶级本身就是一种分工，要消灭阶级，只有不断地完善分工，使分工不断地演进，实现垄断平衡，阶级才会自动地退出历史舞台。

人类无论经过什么样性质的社会，有一条主线贯穿始终——分工不断地演进，这条线是其他任何东西如政治、经济、文化、宗教、教育、军事、科技等所不能代替的。人类社会及人类自身的分工不断地演进，导致了生产力不断地提高，人的社会存在不断地改变。从统治阶级对被统治阶级的统治程度可以看出，随着人类社会和人类自身的分工不断演进，其被统治的程度也在不断地减轻。因此，分工不断地演进是从根本上逐渐消灭阶级的唯一途径。从单个的有机体可以看出，完全分工是消灭阶级的唯一办法。

人类社会的发展史中，阶级斗争只占很小的一部分，分工史则贯穿始终。经济、政治、宗教、文化、科技、教育、军事等是人类社会发展的重要组成部分，但它们都是分工不断演进的产物，是组成社会的各个部分，本身也是一种分工，分工是"神"，它们只是"形"，是分工的具体表现形式。没有分工，就不会存在经济、政治、宗教、文化、教育、军事、科技等，它们随着分工的不断演进而不断地发展。人类社会的发展过程就是分工不断演进的过程，也是人与人、人与物之间的关系不断地加强、阶级统治和压迫不断地削弱的过程。

农业问题的根源

农业问题不仅仅是农业、农民、农村的问题，而且关系到整个国家的稳定、发展和民族的兴衰、存亡。要解决农业问题，实现农业现代化，就必须弄清楚农业问题的根源是什么，否则就不可能从根本上解决。通过对农村一些行业的调查及城乡等多方面的对比，结合生物进化过程，可以发现农业问题产生的根源就是分工合作演进的速度和程度的差异导致的，其具体表现是小农化生产与工业化生产之间的矛盾，三农问题就是这个矛盾不可调和的表现形式。早在几百年前，亚当·斯密在《国富论》中就论述了农业与工业的差别就是分工演进程度的差别。

正确地认识现在的国情，对顺利转型并实现跨越式发展有巨大的积极作用和现实历史意义。尽管城市已经实现了工业化生产，但现在仍然不是一个工业化的国家：广大的农村依然是以小农经济为基础的小农化社会，更不用说小农化文化、小农化思想、小农化政治、小农化世界观、小农化价值观、小农化人生观等上层建筑有实质性的改变。城市在西方工业化国家的带动下，在生产上实现了工业化，但小农化文化、小农化思想、小农化政治、小农化人生观、小农化价值观、小农化世界观等并没有完全消失，更没有建立起相应的工业化文化、工业化思想、工业化政治、工业化人生观、工业化价值观、工业化世界观等上层建筑。农村几乎是地道的小农化社会，城市也仅仅是在"小农化文化、小农化世界观、小农化价值观、小农化人生观等指导下进行的工业化生产"，所以目前仍处在由小农化社会向工业化社会转型阶段。

格力集团2009年销售收入426.37亿元，连续9年上榜美国《财富》杂志"中国上市公司100强"，业务遍及全球100多个国家和地区，是目前全世界最大的集研发、生产、销售、服务于一体的专业化空调企业，有员工80000多人，全球用户超过1.5亿，有几万家专卖店，拥有珠海、巴西、巴基斯坦、越南等8个生产基地。由此可见，格力是个地地道道的实现了工业化生产的企业。但是，它建立了相应的工业化的文化、世界观、价值观、人生观了吗？2013年曾有一个巨大的"打赌"：小米和格力之赌。格力欣然应战，为什么敢于应战呢？因为格力认为只要有某一个环节不给小米做了，小米就会倒下，所以在赌局中，格力反复说"我不给你做了""不给你做怎么办"，格力为什么会这样说呢？因为尽管格力实现了工业化生产，但是，它还没有完全建立起相应的意识形态、人生观、世界观、价值观等工业化的文化，仍然受小农化文化的支配。从表面看，格力是一个独立的生产单位，集产品的研发、生产、销售、服务等于一体，单位内部能独立、完整地生产一台空调。但格力真能独立地完成生产吗？不能，没有电，它不能生产；没有水，它不能生产；没有机器，不能用人工锤；没有道路，产品不能运出厂房；没有车辆，它不能叫生产工人把空调扛到市场上销售；造空调的工人不能去盖厂房；生产的空调不能只给自己使用；工人们不能生产粮食、缝制衣服等，如果这些环节中的任何一个环节也像格力说的"我不给你做了""不给你做怎么办"那样，格力同样也不能完成生产。也就是说尽管格力很大，但它并不是一个完全独立的生产单位，不具备独立生产的能力。工业化社会里，不仅仅格力不能独立地完成生产，全世界没有任何一家企业、公司能够独立地完成生产，它们都只是社会生产中的某一个环节，而不是全部。这就像多细胞生物有机体中不仅单个的细胞不再具有全能性、独立性，而且更大的单位如组织、器官、系统等也不具备全能性和独立性而必须相互依存才能存在一样。小农化社会的家庭却具有比国际大公司更高的独立生产的能力：它可以自己留种子、挖地、种植、收割、搬运、晾晒、使用产品等，可以不需要电、水、路、机器、市场等或这些都由家庭自己完成。只有小农化社会的生产单位才能在"我不给你做了""不给你做怎么办"的情况下独立地完成生产。这就像单细胞生物的细胞可以独立存在、具有很高的全能性，相互之间的依存度很低而多细胞生物的任何一个单位都不能独立存在、不具有全能性，必须高度依存一样。工业化的实质就是分工不断地演进，从而使任何一个单位（这个单位可以小至家庭，大至整个人类）都不具备全能性、独立性，必须相互依存。工业化社会里，任何一个企业都没有能力说"我不给你做了""不给你做怎么办"这样的话。现在，不仅单个的公司、企业不是独立的生产单位，就是单个的城市、甚至单个的国家，其独立生产的能力也在不断地降低，相互依存度在不断地增加。现在，即使是实现了工业化生产，也不能说自己就是工业化的企业，更不能说已经是个工业化的国家、社会。只有在实现了工业化生产的基础上建立起了工业化的文化，才是真正的工业化企业、工业化国家、工业化社会。

七

小农经济的特征

　　小农经济是传统的农业化社会数千年来的主导经济形态，并在此基础上形成、产生了小农化的上层建筑。老子的"小国寡民。使有什伯之器而不用，使民重死而不远徙。虽有舟舆，无所乘之；虽有甲兵，无所陈之。使人复结绳而用之。甘其食，美其服，安其居，乐其俗。邻国相望，鸡犬之声相闻，民至老死不相往来"。充分地描述了小农社会的人生观、世界观、价值观等上层建筑以及其经济社会情况。古人所说的"无为而治"只适用于小农社会，因为小农经济是以家庭为单位的经济模式，家庭内部能够自给自足，单个的家庭能够独立地生存，即小农家庭具有较高的全能性和独立性、较低的相互依存度，这种"全能性"与政府的存在与否没有关系，因此政府可以"无为"，而"人民能够直到老死也不相往来"。陶渊明的《桃花源记》也充分地描绘了"小农经济、小农社会"这种可以与世隔绝、不需要政府、可以独立存在的社会形态。

　　小农生产长期是最低级最简单的生产水平，人们只知道劳动，不知道改造劳动。几千年间，劳动工具除了材质有所改变外，没有本质的变化，形状、功能等基本上保持了原始性，所使用的动力一直是人力、畜力、自然力等。一直以单件的、单用途的、直接由人手执或借助畜力使用的工具，甚至人的手、脚等作为工具为主。将至今广大农村仍在使用的主要农具（如铁制的刀、镰、斧、锄、铲、钯、锹、镐、钁、镢等，木制的水车、耙、风车、耖、耖、耱、耧等），与博物馆中陈列的春秋战国时期的农具相比，没有本质的变化。与落后的生产工具相对应的是，小农社会的生产技术也是极其低下的。观察天气、识别土质土壤、选种、耕种、除草施肥等农业技术，从春秋战国至清末民国初，也没有明显的进步。农民个人生产中摸索、积累的经验，口传心授乃至手把手地教给儿孙，就是小农生产中农业技术的获得、存在及传承的主要方式。

下面2014年夏在农村拍摄到的农民们劳动时的一些照片，从中可以看到，农民们仍然使用着有几千年历史的工具进行劳动，人力、畜力等仍然是主要的动力。插秧时，人的双手就是劳动工具。由此可以看出小农经济的落后性、腐朽性。古代有很多文章、经验，如古诗《悯农》中的"锄禾日当午，汗滴禾下土。谁知盘中餐，粒粒皆辛苦""脸朝黄土背朝天""日出而作，日落而息"等都描写了小农的艰辛。

西方农业已经实现了工业化生产。以美国为例：农业产量大，从业人少，生产效率高。这主要得益于农业机械化，在全球卫星定位系统的帮助下，拖拉机可以保证每次都不在同一道车辙上行驶，避免重复操作，节约了燃料、化肥、种子、农药等，减少了污染和浪费。甚至给拖拉机装配更多高级的自动化、智能化系统后，农民只需远程遥控就能实现生产劳动。美国的农业以家庭农场为主，尽管冠以"家庭"二字，而且从事农业生产的也是以家庭成员为主，但其家庭并不是独立的生产单位，不能独立地完成生产，其全能性很低，而是与社会实现了高度精细的分工，如果离开了与社会的联系，根本就不能完成生产，其农业马上就会死亡。

对比工业化与小农化的农业，可以看出：小农化的农业没有分工，更

几千年前的农具在
当今广大的农村仍
然在使用

这是2014年夏农
民用原始的工具劳
动时的情景

2014年夏天农民
们插秧时的情景

不能演进，单个的家庭能够独立地完成生产，使用的劳动工具十分简陋，长期没有且也不能改进，甚至人的身体就是劳动工具；工业化的农业分工很精细，并将各种先进的工具纳入到人类的分工合作体系中且不断地演进，单个的家庭不可能独立地完成生产，必须与其他单位进行合作才能完成生产，人只操纵劳动工具而不是劳动工具。

小农经济从经营方式看，不管是大地主的大土地私有制，中小地主的中小土地私有制，还是个体自耕农的小土地私有制，无论土地面积大小，其生产经营方式是一致的：都是以一家一户的小块土地经营，即家庭是主要的生产经营单位。大中地主的土地，一般是以租佃的方式分给许许多多单个的农家耕种；小地主和富农的土地，或租佃耕种，或雇农耕种，甚至自己耕种。大规模的奴隶制农业生产劳动及雇佣劳动制的农业生产在古代基本上未成为正式的农业经营方式。自耕农、佃农乃至雇农的生产活动，几乎都是以个体家庭为生产单位，男耕女织，自给自足。如果说父家长是生产单位的"总经理"，其他家庭成员则既是家庭拥有或暂时租借土地等生产资料的"股东"，又是父家长管束指挥下的劳工。小农社会里，家庭成员的相互依存度高，如果不参与家庭内部分工，几乎无法进行生产、生活，所以，他们与家长的关系基本上是人身依附的关系。可以说，"户"（或"烟户"）既是亲属组织，又是经济单位。

农村的状况只要随便找一家小农化的农户，简单地了解一下情况，基本上就可以知道。这个家庭有几间房子，或独立居住或与其他农户的房子相邻，还有附属设施如：厕所、猪圈、牛圈、鸡舍、杂货间等（许多人因为贫穷，这些设施甚至就在住房里，出现人畜混住的情况）。房前屋后堆有柴、草，还散落有很多鸡粪、猪粪、牛粪及其他垃圾等。房间里有厨房（灶屋或伙房），厨房里有水缸、锅碗瓢盆桶、柴禾、装粮食油料的各种容器等。房间里还有锄头、铁锹、扁担、钎担、犁、耙等各种劳动工具。除了这些，还有生活用品如：衣物、桌椅、床被、家用电器等。小农化的农村几乎都是这个模式。由于有许多各种各样的东西，必然导致了农村的相比杂乱。这些东西能不能少要、不要？不行，连人粪尿、猪牛等动物的粪便都必须得有，没有这些东西，就没法生产、生活。能不能把这些东西理顺？也不能，因为它们的大小、形状不一，使用的时间不同，所以只能乱七八糟地放着，给人一种很乱的感觉。农村的建筑也因为用途不同，房屋的大小形式不一样，不能整齐划一，看上去杂乱、零散。比如说厕所，农村是每家每户都有，散落在房前屋后，形状各异，既难看，又不卫生。为什么不建公共厕所？不行，因为农村每家每户都有田、菜园，厕所的人粪尿要用来浇菜园、田地的。有的家庭人多，产生的粪便就多，有的家庭人少，产生的粪便少，粪便也是一种生产资料，同样是家庭占有，如果搞公共厕所就会产生矛盾。并且，公共厕所可能离某些人的田地比较近、某些人的比较远，还有平常的管理、用量的多少等都会产生矛盾。因为会产生很多矛盾，所以在小农化的农村，公共厕所也失去了存在的基础。农村不仅仅需要各种劳动工具，还必须会使用、维修这些东西，否则就无法进行生产，进而生活困难，甚至不能生存。城市人来小农化的农村最主要最直观的印象就是这样的，这是由小农经济的本质决定的：单个家庭是一个独立的生产生活单位决定了它小私有的本质，所有的生产、生活资料属家庭占有；较高的全能性独立性决定了必须得有这些东西，否则就失去了生产、生存的基础。从理论上讲，小农经济就是生产资料、劳动产品、劳动力都是以家庭占有为主，劳动过程在生产单位——家庭内部完成。小农化的家庭既是生活场所，又是工作场所，还是仓库、储藏间、工具间、牲畜间等，所以必然杂乱无章。也因为如此，小农化家庭才具有较高的全能性、独立性，家庭间的相互依存度必然很低。

土地集中不一定就能进行工业化生产，实现生产的社会化。古代大地主的土地就很集中，而且"产权"十分明晰，但仍然是以家庭为单位进行生产，单位内部的分工不能持续演进，所以它仍然是小农化生产。只有在土地集中的基础上实行大生产，推动社会化分工和生产组织内部分工并持续演进，才能实现工业化生产，进而达到生产的社会化。

古代的城市，尽管人们脱离了农业生产，从事的是第二三产业，但仍然具有小农化生产的特性：以家庭为单位进行生产、经营，单位内部的分工不能持续演进。他们的小农化生产与农村农民们的小农化生产又有一定的区别：城市里，由于实行了一定的社会化分工，所以市民们从事的职业专业化程度比农村要高些；农村没有实行社会化分工，专业化程度非常低，生产单位规模小，内部的分工不能持续演进。在古代，不管城市还是农村，家庭既是生产、生活单位又是经济单位，单位规模小，其内部的分工原始且不能演进，所以是地地道道的小农化社会。

小农经济是一种最落后、最脆弱的经济。关于它的落后性，马克思说："这种生产方式是以土地及其他生产资料的分散为前提的。它既排斥生产资料的积累，也排斥协作，排斥同一生产过程内部的分工，排斥社会对自然的统治和支配，排斥社会生产力的自由发展。"[①]这种落后，简单地说就是生产单位规模小，单位内部及单位间的分工原始且不能演进。其原始性、落后性决定了这种生产方式的基础是十分脆弱的。马克思说："小生产者是保持还是丧失生产条件，则取决于无数偶然的事故。而每一次这样的事故或丧失，都意味着贫困化，使高利贷寄生虫得以乘虚而入。对小农民来说，只要死一头牛，他就不能按原有的规模重新开始他的再生产。这样，他就坠入高利贷者的摆布之中。而一旦落到这种地方，他就永远不能翻身。"[②]生产的小规模制约了家庭人口的增加。同时，为了维护、扩大自己家庭的利益，必然会排斥、侵害其他家庭的利益，自然而然地就产生了各种矛盾，因而小农经济具有排他性。

恩格斯在《法德农民问题》中定义过传统小农经济："我们这里所说的小农，是指小块土地的所有者或租佃者——尤其是所有者，这块土地既不大于他以自己全家的力量通常所能耕种的限度，也不小于足以养活他的家口

---

① 马克思：《资本论》第一卷，人民出版社2004年版，第872页。

② 马克思：《资本论》第三卷，人民出版社2004年版，第678页。

的限度……家庭是自给自足的，几乎生产他所需要的一切，而村庄则更是如此。这差不多是十足的自然经济，货币几乎根本不需要。"恩格斯还对小农小块土地经营的前途进行了判断："这种小生产正在不可抵制地灭亡和衰落"，"正是以个人占有为条件的个体经济，使农民走向灭亡"。①恩格斯对小农的论述是小农自给自足、从事自然生产、自己完成生产不需要雇工、不需要货币，即小农经济就是以家庭为单位独立地进行生产、生活的经济模式。马克思也认为"小农人数众多，他们的生活条件相同，但是彼此间并没有发生多种多样的关系。他们的生产方式不是使他们互相交往，而是使他们互相隔离"，"他们进行生产的地盘，即小块土地，不容许在耕作时进行分工"，"每一个农户差不多都是自给自足的，都是直接生产自己的大部分消费品，因而他们取得生活资料多半是靠与自然交换，而不是靠与社会交往"。②

斯大林也专门分析过小农经济，"小农经济是什么？这是最没有保障、最原始、最不发达、产出商品最少的经济"。列宁也多次论及小农经济与小生产，认为小生产是一种不使用雇佣劳动的生产耕种自己的一小块土地来勉强维持生产小农，他们拥有自己的或租来的小块土地，可以应付他们家属和自己经营上的需要，并不需要雇用他人的劳动力。列宁坚持认为小农的自然经济只能混一天算一天，慢慢地被折磨死，绝对不会有什么繁荣。列宁和斯大林都认为小农与市场打交道少，生产商品少，也不需要使用雇佣劳动力生产，小农经济是一种没有前途的经济，势必被消灭。

费正清也认为小农：在小块土地上花大量人力并以人粪尿为肥料，这一事实已经产生了它的社会影响。费孝通认为小农经营的面积聚在一起住，住所和农场不会距离得过分远。苑书义、董丛林认为小农是指在以生产资料私有制为基础，在小块土地上，主要使用手工工具，以家庭为单位进行个体生

---

① 《马克思恩格斯选集》，第4卷，人民出版社1995年版，第486—487页。

② 《马克思恩格斯选集》，第1卷，人民出版社1922年版，第693页。

产经营的农民。它是小农经济的主体。徐勇认为传统的小农经济主要依据的是农户在小块土地上经营，并在自给自足的封闭状态下生活和交往的一种经济社会形态。

小农经济的特性具有：①分散性，以家庭为单位进行生产、生活，一个个家庭就像一株株小草一样遍布全国，每个家庭都具有相对的独立性；②封闭性，每个家庭就是一个利益单位，为了维护自身的利益，会排斥其他家庭的利益；③自足性，人们生产的主要目的是满足自家生活、生产、再生产和纳税的需要；④同质性，在特定的自然环境范围内，绝大多数人从事着相同的生产、过着相同的生活；⑤小私有性，一个家庭就是一个生产、生活单位，占有生产、生活资料；⑥周期性，一个家庭从独立成家到家庭主人死亡，完成一个周期，下一代再重新开始进行下一个周期；⑦独立性（全能性），一个家庭就是一个完整的生产、经营单位，具有较高的独立性、全能性，能在不与外界联系的情况下独立地完成生产、生活。小农经济的根本特性与小草的根本特性几乎完全一样，因此，小农经济就是"草状经济"，小农社会就是"草状社会"。因为小农经济以家庭为单位进行生产，所以经营规模小，生产条件简单，在比较贫瘠、恶劣的自然条件下也可以存在和再生产。也因为其消费能力极低，所以容易通过勤劳节俭实现生产和消费的平衡。但是，由于经营规模小，生产力低，缺乏积累和储备，在徭役赋税、商人和高利贷者的剥削、封建地主的兼并、意外事故等情况下，必然会出现两极分化。除了少数人因生产条件比较优越、家庭生活负担较轻，或在有利机遇的情况下，可以发财致富外，多数人往往陷入贫困和破产，因此，小农经济又是很不稳定的。以小农经济为基础的国家必然同样具有这种不稳定性。

小农经济的小而全，表面上看其资源配置是有效率的。其实，小农经济资源的有效配置是周密计划的结果，是为了满足自己家庭生产、生活需要的必然，粮、棉、油、菜、畜、渔、林等都必须得有一点。在有限的小块土地上，要安排这么多种作物，就必须进行周密、详细的计划，否则就不能满足家庭的需要。所以小农经济能最大限度地利用土地，这是被迫的也是必须的。如华中地区的农民们在夏季插秧之后，会在田埂上种黄豆、豇豆、红豆、绿豆等各种杂粮、蔬菜；会在田边地角栽红薯、棉花等农作物。他们会充分地利用各种各样的边角小块土地、路边地等，种植一些小杂粮、蔬菜，利用房前屋后的空地以及剩饭菜等养鸡鸭、喂猪牛羊等。因为这是一个家庭所必须的：家庭成员不能只吃饭，还需要油料、衣被、杂粮、蔬菜、肉蛋等补充、改善生活。这些东西农民们不会在市场上购买，因为小农家庭较高的独立性、全能性，较低的相互依存度决定了他们只能充分利用边角地自己种植、养殖。农民们还以为自己能种、养不用购买，节省了很多钱而洋洋自得，他们并不知道劳动效率的提高远远不止获得这些收益。单从表象看，这个办法充分地利用了有限的土地，使土地的产出最大化，即资源的配置很有"效率"。但这个有效率的资源配置却不是科学的：资源配置的"有效率"不利于改造人们的劳动、解放农民。几千年来，农民们几乎都是使用着最简陋、最原始的工具重复着同样的劳动，一直是最贫穷、最脆弱、最底层的群体，只要稍微有点风吹草动，就会发生动荡，甚至引发社会的、国家的危机。其资源配置的"有效率"却不能获得更高的收益说明这个"有效率"是无效的。华中地区因为农作物的收获期与雨季刚好重合，几乎每到收获的季节，都是阴雨连绵。20世纪八九十年代，农民们在公路上打、晒粮食，严重地影响了道路安全和通行，还浪费了大量的粮食，就是农民们以小农模式抢收粮食的必然结果。否则，各种粮食会霉变、减收，造成更大的浪费和损失。各种浪费远远大于所谓的"高效率配置"的增加部分。因为这个"高效率配置"的各种农产品品种、特性、收获期等不同，致使不能使用机器收割、脱粒、烘干，只能用人工收割、打场，利用太阳的能量进行晒干。没有太阳，就只能看着农产品霉变，这也是人们痛恨公路打场、晒粮而又不得不这样做的根本原因。

小农化社会里，人们最大的目的就是生存，而且也只能是生存，人们的一切活动都围绕着这个目标进行。传统的小农仅仅依靠经验进行着生产、生活，没有创新，拒绝创新，思想保守，因循守旧，他们常常说几千年都是这样做的、过来的，不愿有所改变，以遵守所谓的"传统"为荣。小农化社会的这种生产方式，深深地影响和决定了数千年来的上层建筑，形成了特有的小农文化、小农思想、小农世界观、小农价值观、小农人生观、小农政治、小农教育等小农化社会的上层建筑。

当今农村社会的现状

农民的定义有两种方法：一种是从职业上定义，即"从事农业生产的劳动者"；另一种是从身份上定义，即"户口登记在农村并为农业户口的农村人"。这两种定义都不准确，都很模糊：从职业（即分工）上来说，从古至今，一直就没有单纯的从事农业生产的人，住在农村的人不仅要种、养农、畜产品，还必须对它们进行加工、销售，还要会制造、维修一些简单的劳动工具，会盖房子等等。也就是说，从来就没有真正职业上定义的农民。从身份上说也极不准确，因为农村并不是只有农业，还有畜牧业、制造业、加工业等，所谓的"农业户口"是人为的不准确的划分，并不是身份的确认。几乎所有人都认为，只要在农村种有粮食（有土地）的人就都是农民。也就是农民等于农业等于农村，三者是一体的，所以才有所谓的"三农问题"。事实上，农业既不等于农民，也不等于农村。有人说造成城乡二元结构的元凶是户籍及附着在户籍上的各种待遇。

还有人说是土地所有制造成的"三农问题"。其实，所谓的"三农问题"与户籍、土地所有制等无关。先来看看所谓的"农民"的身份：现在在农村居住的人基本上都被认定为"农民"（除了极少数是"商品粮户口"的人之外），他们在农作物播种及收获的时候，就下地耕田、播种、收获，是地地道道的农民。干完农活后，有的人拿起课本，他们变成了教师（民办）；有的人打开商店的门，他们变成了商人；有的人扛起脚手架，他们变成了建筑工人；有的人握起方向盘，他们变成了交通运输人员；有的人打开车间，他们变成了粮棉油加工人员；有的人端起盘子，他们变成了餐饮服务人员等。总之，在农活之外，他们什么活都可以干，并没有一直侍弄土地，甚至干农活的时间、收入比做其他工作的时间、收入要少得多，就是因为住在农村，他们被"农民"了。事实上，他们一年四季都在不停地转换着身份，既不是农民，也不是工人，是真正的"农民工"——既是农民又是工人（因为惯例，以下仍称他们为"农民"）：从事的劳动不仅包括第一产业，还包括第二、三产业。也就是农村这个社会不仅有第一产业，还有第二、三产业，却因为这第二、三产业在农村，它们也都被"农业"了。如搞粮食加工的人，在城市应该属于第二产业，是工人，因为在农村，却成了农业中的一部分，变成了农民；搞运输的人，在城市属于第三产业，同样是工人，也因为在农村，他们变成了农民；做饭吃这个工作，在城市是第三产业，是服务人员，因为在农村，他们只能被称为农民。其他行业如调查过的木工、裁缝、织女、屠宰等，只因为处在农村，它们都变成了"农业"，从事该行业的人就变成了"农民"，他们都被"农业化"了。从这里可以看出，农村是一个与城市不同的社会，这个社会里的人既是农民，又是工人，因为没有明确、细致的分工，所以也就没有明确的职业身份；农村既有第一产业，也有第二、三产业，同样没有进行明确的分工，也就没有明确的产业划分。所谓的农业、农民只是农村这个社会中的一部分，它们并不是相等的。在农村这个社会，第一、二、三产业只有简单、原始的分工，单个的家庭是生产单位，规模小，在单位内部实行简单、原始的分工且不能演进，产业链很短且不能拉长，不能产生新的产业和行业；家庭这个单位能够独立地完成生产、生活，具有较高的全能性和独立性，家庭间的相互依存度很低，是小农化模式。城市的第一、二、三产业实现了精细的分工且不断地演进，产业链不断地拉长；家庭不再是生产单位，不能独立地完成生产，全能性和独立性不断降低，家庭间的相互依存度不断增加，是工业化模式。城市是工业化生产，农村是小农化生产，是两种完全不同的社会形态，分工演进的程度和速度是产生这种情况的根本原因。三农问题是工业化与小农化之间的矛盾不可调和的产物，既是三农问题形成的根源，也是城乡差距的根源，和户籍、土地等没有任何关系。

　　人口普查中有两项非常重要的调查内容：行业和职业。这两项内容城市人很好填，填后非常明白、直观。但农村就不行了，单位详细名称没办法填，因为家庭就是生产单位，所以只能填家庭住址——村、组的名称；单位的主要产品或主要业务也没办法填，只有填种粮食（第一产业）；本人从事的具体工作仍然没办法填，只有填务农种粮食。这样，这两项非常重要的信息填和不填没有任何实质性的意义：因为表头就是家庭地址，再这样填就属重复，而且每个村、组有很多农户，他们都填这样的内容，看不出任何区别；产品、业务、具体工作则是全国农村一个样，"务农""种粮食"的范围十分宽广，这样填十分含糊，调查不了任何东西，反映不出任何有价值的内容。城市人不仅有家庭地址，还有单位地址，它们是不一样的，单位主要产品、主要业务、本人的具体工作十分明确。从人口普查的这两项调查内容就可以看出城市与农村的本质区别——分工：城市的第一、二、三产业不停地细分，不能统一只填"工人"，而是细化到什么工种，这两项内容能给人明确的、有价值的信息；农村没有分工，无论是开车的、搞家政的、食品加工的、种粮食的等都只能填"务农""种粮食"，生产单位是家庭，没有名称，只能填家庭住址，所以不能给人明确的、有价值的信息，使农村的人口普查失去了应有的价值和意义。

为了更直观，或许可以用两幅图分别表示农村和城市的社会结构：

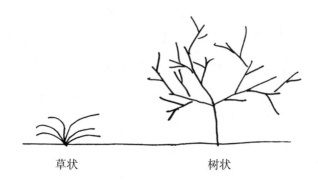

草状　　　　　　　　　　　树状

（一）农村社会架构

广大农村，家庭既是最基本、最主要的生产单位，又是最基本、最主要的生活单位。夫妻、子女、父母共同组成一个家庭，数量不等的许多家庭组成一个村民小组，几个类似的村民小组组成一个行政村。然后又有数量不等的行政村组成一个乡镇，众多乡镇就构成了广大的农村地区。我们再回过头来看看这样一个个家庭：其中一般有两个主要的劳动力，他们在不同的时间分别从事着不同的工作，可能有时种地、有时养殖、有时搞建筑、有时开车等，所从事的这些工作没有主次之分，地位基本上是平等的，只有工作的时间不同；家庭具有很强的独立性和全能性，能不与家庭之外的人发生联系而单独完成生产、生活；家庭占有生产资料、劳动产品。我们可以发现，一个这样的家庭就像是一株小草，具有小草的基本特性，它能够单独存活，所从事的工作就像草的叶片，互不隶属，损伤一片叶子对整株草而言不会伤及生命。一株单独的小草就是一个完整的生命体；多长点叶子的草就茂盛一些，叶子少点的草就瘦弱一些。家庭也一样，可以从事某种工作，也可以不从事某种工作。按照农村的组成情况来看，众多的家庭（小草）组成一个村民小组（一小片草地），几个或更多的村民小组（小草地）组成一个行政村（稍大的草地）……由此可见，广大的农村就是一片"大草原"，每个家庭就是这片大草原上的一株"小草"，它和小草一样可以不与别的家庭发生联系而能独立地生产、生存。如果画一幅农村社会的架构图，则是"草"状的。

草的个体小，不能分枝而向广阔的空间伸展，所占有的空间有限，根系浅，但数量多，生命力顽强。为了满足自己生存的需要，它们在有限的空间里互相争夺水分、养分、阳光，都希望自己能长得更好，因而有的草长得强壮、肥嫩、色泽绿，有的草长得瘦弱、营养不良、色泽黄甚至死亡。此时，数量多的优势反而变成了互相倾轧的劣势。它们不能也没有能力像大树那样长得更高更大，去占有广阔的外空间，只能拥挤在狭小的范围内。即使它们互相倾轧，也因为个体小，力量微弱，只能是距离近的个体之间的倾轧，超出一定的范围就无能为力了。

小农化社会的家庭几乎完全具有草的这些基本特性：家庭规模小，活动的范围很有限（小农化社会没有进行必要的分工，是自给自足的经济，所以市场很小，导致了家庭的活动范围也很小）；独立性强、全能性高，相互依存度低；和小草一样具有数量多的优点，但数量多不等于力量大：每个家庭都希望自己生活得更好，占有更多的财富，但活动范围狭窄决定了利益有限，所以，和草一样具有近距离的互相争夺、斗争的特性，导致了有的富裕，有的贫穷，此时数量多的优点反而变成了致命的缺点——内斗。

有意思的是，几千年前，人们就习惯自称"草民"。草民一是指古代没有官职的人在皇帝或官员面前的自称，表示卑贱、低级的意思；二是指草野之人、平民。小农化社会里，农村的家庭就像是小草，国家则是由这些草聚合在一起的草原，其人民自然就是草民了，这与古代人们的自称竟不谋而合。

近年来，草根族、草根性、草根英雄、草根阶层、草根经济、草根精神、草根意识、草根情结、草根作品、草根网站等众多与"草"联系在一起的词汇，频繁出现在各类文章和媒体报道中，这与小农化社会的小农人生观、价值观、世界观等小农化的上层建筑相关。

（二）城市社会架构

城市由第一、二、三产业组成，每个产业可分许多个行业，每个行业再分众多比较小的部门，这样不停地往下划分，直至公司、企业等。这还不是最小的单位：公司、企业还要分成各生产部门、班组、车间、生产线等单位，最末的才是劳动者——单个的人。如果用一幅图表示，城市就像一棵大树，分出三个主枝，分别表示一、二、三产业，每个主枝不停地进行分枝，最后才是树上的叶子——劳动者，依附着主干的也有叶子——城市的无业人员。由此可见，城市的架构图是"树"状的。为什么城市的架构图是"树状"的而不是"草状"的呢？因为城市不是简单的无数家庭的聚集，家庭不是生产单位，城市的任何一个家庭如果不与其他家庭发生联系，都不可能存活下来，其独立性、全能性很低，相互依存度很高；家庭不占有生产资料、劳动产品；不仅家庭不是生产单位，而且任何一个生产单位都不是一个独立的生产单位，它必须与其他单位合作才能完成生产，甚至单个的城市都已经不是一个独立的生产单位了。如果城市里的每个家庭都不与其他家庭发生联系，那么这个城市就会灭亡，当今世界上还没有一个城市能这样。

从这两幅架构图中，可以看出农村像草地，城市像大树。城市因为分工越细，链条就拉得越长，产业、行业越齐全，城市就越大越发达（树就越茂盛、越强壮）。通过对比树与草的本质，可以发现很多问题：小农化社会里，家庭既是最基本、最主要的生产单位，又是最基本、最主要的生活单位，是小农化社会的基本组成细胞，家庭与家庭之间就像草与草之间一样，相互独立，互不隶属。这样的社会就像是个大草原，家庭（草）的多少决定了社会（草原）规模的大小。草的生命力很顽强，很容易繁荣。但是草也有致命的弱点：生命周期短，一岁一枯荣，其周期是发芽—生长—旺盛—衰弱—枯萎死亡；草与草之间没有共同的根本的利益；草在高大的树木之下生长弱小甚至不能生长等。草的这些特性几乎和小农化封建社会的历史周期律完全一致：建立—建设—繁荣—衰弱—灭亡—再建立。历史周期律是由小农化社会的本质决定的，不改变小农化社会的本质，就不可能从根本上解决这个周期律。历史上常说的导致国家灭亡的原因，都只是外因而不是内因。小农化社会的本质决定了必然会有各种外因产生，然后走向必然的结果——灭亡。如果给草施点肥、浇点水、除除虫子等，草的颜色就会绿一些，茂盛一点，生长的时间也会相对长一点，相反则很容易枯死。但是，无论怎样施肥浇水除虫，草永远是草，不可能长成大树，也不可能摆脱掉它的致命弱点。树的特征和草完全不同：树木从种子萌芽开始，最初的两三年内，十分弱小，叶子也少，生长比草慢，甚至会被草"欺侮"而死亡。但是，随着树木的逐渐长高，叶子逐渐增多，根系逐渐发达，能制造更多的养分，开始分枝，扩大空间的占有面积、体积。树的叶子每年也会死亡，然后萌发新的叶子，但这不影响树的大小，相反，每更换一次新叶，树就长大一些。树的某一部分受到攻击，其余部分都会做出反应，共同防御；某一部分要向外扩展空间时，其余的部分会给予大力的支持，供应肥、水、营养等。草地则不能这样：某株或某片草受到攻击时，其余的草不可能去支持、帮助，只能当看客，即使知道这样的灾难也会降临到自己身上；草向外扩张时，力量也很微弱（这是草地向空地或草地向草地扩张时的情况。如果草地向林地扩张，只能自取灭亡）。草的这些特点和小农化社会的特点、历史周期相吻合。

从另一方面来看，树木能不断地分枝，枝条不断地伸长，越分枝，占有的空间越大，自身也就越大。从理论上讲，树木可以不断地分枝、不断地长大，从而能长到无限大。但受外界环境的影响，树木在长大到一定规模后，不能再长大了。此时，它只能与其他树木一起进行分工合作，共同组成规模更大的树林、森林。同样，人通过细胞的分裂和分化，使人体不断长大。如果组成人体的细胞能无限地分裂和分化，人可以长到无限大。但细胞分裂和分化到一定的程度后，不再分裂和分化了，所以人体生长发育到一定的规模后，就不能再长大了。此时，人只能和其他人一起进行分工合作，共同组成规模更大的社会。草不能不断地分枝，所以其个体有限，不能不断地增大。人类社会的分工和树木的分枝一样，如果分工能不断地演进，产业链就不断地拉长，国家就越强大；如果分工不能不断地演进，就像草一样不能不断地进行分枝，其产业链就短，国家就弱小。国家、民族的强大与否与人口的多少、面积的大小没有必然的因果关系，而与分工演进的速度和程度有必然的因果关系。

农村工业化之路

（一）工业化的实质

三农问题是最大的事，不仅事关农业、农村、农民，而且制约着整个国家的发展。为了解决三农问题，各级政府投入了大量的人力、物力、财力，农业得到了一定的发展，农村有了一些进步，农民的收入增加了一些，生活水平也相应地提高了。然而，这没能从根本上解决三农问题。

分工，既是整个人类社会发展的需要，也是人类文明不断发展进步的主要标志。分工的不断演进是人类社会发展的根本动力，促进了生产力的发展、人类的进步。在早期的人类历史上，曾有三次意义重大的社会分工：第一次是游牧业同农业的分离、第二次是手工业同农业的分离、第三次是商人的出现。在三次大分工之后，分工一直在或快或慢地持续演进着。

现在，人类的分工比较完善，如农业、工业、运输业、邮电业、商业等形成一般的社会生产部门。每个生产部门内部又有进一步的分工，如工业分为重工业和轻工业，重工业又分为冶金、煤炭、机械制造等。在企业内部，每个生产过程又分解为若干局部劳动过程并独立为不同劳动者的专门职能，即人类的分工不仅包括社会化分工，还包括生产组织内部的分工。

现在的农村，不仅有农业，还有第二、三产业，而且比历史上的三次社会化大分工时要先进得多，比如手工业同农业分离时，还完全是手工劳动，现在的农村早就使用各种机器操作了；商业同农业分离时，也很原始，货币不稳定，交通运输等都远不可能同现在的农村相比。在人类早期生产力那么低下、分工那么原始且没有认识到分工的巨大作用的情况下都可以进行社会化分工，那么现在为什么不能进一步去完善社会化分工，进而促进生产组织内部分工的演进呢？目前更有条件、有基础、有能力也更有必要对农村进行有计划、有步骤、有目的地更细化、更科学的社会化或专业化分工，将农村的一、二、三产业作分门别类的分工或重组，这样做可以解决农村、农业、农民目前存在的许多问题，在农村实行工业化生产、全面进入工业化社会。

中央人民政府总的架构实行的是按行业和地域两种划分法：即按行业（条条、线）分为各部、委、局等；按地域（框框、块）分为各省、自治区、直辖市等。地方各级人民政府也都基本上是按这两种模式划分的，直到乡镇一级。最基层的村委会就只有按地域（框框、块）划分的村民小组而没有按行业（条条、线）划分的专业小组。比如最基层的政府——乡镇政府，除了有按地域划分的各行政村、社区外，还有按行业划分的各单位、部门：工商、城建、农业、林业、水利、电力、畜牧、国土、公安、教育、医疗卫生、民政等。但是，乡镇下面的各行政村就不这样了，村里只有按地域划分的小组，没有按行业划分的各单位、部门。一般行政村的两委会成员是五人左右，这几个成员各负责一个或几个村民小组的日常事务。而每个小组的事务都会涉及林业、农业、土地、建设、水利、电力、畜牧、医疗卫生、民政等，因此，每个村两委会成员都要懂林业、农业、土地、建设、水利、电力、畜牧、医疗卫生、民政等各项专业事务，否则就无法开展工作。也就是每名村两委会成员都要具有较高的全能性，能独立地处理自己负责片区的各项事务。这种情况和调查农村的木工、裁缝、屠宰等人一样，能独立地完成全套工作流程。大的公司、单位也基本上是采用这种双重划分法，较小的公司、单位就只有行业（条条、线）划分，没有地域（框框、块）划分。从这些条条框框的不同划分方法，可以看出差距在哪里了：条条、线的划分法就是分工，而框框、块的划分法则是分家，没有分工。

如果在农村打破甚至取消按地域（框框、块）划分村民小组的办法，采用小公司的行业（条条、线）划分法，这样就可以和城市接轨，实现工业化，解决三农问题。这样的划分方法，就是为了主动地从根本上推动、加快农村分工的演进速度，使之与城市同步，所以把农村这种社会化分工称之为"农村工业化之路"，具体设计思路和大致的构想是：

各地可以根据本地农村的实际情况，划分成（1）农业组、（2）建设组、（3）工业组、（4）商业组、（5）旅游组等。

比如笔者所在的村大约有2700人，这2700人可分为流动者、留守者。留守者包括孩子、老人、劳动力。劳动力中除绝大部分种有农田外，还同时有其他职业，如办加工厂的、开车的、搞建筑的、养猪的、经商的、种茶叶或搞多种经营的等。那么可以将这2700人分为流动和留守两大部分，流动者有流动性强的和流动性弱的；留守的有孩子、老人和劳动力。这里主要是将留守的劳动力按其特长进行分类，可分为工业组、建设组、商业组、农业组、旅游组等。对于流动者，回到村里则按留守者对待，外出就按流动者对待。这样，村里的农业组特别是种田的人将大幅减少，需要大量使用各种机器来补充劳动力的不足，专业化程度及劳动技能将会不断提高，生产工具会快速进步。其他几个组的专业化程度也相应地会提高，各种先进的劳动工具将逐渐广泛地使用，为逐步代替人工劳动打下基础，对所有人、所有行业都有巨大的好处。对于孩子，暂时是不用管的（可以根据实际情况，设专门的组对他们进行社会化管理，为将来的社会化社会做铺垫）。老人，可以根据实际情况确定到一定的年纪，实行退休制（与国家规定的六十岁退休有所区别，将更灵活），逐步实现集体养老模式，为将来的社会化养老打下基础。对于外出者可暂且不管，回来后根据特长安排工作，签订劳动合同，交纳各种保险等。对留守的各种人员也要签订相关的合同。

（二）实际操作

如果以本村为例，该如何操作呢？

首先要摸清本村的底细及基本情况：面积（包括总面积、耕地面积、山场面积、水面面积及其他作物的面积）及地形地貌分布情况；人口（包括各年龄段人口分布，男、女、老、少比例，外出务工人员情况等）；从业状况、人口特长、祖籍是本村的在外人员；村里的财务、集体收入分布及状况等。

第二，弄清本村居民点的分布情况，了解房子的结构和村民的居住情况。

第三，弄清基本生产情况：多少人种地，多少人搞建筑，多少人搞特种经营：如种香菇、木耳、茶叶、养殖等，外出人员中常年在外的和暂时在外的等情况。

所有的基本情况都以图表表现出来，对于地形地貌要多拍照记录，以利于将来宣传、推广和对比。要将农村在改革前兴修的农田水利等情况详细拍照记录，比如以前的渠道、隧道、渡槽、堰塘等，损毁的更要记清。

根据统计的人口情况及特点、专长，搞好分组，选好小组长，安排好各小组的工作，并确定各组（部门）的员工。

1. 农业组

具体负责本村的农业、土特产等的生产。在其他行业还没有形成规模，不能很好地创造效益的时候，该组将是全村的主要收入来源，必须重视。

农业组的分组原则：主要是从事纯农业生产的人员，如粮食、茶叶、银杏、板栗、食用菌等的种植以及畜禽、水产等的养殖，特别是有此爱好、特长、经验的劳动力。人员要相对分散，便于生产上的管理。

农业生产的原则：尽可能少地使用化肥、农药，逐步向绿色食品、有机食品发展，推广使用农业机械，向机械化、智能化方向发展，探索、推广农业数字化、智能化生产。

为了便于生产管理，将地形接近的耕地合并，可以减少沟渠、田埂等，扩大耕地面积，节约水、肥、药等，方便机器操作，为即将到来的智能农业、无人操作打下基础。分组开始两三年，农忙时节可能需要其他小组的员工来突击。农闲时节则进行土地、基础设施修复等工作。统一采购农用物资等，降低成本。

根据实际，农业组又可以分成若干小组：

a. 粮食小组（可以继续分工成各专业小组）：前期人员约占农业劳动力的一半左右，主要是农田的耕种、管理，成员一般是种田能手，要相对分散，便于管理各个地方的农田。随着分工的演进，机器逐渐增多，智能、无人操作工具的推广使用，从业人员将逐步减少直至完全不使用人工劳动。

b. 多种经营小组（也可以继续分工成各专业小组）：主要负责全村的多种经营，如茶叶、银杏、板栗、食用菌、蔬菜、绿化苗木等的种植。人员主要由以前经营该作物的为主，控制人员的数量，提高质量，推广使用各种先进的机器及智能工具，以便逐步减少劳动力的数量直至无人操作。

c. 畜牧水产养殖小组：以养猪、鸡、牛、鱼、羊等为主，在以前养殖户中挑选养殖能手，实行科学养殖，主要负责养殖畜禽水产。根据熟练程度，逐渐扩大规模。水产养殖、鸡、牛、猪、羊等根据市场情况，协调制定养殖比例，先小规模，再扩大生产。在此基础上，积极探索新品种以及自动化、无人化操作。

d. 机械小组：农业的根本出路在于机械化、智能化、无人化。通过分工，各从业人员大幅减少，各种机器、智能工具逐步被纳入到人们的分工体系中，从而实现机械化、智能化、无人化，逐步、直至完全以机器代替人工劳动，彻底解放劳动者。随着发展，农业的耕、播、种、收、管等，都将使用机器。该组是农业生产的重要组成部分，成员以长于使用机器的人为主，负责本村的农业机器操作、维修。

如果面积较大的村，可以在农业组的基础上再分成若干小组，就像工厂里大的车间再分成若干小组或生产线；规模较大的学校先是按年级、专业划分后，再分成若干班一样。比较小的厂、学校则直接分成车间、年级。规模越大，分得就越多、越细，反之就较少。农业组也可以这样进行分工。

改革初期，人们还不习惯，可能不协调，而且农作物耕种、收获时可能有困难，这就需要其他小组的人员来协助、突击。所以要把握好时机，互相协调，忙时调进，闲时调出。当人们逐渐习惯、农机使用普遍后，农业组的人就会逐步减少。

因为农业组是分工初期全村的主要收入来源，也是全村人生存的基础，所以人员安排相对要多些，在发展中逐步进行调整。农业日常管理则适当减少劳动力，将劳动力调到其他小组。农业组内部的几个小组如粮食、茶叶、银杏、食用菌、板栗、绿化苗木、蔬菜等的生产管理在时间上没有根本性的冲突，可以互相调节。

改革初期，粮食生产中的秧田地要整块田地安排，既要相对集中（不像以前每块田都划出一点地做秧田地），又要相对分散，以水源方便，管理容易、便于运输的地方为主。随着发展，育秧逐步实现工厂化、集约化、智能化、无人化，以便各种机器的推广、使用，降低劳动强度，提高劳动效率，最终将人类从劳动中解放出来。

每个山冲、山洼都要通机耕路，便于机器通过，播种时节按田块顺序操作，特别是水稻，以便于节约水、种子、化肥、农药、人力、物力等。化肥、农药的用量要尽可能少，可用可不用的坚决不用。以农家肥、秸秆、枯枝落叶、畜禽粪便等为主，严禁焚烧秸秆，要堆在一边腐烂作肥料。农闲时节可上山割草，收集枯枝落叶等作为肥料，冬天挖塘泥，制定标准，作为奖惩指标。治病以生物农药为主，治虫以物理方法为主。技术人员根据需要确定化肥、农药的品种、用量，实行配方施肥，大量降低化肥、农药的用量，最基本的标准是化肥减少60%以上，农药减少50%以上，向绿色、有机食品方向发展。

奖惩制度及原则：以上一年的产量为基数进行比较，有增产则给予奖励，如有减产，进行适当的惩罚。以产量、质量作为比较标准，这样，农作物的产量和价格脱钩，不会出现"谷贱伤农"的情况。奖惩制度要详细，严格执行。具体措施需要民主商议制定，免得执行时困难。

养殖小组只负责养殖，以喂养、清理卫生为主要劳动。养殖场的卫生清洁度、单位数量饲料出产的畜禽量、生病用药、死亡率等作为奖惩标准。养殖产生的废料作为肥料下地。有专门的医护人员负责畜、禽、鱼等的健康，搞好卫生防疫工作，定时不定时地进行检查，了解养殖生产情况，解决困难（能否安排人员替补休息，否则，要考虑增加补助，因为养殖不受气候限制，没有明显的忙和闲的区别）。

养殖的位置要合理布局，控制数量，提高质量，保护环境，便于饲料、肥料的运输，方便管理，便于出栏。干旱地种植各种饲料，根据全村的饲料产量确定养殖的数量。农户家吃不完的各种蔬菜以及剩饭菜等交给养殖户，品种、数量、质量都要登记清楚，以作为奖励的标准和依据。

由于养殖户的收入与产品的价格脱钩，就不会因为产品价格的高低而影响养殖的数量和质量。米糠是自己生产、加工的，不用购买，降低了养殖成本，提高了质量。由于产品的数量、质量与价格脱钩，米、面、肉等农产品的价格就能稳定下来，不会忽上忽下而影响农民的生产积极性，扰乱市民的生活规律。

对于牛的饲养，能否安排年纪大一点的人来负责？具体操作需要讨论。能否多喂养黄牛，作为一个产业。那些不适合机械化耕种的边角地种牧草养牛，一些农作物秸秆等也可用来养牛，牛粪等杂物用来发展沼气，向生态养殖方向发展。条件成熟后搞深加工。

农机具的使用、管理、保养等工作如何安排？也要群众尽可能多地参与讨论、决定，并在实践中不断摸索、修改。

多种经营特产小组，主要是茶叶、板栗、银杏、食用菌、绿化苗木、蔬菜等的种植，工作量大的时候，可以互相调节生产人员。对于多种经营，产品数量与价格脱钩，以产量、质量为评价指标，详细记录，作为奖惩的标准和依据。

日常的田间管理能否以年纪较大，经验丰富的人负责。有单个人解决不了的问题要立即上报，便于安排人手解决。那些退休人员也可以充分利用：他们多走多看多报告，既可监督生产，也可监督安全，提供生产经验，还锻炼了身体。

山林的生产管理怎么办呢？农村的山林基本上也是承包到户。本村的山场面积大，植被丰富。但是，近年来因为没能创造较好的经济效益，所以农户疏于管理，山上的树少了，藤蔓、草本植物多了，经济效益大幅下降。那么，改革后山林的问题怎么解决呢？可以搞林木产品的更新和深加工：生产实木家具、木地板、工艺品等，以增加经济效益。对山林要有计划、有规划地开发利用，而不是像现在这样乱砍滥伐，出卖原木，既不能创造经济效益，还破坏了生态环境。至于农户烧柴的问题，因为实现专业化，不再是家家户户养猪，所以每户每年用不了多少柴。随着用柴量的减少，农户可以就近砍柴烧，这样能节省大量的时间和劳力。同时，向社会化生活的方向发展，家家户户做饭吃逐渐成为历史。另外，集体进行林业开发时的边角料等可以作为烧柴分给农户，优先满足养殖户的需要。对养殖户，烧柴也要像饲料一样进行登记管理。

具体细节上的东西由农业组人员在日常生产、生活中根据实际情况协商制定、修改，公告全村。并在日常生产、管理中，逐步探索全新的工业化管理模式：量化考核、标准化管理，为今后的农业工业化、智能化、标准化生产打下坚实的基础。

2. 工业组

具体负责全村的工业生产。准确说来，目前全村并没有真正的工业，只有简单的家庭作坊式的农产品初加工：茶叶、大米、银杏叶等。在巩固现有的初加工基础上，适度扩大规模，提高质量，如全村购买一套标米加工设备和面粉加工设备，将全村的稻谷、小麦进行集中加工，形成统一种植、统一加工、统一销售、统一管理的模式。

在粮食初加工的基础上，逐步深化发展其他的加工业和工业，如畜禽产品、木制品、银杏等的深加工。

利用"村侨"（本村在外的工作人员），联系发展其他的工业项目。本村在外工作的人中，有不少发展得不错，可引导动员他们"衣锦还乡"、回乡创业，或与他们进行分工，互帮互助，共同发展。

工业组主要以现有的加工业为基础，逐步发展壮大。条件成熟后再上其他的项目，初期不需要很多人，以原有的加工人员为主。工业布局以交通、水、电便利的地方如公路边、集镇边为主，建造新的厂房。

工业是发展的主要方向，以农产品的深加工等轻工业为主，这是将来的利润增长点，不能发展污染环境的工业。先以农业稳定全村，在生产中对农民逐渐实行工业化教育，慢慢改变群众的小农化生产、生活习惯和思想。工业有一定的发展后，慢慢抽调人员到工业组，发展壮大工业。工业方面由简到难，由低级到高级，由小规模到中、大规模，慢慢发展，逐渐向自动化、智能化方向前进。同时引进人才：城市、大中专院校、科研单位等，包括退休的各种专业技术人员等。

根据具体情况，结合工业组甚至全村人员商议如何发展，制定相应的措施，博采众长，并在生产实践中不断完善、改进。

3. 建设组

具体负责全村的农田水利、道路、环境、房屋、厂房等基础设施建设，并承接村外的各种建设施工。

全村要修建适应机械化生产的道路，逐步通到每一块田，先易后难。因为耕地集中种植，可以将相邻的田块合并、扩大，便于机器操作。兴修水利，合理布局，该挖的挖，该填的填，使全村的排灌系统适应新的生产要求。对村内一些不能使用的堰塘（不能蓄水），进行回填改田，一些小堰塘，也可实行回填（现在基本淤平，没有多大的维修价值），对一些比较大的堰塘进行扩改，增加蓄水量。

对偏远的单湾独户的居民实行迁转集中，利于将来的基础设施建设，如自来水、电、道路、燃气、网络、绿化等，以适应人类群居的原则。建设全村统一标准的住宅，各种劳动工具不再入户，进行集中管理。

承接村外的工程建设，以增加收入、知识和技能。改革需要市、区、镇各级政府的支持，以承接各种建筑工程。

工程建设组将是一个大组，人员组成和农业组差不多，主要以懂、会工程建设的人组成。该组可分成两个小组：一小组主要负责承接村外的工程建设，人员要精干，能吃苦耐劳，能出差，技术、体力都要好，人员数量根据需要灵活设定，配备适当的工程机械。对外工程要先易后难，先粗后精。同时加紧自己的技术人员的培训，重要的工程技术人员可以在外面招收。如果改革能在全国推广，广大农村的工程建设则是不可估量的巨大任务。利用自己的品牌效应，做大做强自己的建设工程组。一小组可以称为对外小组，尽量争取市、县（区）、镇的市政小工程，也可以争取房地产等大工程的配套工程。尽可能多地承接工程，以增加自己的收入，壮大自己的力量。二小组可以称为对内小组，主要负责本村内的道路改造、农田水利、厂房、住房等的工程建设。道路将实现每个住户、每块田通拖拉机、收割机的标准，为将来的农业机械化、智能化打下基础。农田建设要合并田块，扩大面积，以便机器生产。水利建设则是修好堰塘、搞好排灌系统。全村都要用上自来水，使用太阳能、天然气等清洁能源。农户目前的房屋建设暂时停下来，将来村里进行统一规划、统一标准、统一建设。在条件许可的情况下，将实行建房补助。首先将偏僻的住户迁到比较集中的地方，各偏僻的山冲将不再有住户。村内的基础设施如田、路、堰塘、排灌、水、电、通讯、绿化等建设，统筹规划、统一安排，建一处成一处，杜绝建了拆、拆了建。对内小组短期的任务大：厂房、仓库、道路、农田水利建设等工程量大，时间短，任务紧，所以要抓紧。

对内小组的人员可以和农业组的人员在工作上相互协调：农忙时节，调工程二组的人员帮农业组，相反则抽调农业组的人员到工程二组。互相抽调人员要记录清楚，以便将来核算。

工程建设组也将是本村的重要利润来源，特别是对外组，所以要求技术、质量过硬，配备高质量的机器、智能工具等。为了适应外部的要求，不仅要招收工程技术人员，还要培养自己的人才，可以选派年轻的人员学习土木工程建设，为人才储备打下坚实的基础。

分好组，定下人员后，根据需要，先急后缓，优先建设急需的建筑设施。村内还将建广场、旅馆等，以备旅游业的发展。

经过一定的发展、积累，能否在本村位置较好的地方（山清水秀、交通方便的地方）修建山庄，以备搞旅游开发或可租售，为城乡一体化打下一定的基础。

4. 旅游组

负责全村的旅游、推广、策划、文化、宣传等业务。

利用本村的山水特色，结合新农村、工业化、农家乐等开发旅游业，选好有利于旅游的地址，建博物馆、别墅、宾馆等，开辟旅游景点，发展特色旅游产业。

在宾馆附近建菜园、果园等，让客人吃到现摘现做的蔬菜、水果等，各种食品都要是无公害、绿色、有机的。

利用多山的地形，能否暂时开辟几个旅游项目：

一是打猎：因为封山育林，野生动物多了起来，而且农户搬出比较偏僻的地方，有利于野生动物的繁殖，为建设猎场创造了条件（关键是要注意安全，这点是首要的，必须安排好）。

二是"打仗"：利用有山有水的地理优势，开辟为"战场"，为游客提供"打仗"的游戏。（安全是最重要的，切记！）

三是建小农博物馆，在农村收集各种小农工具、小农文化等，建成小农工具、小农文化博物馆，供人们参观学习。

还可以利用山水的条件发展钓鱼、水上娱乐、滑草、登山、攀岩等项目。

当前村内没有旅游方面的基础及人才，需要从外面招收人才。该人才要有旅游、企划、管理等方面的能力。现在农村多在发展农家乐等之类的旅游项目，但基本上是以看看农村风景、吃吃喝喝农家口味饭菜为主。可在此基础上，建餐馆，周围是菜园、果园，包括各种食用菌、各种野生食品等，让客人自己采摘，然后进行加工。甚至包括钓鱼、打猎等得来的东西都可以作为食品的来源。当然全部是无化肥农药的绿色食品。玩的项目也要向独特、新奇方面发展。

更重要的是文化方面的建设。利用农村工业化，逐步建立工业化的文化、思想、世界观、价值观、人生观等，并加以推广。同时利用本村率先改革的名声，打好品牌战略，搞好品牌效应，利用文化发挥画龙点睛的作用。

改革开放以来，强调的是物质文明和精神文明建设两手抓，两手都要硬，结果是物质文明有了很大的发展，精神文明却没有很好的发展。可以利用农村改革、发展旅游业与精神文明建设相结合，使农村的物质文明和精神文明建设同步发展。

在文化建设上，可创办自己的报纸、网站等平台，逐渐废除小农文化、小农思想、小农世界观、小农价值观、小农人生观等，逐步建立起工业化文化、工业化思想、工业化世界观、工业化价值观、工业化人生观等，发扬、宣传中华的传统美德。让本村的大、中学生参与进来，共同努力，集思广益，规划本村的发展，既可发展本村，又可锻炼他们。让外地人来旅游，和村民一起举办各种活动。如果有城里老人来，请他们教本村的老人各种文体活动，让城乡互动起来（改革后，农村的老人有时间了，可以和城里的老人互动，事实上也是在创造价值）。

每年暑假期间，能否请老一辈的革命家给人们讲故事，学习先进思想、理论、著作等。能否在随州或武汉请精通中华古文化的老师来给村里的中小学生讲传统古文化，通过网络、报纸等平台发布新闻，还可以向村外扩展。

5. 商业组

主要负责全村的外销、内购和运输。人员不要太多，要精干，思想素质要较高。充分利用网络、报纸等各种平台对外宣传、销售、购买。

外销：主要是对外销售本村的各种农产品，能否利用自己的品牌效应开设专卖店，本村的农产品是不使用化肥、农药的绿色、有机食品。产品包括大米、面粉、猪、鱼、鸡、茶叶、食用菌、银杏叶、绿化苗木等及其加工品。对于大宗的米、面，能否找单位、公司、企业等大客户或固定的客户，甚至可以和他们结成战略联盟。搞好产品的宣传，多拍照片、短片等。

内购：基本上以生产资料、生活资料为主，集中采购，降低成本。如果条件允许，可作为福利统一发放。

运输：把外销、内购的物品送出、运进，以及各种物资的运输。

6. 综合方面

①各专业组实行单独核算，行业互补，分工合作，统一计酬，利益共享。

②随着不断发展，培养、招聘专业人才，根据需要确定数量，需要有企

划、建筑、食品、文化、旅游、宣传等方面的专业人才。

③选拔年轻有为，有知识、有理想的人员按各自的专长进行专业方面的知识技能培训。

④充分利用村内学生的力量（不是指体力、财力，而是智力），包括中小学生、大学生等，通过不同的角度来看问题、发现问题、解决问题。学生们也可以通过实践增加知识、技能。还可以通过学生们的年轻、眼界开阔、思维灵活来宣传、推销自己。

⑤如果可能，联系以前本村的知识青年来参观、旅游，请他们提建议、意见，帮忙宣传，甚至参与建设。

⑥充分利用网络平台，创建自己的网站，宣传本村的山、水、人、成绩、不足、商品信息、文化动态等，达到集思广益的目的。

⑦全面、系统地对本村所有的人员进行职业技术培训：农业组的人员分专业进行培训，比如种粮食的、多种经营的需要进行土壤、病虫害、管理、农机具的操作使用等方面的培训；养殖业进行养殖、饲料、病虫害、动物习性等方面的培训；工业组需要进行管理、生产、技术、机械操作等方面的培训；建设组需要在土木建筑、安全、预决算、质量、机械操作等方面进行职业技术培训。对于全村的机器、电力等公用事业的人员可以集中或分散到各种专业组进行培训。对于年老退休的人员，也要加强教育，不要因为没有养猪鸡鸭等就不习惯，偷偷摸摸地养（每家每户养猪鸡鸭等浪费了大量的人力物力财力，实在是得不偿失），可以在各种文体方面进行培训、旅游参观等，丰富他们的业余生活，提高文化素养。培训要制定好计划，加强针对性，安排好时间，不要与生产劳动发生冲突，要到生产实践中去检验，并以此作为奖惩标准，全面培养人们爱劳动爱学习的好习惯。

⑧在实现农村工业化的基础上，向农村智能化方向迈进，把实现智能化作为发展的中期目标，打造实验基地，总结经验，向全国推广，为实现国家智能化打下基础和积累经验。

可以用图表作直观表述：

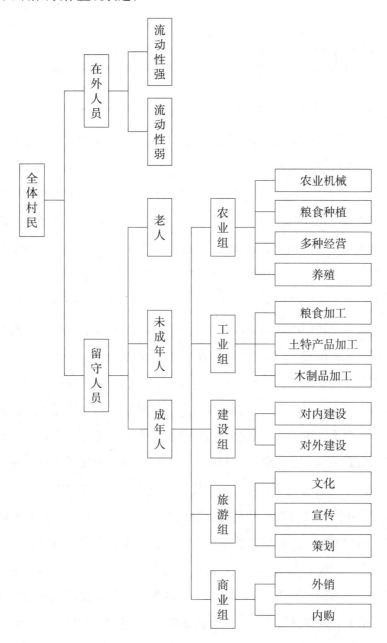

分工的实施和管理是改革初期的难点和重点，因为各地的实际情况不同、篇幅有限，只能作简单的举例说明，各地可根据当地的实际，结合日常

生产、生活的情况具体操作。

（三）总结

1. 农村工业化的客观条件

① 农村现行的双层经营体制和土地承包权流转，为"农村工业化之路"提供了政策支持。

国家制定的"土地承包权流转"政策，其目的也是为了相对集中土地，实现适度的规模化经营，改变农村目前每家每户都耕种一点土地的现状。仅仅集中土地并不能实现农业机械化，还必须进行完整的分工，才能实现机械化、集约化，从而从根本上解决小农化生产，实现农业现代化。

国家一直强调继续完善农村土地家庭承包制的政策。在新的历史时期，要怎样完善？是我们面临的新课题、新任务。现在的农村政策是：农村土地集体所有、家庭承包。但是没有说明是哪些家庭承包？怎样承包？农村工业化之路则对此做了说明：农村土地依然是集体所有，家庭承包，但这个承包是根据每个家庭甚至每个人的特长（专长）来确定，承包的是生产过程中的某一环节，而不是生产的全过程。可以概括成十六个字："（农村土地）集体所有，家庭承包，分工劳动，利益共享"。这样就变成了农村土地依然是集体所有，家庭承包，但不是住在农村的每个家庭都去完成农业生产的全套过程，而是把全套的劳动生产过程分解成若干不同的步骤，由具有不同技术特长或专长的家庭、人员完成其中的某一步骤，投资和收益归集体成员共同担负、享有。这就和城市一样，家庭不再是独立的生产单位，而是与其他家庭进行分工，共同完成生产。也就是土地的所有权、承包权、劳动权分开，分的目的是为更好促进集体利益，分是表象，其实质是"合"。

② 农村大量的剩余劳动力以及每年数百万的大中专毕业生为"农村工业化之路"提供了人才的支持。

现在每年都有几百万的大中专毕业生，许多学生面临着毕业即失业的窘境，虽然不少单位每年吸纳不少的新人，还有不少的学生选择继续深造，但仍然有大量的学生无事可做。并且，农村尚有大量的剩余劳动力，天天沉迷于麻将、斗地主等之中，造成了巨大的浪费。随着科技的发展，大量的先进的工具、智能机器等逐渐乃至完全代替人工劳动，将会有越来越多的劳动力无事可做，这些人给国家、社会带来了巨大的困难和隐患。当前农村的人才凋敝，活力不足，农村工业化之路将需要大量的劳动力，这些大中专生可以为农村提供、补充大量的新鲜的高质量的"血液"，提高整个农村劳动力的素质，进而提高整个国家的人口素质，以实现"山川秀美、生活富裕、生产愉快、人们和谐"的美好未来。

这些大中专毕业生由于文化水平较高，接受的是工业化教育、工业化生产，与广大的农民一起在农村实现工业化生产的同时，可以逐步引导建立起相应的工业化的文化、思想、政治、世界观、价值观、人生观等上层建筑，逐步废除、抛弃小农化的上层建筑。同时，大量的农民进城务工，受到城市工业化生产的洗礼，也可以为农村工业化提供劳动力，解放思想，减小阻力。

③ 目前存在巨大的城乡差距，为"农村工业化"提供了广阔的发展空间。

城市是工业化大生产，并在此基础上向智能化方向发展，但农村依然是小农化生产，导致了城乡差距不断扩大。"农村工业化"将在农村实现工业化生产，并在此基础上向智能化方向发展，缩小城乡差距、实现真正意义上的城乡一体化，进而为实现国家智能化打下坚实的基础。

当今农村的各种需求（社会的、物质的、精神的）为"农村工业化"提供了巨大的动力。目前，占主导地位的依然是小农化文化、小农化思想、小农化世界观、小农化价值观、小农化人生观等。但是，人们更向往工业化文化、工业化思想、工业化世界观、工业化价值观、工业化人生观等，这种先进的上层建筑也为"农村工业化"提供了巨大的动力。

④ 各级、各行业、各公司等如教育领域的分工，医疗部门的分科、分类等，具有社会性的动物蚂蚁、蜜蜂等的分工，为"农村工业化之路"提供了实践基础。亚当·斯密等关于分工的理论则为"农村工业化之路"提供了理论支持。

目前，不仅城市实现了工业化生产，农村也出现了工业化生产的萌芽，如工厂化育秧、工厂化养鸡猪、农机专业合作社等，尽管这种萌芽为人们所忽视，但已经不可逆转，它不以人的意志为转移，是分工演进的必然结果。大量的农民工流向城市，充分地说明了农民也是非常渴望、向往工业化生产。这些理论加上农民的实际需求，为实现"农村工业化"提供了坚实的理论和实践基础。

⑤ 社会化分工及生产组织内部分工的演进没有国家、民族、种族、空间、时间、地域、行业、能力、阶级、宗教等的区别和限制，为"农村工业化之路"提供了广泛的实用性。无论是东部沿海较发达的地区，还是西北部高原欠发达的地区，无论是繁华的都市，还是贫穷的农村，都可以实现细致的分工，从而从根本上缩小东西部以及城乡之间的差距。

2. 农村工业化的作用

① 提高、扩大农机、农技及其他先进科技在农业、农村中的运用水平和领域，早日实现农业现代化，为将来智能化的农业打下坚实的基础。

农村工业化后，将使几亿劳动人民的专业化水平大幅提高，使人们按自己的特长、专长有目的地去学习、劳动，提升自己，从整体上提高国民素质。由于从事农业生产的人大幅减少，需要大量的适应不同地区的各种机械来补充，从根本上解决了农民几千年来的"脸朝黄土背朝天"的局面，为提高工业化水平创造巨大的历史机遇，并逐步实现完全以机器、人工智能等代替人工劳动，彻底解放全人类。

② 实现真正意义上的大农业，为第一、二、三产业的融合发展提供必要的保障，粮食可以实现市场化定价，国家也不用发放种粮补贴、制定粮食保

护价。

农村实现工业化后，农村的家庭将和城市的家庭一样不再是独立的生产单位了，农民只对生产中的某一步骤负责，不再是完成粮食生产的整个劳动过程，这样就不会有抛荒地。也不会因为粮食、生产资料等价格的涨跌影响农民的生产积极性。同时，由于专业化水平的提高，实现了工业化的生产，大量地使用各种先进的机器甚至人工智能，极大地提高了生产力，产品质量、数量也会相应地提高，国家不需要制定保护价甚至补贴种地了。

③ 打破城乡壁垒，实现城乡一体化和农村城镇化，缩小城乡差距、贫富差距、地区差距（这些差距都是分工的差距造成的）。农村人可以进城，城里人也可以下乡，从根本上解决户籍、城乡壁垒等问题。

城乡差距、贫富差距、地区差距的原因是工业化与小农化之间的矛盾造成的，而工业化与小农化矛盾的根源就是分工造成的——劳动力是在家庭内部进行分工还是在广大的社会中进行分工。农村工业化就是将广大农村以家庭为独立生产单位、劳动力以家庭内部分工为主的生产方式演进到以企业、工厂甚至整个社会为生产单位、劳动力实现社会化大分工的生产方式，从根本上解决了城乡二元结构，实现城乡一体化，城乡之间的壁垒彻底清除，人们完全可以自由流动，户籍的作用逐渐边缘化，最后消失。作为与城市相对的农村也将逐步消失，"农民""农村""农业"这一名词也将成为历史的记忆。

大量的农民进城务工，是向往先进的生产方式，希望到城市与市民一起参与社会化大分工，是对农村小农化社会家庭内部分工的抛弃和厌恶。在工业化社会里，因为分工的演进，每个人可以尽可能地发挥自己的特长，并大量地制造、使用各种先进的机器，不断地改造人们的劳动，从而实现人的全面解放。小农化社会里，人们只能在范围最狭小的家庭内部实行最有限的分工，各种特长被最大地限制了，各种先进的机器也不能充分地发挥作用，人们年复一年地过着"脸朝黄土背朝天"的生活，不能改造劳动而成为劳动的奴隶。尽管有些人想到农村来，但他们不是向往小农化的工作、生活，只是想暂时避开城市的喧闹，到农村过一下安静的生活。同时，由于分工的演进，现在已经能够实现跨地域的分工，他们来到农村并不影响他们参与社会化的分工。

④ 拉长产业链，使新的行业、产业不断产生。分工的演进需要大量的劳动力参与，不仅可以解决农村的劳动力就地就业，而且还能大大地缓解大中专生的就业压力、解决城里下岗人员的就业问题。

⑤ 进一步提高农村亿万人民的文化、技能水平，使全国人民的整体素质跨上一个新的台阶，并不断地发展、提高。

进城打工的农民几乎都有进行过职业技术培训的经历，农民为什么要进行职业技术培训呢？这是因为农民的文化、技能水平低吗？其实，在农村，农民们会干的工作很多，种植、养殖、驾驶、盖房、生产、销售等，都懂一点，但是一到城市，完全不行了。就以那些所调查的行业为例：某种产品，农民可以完成整个产品生产的全套过程，这没有很好的技术是不可能完成的。但城市的工人却没有这个能力，每个人只能完成生产过程中的某一环节。尽管如此，职业技术培训的对象是农村人，而不是城市人。其根本原因就是：首先，农村人的劳动工具简陋，甚至人的手、脚就是生产工具，以人力、畜力为主要动力；城市人的劳动工具先进，大量使用各种机器，人的手、脚是操作劳动工具的，以机械动力为主。其次，农村是小农化生产模式，人的全能性、独立性高，相互依存度低，劳动效率也低；城市是社会化大生产模式，人的全能性、独立性低，相互依存度高，必须紧密合作，劳动效率高。那培训什么呢？主要是培训使用、操作各种专业的劳动工具，进行各种分工，降低人的全能性、独立性，增加相互依存度，以适应社会化大分工、大生产。

人作为自然界的一种生物，必然要遵循自然界的规律：个体的差异性。人与人之间是有差异的，有的长于计算、有的特长是运动、有的善于文学、有的工于化学等，没有一个人擅长也不可能擅长所有的行业。个体的差异性就是个体内部各组成单位（细胞、组织、器官、系统等）的分工决定的，个体所表现出来的某方面的长处其实是自身分工的外在表现形式。农村工业化是根据每个人的长处进行科学分工、优化组合，最大限度地发挥各自的长处和优点，增加相互依存度，互补缺点，实现生产的社会化，使他们的劳动效率不断地得到提升。

⑥ 进一步改善农村综合条件，解决困扰人们多年的户籍问题，使全国人民实现自由、平等流动。

农村面积广阔，山川秀美，但是没有人去建设、改造、管理，导致了农村萧条、贫穷、落后。经过社会化的分工和生产组织内部的分工，实现社会化大生产，使每个人都有事情做，都来大力地建设祖国的万里河山，把国家建设成美丽的大花园。

困扰人们的户籍制度，只是一个表象，其根本原因是城市实行社会化大分工、大生产，农村实行家庭内部分工、小生产。只有农村也实现了社会化大生产，户籍制度自然就会逐步边缘化，最终消失。

⑦ 减少农民的数量，扩大、提升城镇人口占总人口的比重，有利于农村的精神、物质双文明建设。

农村工业化短期内能大幅减少农民的数量，根据每个人的长处进行分工，并不断演进，进而提高劳动力的质量，率先在世界上逐步消灭农民、农业、农村这些名词，使"农民、农业、农村"成为历史性名词。逐步建立起新的人生观、世界观、价值观，确立工业化的文化、思想，从根本上彻底改变整个社会的结构。

⑧ 可以快速地建设国内市场，扩大内需，让农民增收不再成为难题。

为什么内需不足呢？我们的面积大，是世界第三；人口多，是世界第一。面积大、人口多，市场应该最大，但是我们自己生产的商品却在国内找不到市场，十分矛盾。这是因为：首先，市场是分工的产物，没有分工就不会形成市场，分工越演进，市场的规模就越大。由于整体分工水平不高，特别是农村自给自足的小农经济，形成不了市场，导致整个市场的规模很小且难以扩大。小农经济是市场经济的死敌，不可能同时存在。其次，城市实现了社会化大生产，劳动效率较高，生产的商品多，远远超过了城市人的需求。农村依然是小农化生产，独立性强、全能性高，农民可以在不购买城市生产的商品的情况下进行生活、生产。并且，农民生产力水平低，创造的财富少，所以，城市生产的商品，农村不足以购买、使用这些商品，造成了内需不足。

工业化使农村也实现社会化大生产，使全国成为一个整体的巨大的市场，大幅提高生产力、劳动效率，创造出更多的财富，城市生产的商品也就有了市场。

⑨农村工业化的必由之路。

当前，农村正在逐步使用各种农业机器，这与20世纪90年代中期前的情况完全相反。那时，由于农村劳动力还比较多，体力相对较好（现在在农村种地的绝大多数是新中国成立前后出生的人，当时还比较年轻），农机性能也不完善，而且还要花钱，在赚钱困难的农村，人们常常不愿意花这个钱，所以基本上拒绝使用各种农业机器。经过近二十年的发展，农业机器有了一定的进步，当年的劳动力也因为年老体衰，年轻人又不愿意呆在农村，致使劳动力的质量逐步下降，老农们被迫使用机器，从而使农业机器得以运用，逐步改造了劳动，生产力得到了一定的发展。但是，以家庭为独立生产单位的小农化生产模式，严重地阻碍了分工的演进、制约了生产力的发展，这个矛盾不可能长期存在，必然会被打破。根据人类历史发展的趋势，生产力必然会打破旧的生产关系而向前发展，人类不可能退回到原始社会、封建社会去使用原始的劳动工具，以家庭为独立生产单位的小农化模式必然会灭亡。"农村工业化"是历史发展的趋势，是分工演进的必然结果，是实现工业化的必由之路。

3. 农村工业化的成功案例

全国有几十万个行政村，发展较好的大约有几千个村，它们无不是实现工业化的典范。如以江苏的华西村、长江村，河南的南街村、西辛庄村，湖北的洪林村、星光村等为代表，无一例外的都是以村为单位，在村内部实行了第一、二、三产业的分工，家庭不再是独立的生产单位，家庭成员不再是在家庭内部进行分工，而是进行社会化分工。并且，这些村三大产业的各生产单位内部也不断地进行着分工的演进，产业链不断地拉长，新的产业、行业不断地产生，因此获得了巨大的成功。

当农村实现工业化后，随着分工的不断演进、完善，单位的独立性、全能性不断地降低，相互依存度不断地增加，规模就会不断地扩大，因此需要参与的人、物就必须不断增加。但是，"村"这个单位的规模太小，人太少，不足以支撑分工的不断演进，会出现发展的瓶颈。如现在的南街村、华西村、长江村、西辛庄村、星光村、滕头村等都不同程度地出现了这样的情况。它们都面临着共同的问题：首先，分工越演进，需要参与的人、物就越多，但村这个单位太小，人、物的数量有限，不可能支撑分工无限地演进；其次，由于分工的演进，必定会降低单位的独立性和全能性，增加单位间的相互依存度。但是，这些单位都想保持自己的独立性和全能性，与外界的相互依存度相对较低，阻碍了分工的演进；第三，还没有认识到获得成功的决定性作用是分工的不断演进。为了解决这个瓶颈问题，他们进行了扩张，甚至投资其他行业，以期分散风险、扩大收益，但遇到了困难，甚至遭遇了失败。要获得更大的辉煌，只有不断地推动分工的演进，使单位的规模不断地扩大、参与的人和物不断地增多、相互依存度不断地增加，实现社会化大生产。

农村工业化后，所有的农村都以村为单位进行第一、二、三产业的分工，并且不断地演进，形成产业网。分工只是手段，合作才是目的。在分工不断演进的同时，单位的独立性、全能性不断地降低，单位间的相互依存度不断地增加，合作不断强化、密切，村与村之间的地理界线、行政界限不断模糊，并逐渐消失，生产单位的规模不断地扩大，传统意义上的农村消失，城乡差距逐渐缩小直至消失。这种分工不断地演进，由村扩大到乡镇、县、省、全国，乃至全球，使人类形成一个有共同利益的整体，实现一体化社会。农村工业化不是人类发展的结束，仅仅是开始。

十

农村工业化与城市化建设

（一）城市的产生、发展

城市是人类历史发展过程中的产物，并不是和人类的产生同时出现的，是随着人类的分工不断演进而逐渐形成、产生的。它在人类的发展中产生，也将在人类的发展中消亡。

最初的城市是因自然分工使人类选择了合适的地理位置而集中居住，人口的集中居住反过来又促进了分工的演进。原始社会，人类的生产力很低，单独居住无法生存，人们以群为单位集中居住，但此时还不能称作"城市"，因为结群而居的人们没有进行细致的分工。随着三次社会化大分工的缓慢演进，生产力逐步提高，从原始社会进入到农业化社会（奴隶制社会），群居的人们因分工不断演进，交换日益频繁，在交换集中的地方逐渐形成了集镇，后来演变为城市。但是，在相当长的历史时期中，城市的发展、人口的增加极其缓慢。整个农业化社会，城市的人口很少，农民占大多数，社会生产以农业为主，并且和家庭手工业结合在一起。人们不但生产自己需要的农产品，而且也生产自己需要的大部分手工业品。只有少数自己不能生产的产品（因自然分工的产品）、手工业（艺）品，如食盐、铁器、农具、饰品等之类，才将一部分农副产品拿到市场上去交换。随着分工的不断演进，产业链条不断地拉长，参与的人、物不断增多，使手工业和商业日趋活跃，出现了城市。城市是商业和手工业的中心，是因分工而进行交换（合作）逐渐形成的产物，商业和手工业本身就是一种分工。如战国时期齐国的都城临淄城内就有7万户人家，20余万人口，近年来考古发掘证实，它的故城规模不小，还发现6处炼铁作坊，2处炼铜作坊以及铸钱、制骨等作坊的遗址。邯郸、宛丘则是以冶铁手工业而著名。在这些城市里，"百工居肆"，聚集着世代相传的各种个体手工业者。由此可见，分工的演进是城市形成、产生的根本原因。

由于生产方式的不同，东西方城市之间的差异也很大。东方古代城市形成得早、规模大，统治阶级都住在城市，统治着农村。西欧的封建城市出现得较晚、规模也较小，一般城市人口不过几千。甚至到十四世纪，拥有二万人口的城市都被认为是大城市了。如十四世纪的伦敦只有四万人，而法国的巴黎、里昂、马赛，意大利的罗马、威尼斯等是从奴隶制时代继承下来的城市。欧洲的封建城市主要是由获得自由的农民和手工业者重新建立起来的。中世纪的欧洲，封建主往往住在乡下的庄园里，从政治上统治城市。城市平民受封建主的管辖，担负着赋税和劳役；城市里的富商和高利贷者则通过不等价交换和高利贷等手段，从封建主和农民那里赚取财物。在分工不断演进的过程中，封建主在政治上对城市的统治，妨碍了城市的手工业和商业的发展，即阻碍了分工的演进。从十一世纪起，城市平民开始进行摆脱封建主统治的斗争。到十二世纪，城市平民与封建主之间的斗争已经非常激烈。东西方城市的这种差异，决定了后来发展的方向不同。东方是城市统治农村，欧洲是农村庄园统治城市；东方是小农化生产，欧洲是集体化（庄园）生产。欧洲的生产单位——庄园大，内部有足够多的人进行分工，并能推动分工不断演进，其生产、生活是以集体模式的庄园进行，庄园内部实现自给自足，能够独立地进行生产、生活。这样，庄园需要交换的就少，且以庄园为单位交换一些自己不能生产的贵重的或自然分工的物品，所以其城市形成的时间晚，没有东方的城市那么繁荣，规模也小，并被农村——庄园所统治。东方是小农化生产模式，生产单位以家庭为主，单位内部的劳动力少，只能进行简单的原始的分工且不能持续演进，农村家庭内部基本上实现自给自足，能够独立地进行生产、生活。手工业者、商人以及统治阶层的人都住在城市，他们本身就是社会化大分工的产物，从事的行业比较专业，不再从事粮食等农产品的生产，要养活自己及家人，就必须以家庭为单位进行交换，所以城市形成得早，规模比较大，分工比农村完善，交换比较频繁，生产力比农村高，从而统治着农村。

随着人类社会化分工不断地演进，产业链、社会链不断地拉长，新的行业、阶层不断产生，就需要增加人口数量、扩大占地面积，因此，城市的规模就不断扩大。但是，由于受分工演进速度缓慢的制约，且主要以上层建筑的分工（统治者及其统治机器的分工）为主，劳动人民为了为统治者及其统治机器服务而被动地进行了简单的分工，严重地阻碍了分工演进的速度和程度，致使城市发展速度不快，规模不大，质量不高。到1800年，全世界的城市人口只占总人口的3%。随着工业化革命的到来，资本主义国家的分工呈现加速演进的趋势，产业链、社会链被快速地拉长，初步形成了产业网、社会网，产生了很多新的产业、行业和社会阶层，因此需要增加大量的劳动力。于是，城市的人口迅速增加、规模不断扩大，城市人口的比例不断上升，形成了许多新兴的工业化、商业化和政治化城市。从1800年到1950年，地球上的总人口增加了1.6倍，而城市人口增加了23倍。美国1780年到1840的60年间，城市人口占总人口的比例仅从2.7%上升到8.5%。1870年，美国开始工业化革命时，城市人口比例不过20%。到了1920年，其比例骤然上升到51.4%。我国古代很早就出现了城市，但受小农化的制约，城市发展的速度很慢，到1949年，全国只有69个城市，县城及镇约2000个，城镇人口5765万，占总人口的比例为10.64%。^①1953年开始实施第一个五年计划后，进行了大规模的经济建设，分工加速演进，产业链、社会链快速拉长，产生了大量的新行业、新产业，工业化迅猛发展，使大批农村人口转变为城市人口。可见，分工的加速演进推动了城市的快速发展，城市人口比例的增长只是城市化的一种表现形式，是分工演进的必然结果。

工业化不仅是分工演进的结果，更是分工加速演进的开始，由此，人类进入到工业化社会。所谓的"城市"就是"分工""合作"辩证统一产物，是人类分工合作演进的必然结果，也是分工合作加速演进的开始。分工的演进拉长了产业链、社会链，产生了很多新的产业、行业和社会阶层，而这些产业、行业和社会阶层的全能性、独立性都比较低，相互依存度比较高，使它们必须紧密结合，逐步形成产业网、社会网，使这个"网"上的一切成为一个共同的整体。产业链和社会链的拉长、产业网和社会网的形成，必然需要大量的人、物参与，使人、物集中，形成城市。反过来，人、物的集中也推动了分工的不断演进，它们相辅相成，不能单独进行。随着交通、通讯等基础设施的不断发展，人与人、人与物之间的联系日益便捷，不一定要集中在一起才能进行分工，可以实现跨行业、跨地区甚至跨国界、洲界进行分工，从而实现"全球一体化""地球村"。

农村有很多地方是集中住居的，由于受一家一户小农经济的限制，导致其分工不能演进，家庭内部只能以自然状态的性别、年龄等分工的形式存在，并且家庭间没有进行分工，不能拉长产业链、社会链，产生不了新的产业、行业和社会阶层，不能聚集更多的人、物，因此，也就不能形成城市。

（二）关于城市化的认识

人们经常说到或听到"加快城市化建设"。那么什么是城市？什么是城

---

① 《中国大百科全书》建筑，城市规划园林卷，"城市化"词条。

市化？怎样加快？建设什么？

城市，在普通人的认知里，就是人口集中、高楼林立、车水马龙、道路宽广、工商业发达、医疗教育集中、城里的人都从事着非农业生产等。正是由于这些错误的认识和做法，致使人力、物力、财力大量地集中到城市，使城市和农村呈现出两极分化：城市人满为患，农村老弱病残；城市高楼林立，农村设施破败；城市成为"大工地"，农村荒无人烟等。在这种认识的主导、行动下，产生了许许多多的"城市病"，对环境、社会、经济等带来了巨大的危害。在城市不断扩大、无限繁荣的背后，掩藏着巨大的危机。

由于把现象当本质，所以对城市产生的一些社会现象无法给予正确的解释，乃至出现了所谓的"郊区城市化""逆城市化""再城市化"等名词，用以解释城市中心人口向郊区，甚至向农村、小城镇等回流的现象。这种用现象解释现象，当然不可能正确。城市人口向郊区、农村回流证明了分工的演进已经到了更高层次。所谓的"逆城市化"，并不是与城市化的发展趋势相悖，而是城市化的更高阶段：分工的演进已经到了不再受地域、空间、时间的限制，人们可以随时随地参与社会化分工，不再只局限于城市这个狭小的范围里才能参与社会化分工，它是城乡分工一体化的最初表现形式。

（三）城市化的实质

城市的实质是什么？亚当·斯密在《国富论》中就已经有了论述。他认为生产力的提高是分工的原因，那些产业发达、社会生产力先进的国家、城市，其各行业分工细化的程度也处于领先地位。还认为农业、牧业不能像制造业那样分工，也是这些行业落后于制造业的主要原因。接着在论述分工提高生产力的第二个原因时，说："免除了在不同类型工作之间来回转换耗损的时间。"[1]他认为城市越大，分工越精细，中小城市的分工就简单得多，

---

[1] 亚当·斯密：《国富论》，中国华侨出版社2018年版，第4—5页。

而农村的分工则更原始。人、物的集中能大幅减少不同类型工作之间来回转换时间的耗损，从而提高劳动效率。

城市是分工不断演进的产物，是人类文明、社会进步的一种表现形式，是一定历史条件下经济、政治和社会生活的中心。城市化就是分工不断演进的过程，是在一定历史条件下衡量一个国家和地区分工合作演进速度和程度的重要标志，也是衡量一个国家和地区社会组织程度和管理水平的重要标志。城市化是人类进步必然要经历的过程。

人们常说的农村人口向城市转移、农村地区变成城市地区、城市人口增加、基础设施完善、公共服务设施提高、生产方式生活方式的改变、价值观的转变等都是现象，而不是本质。这些现象都是在分工不断演进的情况下产生的：分工不断演进导致产业链、社会链不断拉长，新的行业、产业和社会阶层不断产生，从而使人、物的数量不断增加、质量不断提高，管理水平日益完善，促进科技发展，完善基础设施，增加了人、物的相互依存度，改变了人们的生产、生活方式，改变了人们的社会存在，进而改变了思想意识形态等。分工合作才是城市化的本质，是城市的"神"，其他的都只是城市化的现象，是城市的"形"。无论城市的"形"怎样变化、发展，都离不开城市的"神"。建设、发展城市，必须是建设、发展城市的"神"，而不是"形"，把城市的"神"建设、发展好了，其"形"就自然产生、形成了。

（四）城市化的发展趋势

在城市化的基础上，形成了"城乡一体化"的概念。城乡一体化的概念早在上世纪就已经产生了，它是城市化发展的目标，是全球一体化的基础。但由于农村是以家庭为生产、生活单位的小农经济，农村社会分工的演进呈现倒退，而城市由于实行工业化生产，分工不断演进，生产力不断提升，致使城乡差距不断扩大，各种社会矛盾纷纷出现。在这种情况下，实现城乡一体化也就变得比较困难了。

　　城乡差距扩大的根源就是城乡分工合作演进的速度、程度差距的扩大。城乡一体化的实质就是城乡分工合作的一体化，是城市化的最高阶段，也是城市、农村这个概念消失的必然过程，还是全球一体化的必由途径和基础。

　　要实现城乡一体化，就必须在农村实行社会化和生产组织内部的分工，使家庭不再是生产、生活单位，从而与城市接轨，达到一体化的目的。农村工业化实施后，"城市化"的观念将被打破：在农村居住的人不一定要从事农业生产，城里人也不一定就不能到农村劳动；户籍概念、地域壁垒等消失，城市和农村的概念十分广泛，并将最终消失。改革后，农村的概念消失，将实现100%的城市化。在这种情况下，城市这个概念也失去了存在的意义。或者说现在的城市只是狭义的城市，改革后将出现广义的城市——农村也被城市化了。所谓的"逆城市化"，就是农村、城市概念消失的前奏，是城乡分工合作趋于一体化的最初表现形式，还是"大城市病"的医治方法：人、物的集中是为了降低不同类型工作之间来回转换耗损的时间和财力，从而降低劳动成本、提高劳动效率。但现在一些大城市因人、物的过度集中，不仅没达到这个目的，反而增加了耗损的时间和财力。

　　人们常说的加快城市化建设，其实只是加快了城市"形"的建设：扩大面积、增加人口、完善基础设施等。城市的"神"才是城市化的精髓。什么是城市的"神"呢？"神"就是"分工合作"：来来往往的车辆、行人，数不清的房子、道路，各种各样的设施等，在面积狭小的城市，却不显得混乱。就是因为城市的"神"——分工合作的作用：哪辆车该往哪里走？哪个人该干什么？哪里该盖厂房？哪里应盖住房？等等，都是分工决定的，即分工决定了人、物在城市的社会存在。城市因为有这个"神"，才井井有条，毫不混乱。如果没有这个"神"，城市会怎样呢？可能人、车都像无头苍蝇到处乱撞，到处一片狼藉、污水横流等，城市也将陷入瘫痪。农村人口的集中度远远低于城市，应该比城市整齐、干净、有序，但实际相反，就是因为城市有比较精细的分工，农村只有简单的原始的分工，致使农村相比杂乱。

　　许多中小城镇无论面积、人口、车辆、房子等都无法和大城市相比，应该比较好管理，但实际上比大城市更混乱。为什么会这样？是因为城市的"神"——分工出现了问题：有事无人做，有人无事做，车辆、行人、房子等也没有详细的分工。加快"城市化建设"，重点是加快城市"神"的建设，而不是"形"的建设。城市的管理就是推动"分工合作"的演进，把城市繁杂的工作进行细致的分工，使这个城市"事事有人做，人人有事做"，从而构成整个城市的生产、生活，那么这个城市就管理好了，这样的城市也就是一个完美的城市。城市的好坏美丑与面积的大小、人口的多少、车辆的好坏、楼房的高低、马路的宽窄等没有必然的关系。

加快城市化建设不是把农村人往城里赶，无节制地扩大城市的面积、无限度地建设城市的基础设施等，反而把城市搞成了"大工地"，出现了各种城市病。城市不是无底洞，不能把什么都往里面填，也不是越大越好。城市的建设就是促进分工不断地演进，使产业链、社会链不断地拉长，这样，新的行业、新的产业和新的阶层就会不断地产生，人、物等就自然而然地不断参与进来，城市才能不断地发展。因为地理位置、气候、功能等的不同，使各个城市千差万别，这样，城市间就可以进行宏观的分工（城市内部的分工可以称为"自分工"，城市间的分工可以称为"公分工"），降低单个城市的全能性、独立性，增加相互依存度，形成关系密切的城市群，无论这些"形"有多大的差别，其"神"——分工都是一样的。

改革后的农村可能不具有城市的"形"，但是，它具备了城市的"神"：分工明确、各司其职，实现工业化生产。虽然农村人口分散、基础设施不完善、房子散乱等，但这些并不重要，刚好体现了乡村的特色。写过、读过散文的人都知道，散文的特点就是：形散神不散或形散而神聚。改革后的农村就像一篇优美的散文，看似东一家西一户的，但是都被"神"——分工串在一起。一个村的面积、人口远比一个城市要小，虽然没有城市那样完善的基础设施，但只要分工不断地演进，完全可以建设好、管理好，实现城乡一体化。

建设城市的目的是为了消灭城市。随着分工的逐渐演进，不仅城市内部的各生产、生活单位的独立性、全能性不断地丧失，相互依存度不断增加。而且，单个城市的独立性、全能性也在不断地丧失，与其他城市或地区的相互依存度不断增加，必须进行合作，才能完成城市的生产、生活。当今，大城市、特大型城市不断产生，尽管人口、面积、发展程度等前所未有，但是，没有任何一个城市可以独立地完成生产、生活，它们与外界的依存度在不断地增加。在分工不断演进的情况下，城市不断扩大并将逐渐消失。

只有全农村实现工业化后，才能在全国实现城乡一体化、工业化，为全球一体化奠定必要的基础。

小农化心态

（一）小农化心态概述

由于几千年的以家庭为单位的典型的小生产，人的社会性主要是以家庭的模式存在，人们的一切活动、思想、观念等的立足点、出发点和落脚点都是以家庭为中心，从而形成了小农化心态。在此基础上，在广阔的农村形成了各种各样的地方性文化——习惯、风俗等，即所谓的"三里不同风，十里不同俗"。即使是最隆重的春节，各地的具体表现形式也不相同。

在漫长的小农化生产中，人们始终以小农化的方式存在，逐渐产生、形成了"小农化心态"，并在小农化经济不断巩固的过程中得到了强化。当社会向工业化发展时，小农化心态成了巨大的阻力，极大地延缓了工业化前进的步伐。受小生产、小农化心态的影响，把集体劳动当做是"吃大锅饭"，从而受到抵制。西方国家一直是以大生产（农庄集体劳动）为主的生产方式，一直吃着"大锅饭"。不能脱离经济基础来谈文化的优秀与否，因为几千年来一直是一个以小农生产为基础的小农化社会，人们的社会存在没有任何实质性的变化。

有什么样的社会存在，就会产生什么样的心态和思想意识形态。分工不断地演进，人的社会存在就会不断地改变，心态、思想意识等也必然会不停地变化。单个的人从幼年到老年，其心态、思想意识在不停地变化，就是因为这个人的社会存在在不停地变化。

恩格斯指出："每一种新的进步都必然表现为对某一神圣事物的亵渎，表现为对陈旧的、日渐衰亡的、但为习惯所崇拜的秩序的叛逆。"[1]社会存在改变了，一切心态、思想等都必须随着改变。一种先进的经济要取代落后的经济，旧的心态、思想往往会有巨大的阻碍作用，新经济会与旧思想反复做斗争。马克思主义认为，随着经济基础的变更，全部上层建筑也必然或迟或早地要发生变革。但是，反映旧心态、旧制度、旧思想的残余，总是长期地留在人们头脑里，不可能轻易地退走。首先，这是统治者的需要，统治者为了维护其统治，常常把旧心态、旧思想、旧制度等作为一种工具，用来加强对被统治者的统治（这里的统治者不仅仅是指庙堂之上的人，还包括家庭的、单位的、社会的等）；其次，是对旧心态、旧思想、旧制度等有研究的人的需要，这类人因为学的是这个东西，并为之花费了大量的时间、精力。如果这些东西有价值，他们就跟着有价值；如果这些东西没有价值，相应地他们也就失去了价值。这类人是需要依靠它来抬身价，维护旧思想的实质就是维护自己的利益，所以这部分人会极力地维护旧思想；第三，是受旧心态、旧思想、旧制度等影响较深的人的需要，影响越深，就越需要，因为人或多或少地存在惰性，不愿意接受新事物，习惯于旧事物，也就是所谓的"穿旧的鞋子不磨脚"；第四，是那些看不到人类发展方向的人的需要，只能退而求其次，把旧思想拿出来"翻

---

[1] 恩格斯：《路德维希·费尔巴哈和德国古典哲学的终结》《马克思恩格斯选集》，第4卷，人民出版社1995年版，第237页。

新"使用。为了巩固新的经济基础和新的社会制度，建设新的思想，就必须清除旧思想，进行意识形态领域的斗争。旧心态、旧思想、旧制度存在的时间越长，其消亡所需要的时间也越久，新旧之间的斗争也越激烈。但是，社会总是要向前发展的，绝不会因某些人的需要而停滞不前，他们要么被历史所淘汰，要么跟上历史发展的步伐。

周其仁在一篇《面对不确定的未来》的短文中，就清楚地描述了中西方心态的差异：

洛杉矶往东走全是沙漠地带，里面有一家公司是制造太空往返式发动机的。这里面有很多技术介绍，而我关心的是：搞这些技术的人怎么想世界、怎么想未来。

他们认为人类有一些使命在他们身上：地球这样下去是承载不了的，人类要早作准备，要太空移民，要往火星上搬，算下来首批得过去200万人。那么远，200万人怎么去？他们得出的结论是开班车，每天发飞船，要研发可以往返的飞船，其中关键部件就是往返的发动机。这家公司以前是70人，金融危机时他们遇到困难，只有40人，一干就干了很多年，就是研究发动机。

这家公司有一面专利墙，每一项都有专利保护，有了这个保护，资金就可以放进去，不怕别人抄你的，完善的法律能保护这种开发。研制出的飞船都放到太空去测试很贵，这家公司就在沙漠地带用高速汽车跑一些数据，再用摩托车跑数据。

在洛杉矶，我们还看到一些涂鸦，原以为是一个贫民窟，可走进去一看，是一个由工厂破房子改造的公司。这就是马斯克的构想，叫高速列车。在地面上修一个管道，把里面的空气抽走，真空状态，没有摩擦，车厢一节一节放里面，用高速推进的办法，目标时速是七八百公里，第一条拟修建在洛杉矶到旧金山。

这个想法能不能成？不知道，也不确定。这个公司还有一个创造，所有工程师的工作时间全部算股权，因为没有现金可以付。

可是，万一成功了呢？就这么一句话。我们看了以后，说中国人怎么不想这些呢？中国人碰到这种事就会说不可能，离我们太远了，再说政府能同意吗？不同意，这个投资不是白投了？

人家就是往可能去想。这是美国社会到今天还值得我们学习的一面：想问题百无禁忌。

从这篇短文中，我们可以看到东西方的差异：美国人不仅仅是"想问题百无禁忌"，还在于做，就是西方具有"敢想人所不敢想、敢做人所不敢做"的精神。如果不去做，周其仁就不会看到这些东西。在小农化社会里，根本就找不到这样的思想、精神，它只希望人民做驯民、做牛马，不允许有不同的思想、精神，朝廷更不可能支持人们去做这样的事。

小农化心态站在小农化的角度看是天经地义的。但如果站在工业化的角度看，就不合时宜了，不仅不能促使社会进步，反而会阻碍了人类的发展。如广为流传并被大众普遍认可的：一个和尚挑水吃，两个和尚抬水吃，三个和尚没水吃；各人自扫门前雪，莫管他人瓦上霜；家和万事兴；养不教，父之过；君君臣臣父父子子；男女授受不亲；三纲五常；合伙的生意做不得；远是亲、近是冤；穷不丢书、富不丢猪；十年难学个生意手，一辈子难学个种田人；亲兄弟，明算账；富不过三代；同行是冤家；人大分家，树大分权；人为财死，鸟为食亡；知足常乐等，无不是以家庭为生产、生活单位的角度总结出来的"经典"，经过几千年小农化社会的检验，被广泛地使用、传承，它只适用于小农化社会，是小农化社会的"真理"。如果在工业化社会，却完全不适用，是极端错误的。但是，上一代人把这些小农化社会的"真理"完完全全地教给下一代，并一代一代地传承，就像寓言故事《小马过河》一样：松鼠把适用于它的经验教给小马，完全没有站在比松鼠高得多的小马角度上传授。

批判小农化心态，是批判固化的社会存在、不思进取的精神，不是为了批判某个人。社会是向前发展的，文化也必然要向前发展，批判只是一种促进发展、进步的手段。不破不立，不批判腐朽、落后的旧心态、旧思想、旧精神，就建立不了面向未来、走向未来的新心态、新思想、新精神。对今日社会而言，要比较、判断不同人群的优劣，都应该比较历史上的思想差异，不再是种族上的生物差异。东西方人的差异，不是生物个体的差异，而是思想的差异。西方人的社会存在与思想意识的改变相互促进：社会存在的改变促进了思想意识的进步，反过来，思想意识的进步影响了人的社会存在的变化。人们的社会存在被小农固化，形成了僵化的思想意识，僵化的思想意识反过来又强化了小农化的社会存在。

尽管小农经济曾被消灭，但是小农心态、思想并没有被消灭，因为小农心态、思想被消灭的难度远远大于小农经济被消灭的难度，人们体内体外还大量地保存了小农心态、思想。小农经济与小农心态互相影响，相互作用，左右着人们的生产、生活，影响着社会的发展。小农化思想与工业化思想的竞争就像小草和大树的竞争一样，不在一个级别上，是不可能获得胜利的。如果不改变这种现状，小农化将永远没有胜算，也根本没有翻身的机会和可能，直到彻底消失、灭绝。

高中毕业并读过5年老书的湖南岳阳市南江镇崇义村原党支部书记童振武说：现在农村学校教育是为了考大学设计的。一个最大的特点就是只有读上去考出去，才能有出息前途。如果读不出去，回到农村就非常惨："文不像相公，武不像关公。"过去学的和生活脱节，根本派不上用场，甚至连起码的待人接物都不会，一切都要从头来过。这种现象在广大农村普遍存在："读上去考出去"也就是"跳龙（农）门"，去适应工业化社会，只有这样，所学才有所用。如果读不出去，只有回到农村，也就是回到小农化社会。"工业化"的教育自然与小农化社会不相适应，因而水土不服，导致了"文不像相公，武不像关公"。人们总认为农村的生产、生活模式是正确的，因为"几千年都是这样过来的"。认为高考落榜的学生与农村的生产、生活脱节，自然是教育的问题，把这些人教得什么都不懂，即所谓的"农不农，秀不秀"（意思是说他们农民不像农民，秀才不像秀才），从来不去考虑是农村这个社会有问题。

（二）小农化心态的危害性

1. 富不过三代

2003年，笔者有幸到施至成老先生的厦门市SM城市广场打工。在这六七年的时间里，见证了厦门SM城市广场从建设到发展再到辉煌的历程。施老先生以厦门SM城市广场为桥头堡，在内地遍地开花，以至于2013年被胡润全球富豪榜评为全球华人第九大富豪。尽管SM城市广场发展如此辉煌、成就如此巨大，但其中隐藏着巨大的隐患。不仅施至成老先生如此，其他如李嘉诚、李兆基、郑裕彤、吕志和等也无不如此，他们都有相同的巨大隐患。尽管他们纷纷使出各种招式来应对，但注定没有效果，如台湾曾经的首富王永庆于2008年10月离世，他的家族开始步入下坡路。还有如邵逸夫等也无不如此。

纵观古今，无论是帝王将相、商贾巨富，只要受传统文化的影响，至今还无人能不受它的支配。尽管如李嘉诚、施至成等深受西方文化、管理模式的影响，并采取了各种措施，但要想改变这种局面，目前还没看到明显迹象。任何时候都不缺少商贾巨富、英雄豪杰，他们有能力获得巨大的财富、创造巨大的辉煌，甚至建立强大的国家，但是，没有一个人有能力让这种辉煌延续下去，他们最辉煌的时候，反而是隐患最大的时候。

家族企业是一个古老而又短暂的企业组织形态，发展至今，在生命周期上一直延续着"富不过三代"的规律。据美国一所家族企业学院的研究表明，约有70%的家族企业未能传到下一代，88%未能传到第三代，只有3%的家族企业在第四代及以后还在经营。在国内，家族企业更有"富不过三代"之说。资料显示，家族企业的平均寿命为24年，恰好与企业创始人的平均工作年限相同：有30%的家族企业可以传到第二代手中，其中有不到2/3的企业能够传到第三代，后者中大约有13%的企业能够传出第三代。并且，能传到下一代不等于还能保持着第一代的辉煌。

为了使自己的后代富且贵，这些权贵绞尽脑汁从软件、硬件两方面入手，两手都很硬，但最终事实证明，这一切都将是徒劳。为什么会这样呢？因为到目前为止，还没有找到"富不过三代"的真正原因，因此不能对症下药，以解决这个几千年的难题。

那么，"富不过三代"的根本原因是什么呢？

2. 分家——小农化的根本保证

分家有悠久的历史，具体什么时间开始的，没有详细的历史记载。大约在战国前就已形成了习惯，其后因商鞅变法颁布"分异令"而成为一种国家制度。隋朝统一全国后，为了增加国家收入，也曾颁布法令，规定自堂兄以下的亲属必须分居，各自立户籍。"分家"对我们（包括侨胞、港澳台同胞）来说，已经是"天经地义"的事。只要孩子结婚成家后，都会分田分地分财产——分家另立门户。由于分家的历史悠久，且深入人心，因而形成了特有的分家观念、文化。如广为人们认可并接受的：树大分桠，人大分家；分家三年成邻舍等，成了"老说法"，流传了几千年，也是分家的重要"理论"依据，还是调解家庭纠纷的主要依据。恰恰就是这个"老说法"毒害了亿万国人，祸害了我们的民族，是小农化经济、文化、思想、世界观、价值观、人生观等的集中体现，是富不过三代、历史周期律形成的根本原因。

"树大分桠，人大分家"这句广为人知的老说法，猛一看，十分有道理，因而被人们普遍接受，并用来教育自己的孩子、亲朋好友、左邻右舍，乃至流传了几千年，尚无人对此提出任何疑义。然而，这句广为流传的"老说法"，完全是错误的、愚弄人的：只看到了"树大分桠"的表象，没看到它的目的和本质；同时也仅看到"人大分家"的表象，没有考虑和看到"人大分家"的后果。

从表面看，树长大了，树枝就"分"了出来，因而有"树大分桠"的说法。人们根据树的这一表象总结出了人长大了，也要"分"，即"分家"。但是，"树大分桠"的"分"与"人大分家"的"分"虽然是同一个字，但它们的意义、目的、本质却是完全相反的：树枝虽然从树的主干上"分开"

了，但并不是从主干上割裂下来，它不是一个独立的完整的生产单位，仍然是大树不可分割的一部分，树枝、树干共同的根本的利益没有分开，它们有共同的理想、奋斗目标，"分"的目的是为了长出更多的树枝、叶子，控制更大的空间，吸收更多的阳光，制造更多的营养，使树长得更高更大更强壮。树大分桠的"分"本质是"分工"：分出不同方位的树枝占据不同的空间、吸收不同空间的阳光，与整体的"合"是统一的，"分"只是手段，"合"才是目的，因"大"而"分"，因"分"而更"大"。也就是"树大分桠"的结果是越分越大。

人们根据"树大分桠"的表象演绎出来的"人大分家"却完全相反："人大分家"分的是主体，是把父子兄弟从原有的家庭主体上割裂开来，重新组建成与原家庭不相干的新家庭，形成两个以上新的独立的生产单位——家庭，是很彻底的分——分人、分田地、分财产、分心，也就是分割了原家庭共同的根本的利益，分了共同的理想、奋斗目标，使父子兄弟没有了共同的根本的利益，他们会为了维护、扩大自己的利益而互相争斗。"分家"后的结果也完全相反："人大分家"是越分越小，甚至会为了维护各自的利益产生种种矛盾，进而发生斗争。

老布德是一家大商行的老板。一次，他要去别的地方创办新商行，就拿出900枚金币平均分给儿子。他说："你们好好打理商行，好好保管这些金币，一年后，我会回来看看你们保管得怎么样。"一年后，老布德回到家里，问三个儿子："那些金币怎么样了？"大儿子说："我用那300枚金币请了10个业务员，现在他们每个月都能为商行创造100枚金币的利润。"二儿子接着说："哥哥拉回很多业务，要运输的货物就更多了，我用那300枚金币打造了两艘小货船和三辆马车，不仅能为我们自己的商行运货，有空的时候，我还承接别人的运输业务，所以现在光是运输就能每月赚200枚金币。"老布德听后连声叫好。三儿子则指着院子里的一棵小树对老布德说："我把金币放在坛子里埋了下去，填上土后我还在上面种了一棵小树苗，你看它现在已经有手臂那么粗了。"说完，他又是砍树又是挖地，忙了好一阵子，终于把那只坛子挖出来，交到了父亲手中。大儿子和二儿子哈哈大笑，不屑地说："你什么也没有创造出来，保管得再好又有什么用呢？"老布德摇摇头说："不，老三也有老三的长处。老大适合开拓市场，那么就由你管业务；老二适合整体调配，那么就由你担任掌柜；老三固执又死板，让他管账应该是再合适不过了。"就这样，老布德把小城的商行交给三个儿子。从此，三兄弟齐心合力，把商行打理得井井有条。从这个故事可以看出西方人的"分"与我们完全相反，他们是根据各人的特长进行"分工"，而不是分财产、家。更重要的是在此基础上形成的思想意识、人生观、世界观、价值观等文化，与小农化文化有着本质的区别。

2014年10月2日，笔者亲身经历了一次分家。经过大概是这样：有一个老人今年60多岁了，有两个儿子，都40岁以上了，大儿子以前在外地打工，因父母年老，从外地回农村种地。二儿子则一直在外地打工，并在打工的城市买了房子。这年国庆节期间因为放假，二儿子一家三口回到老家。2号晚上，这个老人把自己族上的人请到家里做见证，要给两个儿子分家。为了这次分家，老人非常慎重，做了比较充分的准备，写了几张纸。先是开场白，老人说：现在年纪大了，该办的事已经办了（也就是给两个儿子盖了房子，娶了媳妇），就剩一件事没办，乘现在两个儿子儿媳都在，把这件事办一下（意思是怕死了后这个事还没办，对不起后人）。孩子们现在都成家立业多年了，但一直没有分家（农村的习惯是孩子结婚不久就要分家），今天机会好，有族上的人在，就把家分一下。然后安排分家的事，大体是这样的：首先是老家的房子，一人一半，大儿子是南面的，二儿子是北面的（北面还盖有猪圈、厕所等附属设施，还有一些空地。而南面没有这些设施，也没有空地），房前屋后的树就以房子的界限划分（北面空地多，树木也就多，南面没有空地，没有什么树）。其次是田地，也几乎是一人一半：公路边的1.6亩地归大儿子种；山冲里的1.2亩地归小儿子种。菜园每人一块，现在种的那块菜地归大儿子，另外一块菜地归小儿子。最后是山，也是一分为二。一片松树山以大壕沟为界，北面的归大儿子，南面的归小儿子；一片杨树林地，北面的是大儿子的，南面的是小儿子的。一片茶叶山因小儿子不在家，就归大儿子。现在成材的树木，如果卖，就四六分成，大儿子六成，小儿子四成。老两口则单独生活，暂时住在小儿子的房子里，将来不能动了也不要像别的家庭那样一个儿子养一个（即把父母分开赡养）。老人说完后，问两个儿子有没有想法。沉默了一会，小儿子先说的，大体的意思是：我长期不在家，没有在家里劳动，没有付出，就不能有收益。树不是我栽的，我不要。另外，他还说，他们不在家，嫂子也不在家，分家也只是把父母和哥哥分开，如果这样，那就是要哥哥带孩子（10岁的一个孩子）在家里种地了，这样不好，还是不要分。老人听了小儿子的话，脸上露出了比较尴尬的笑容。然后大儿子才说，这些树都是他栽的，当年挖了很深的槽子，并从茶叶山上搞了很多枯枝落叶以及锯木屑填在里面，弟弟没有搞这些劳动，现在分的还多些，不合理，也不公平，弟弟不同意分家，是好事，他也不同意分家。因为弟弟说不要分，所以哥哥也只提了一下，没说什么。事后，哥哥说，即使弟弟同意了老人的这种分法，他也会不同意的，可能会因此吵架什么的。因为两个儿子都不同意分家，这次分家流产了。在这之前，当地农村人的分家模式基本上都是这样进行的，如果当事人没有异议，都会成功。

其实这种分家有害无益。未分家前，哥哥、孩子、父母四个人可以进行简单的分工：母亲操持家务、带带孩子，父亲做些简单的农活，哥哥可以做一些农活之外的工作，一家人不仅能完成生产、生活甚至还有所发展，能过得很幸福。分家后，父母一家只能进行最基本的分工：操持家务、做些简单的农活，维持两个人的生活，不可能做这之外的工作而有发展。哥哥一家就不好办了，没法分工，只能一个人完成操持家务、带孩子、干农活等全套生产、生活程序，根本没有时间、精力做这之外的工作，因此就不可能有任何发展。由此可以看出，分家就是将以前一个人能完成的工作流程分解成两个人来完成同样的工作流程，劳动效率降低了。并且，分家后，由一个利益单位变成两个利益单位，他们会为了维护各自的利益产生各种矛盾，从而争斗。如果所有人都这样分家，那么这个社会就不会有进步了。而弟弟一家在外务工，参与了社会化分工，家庭不是生产单位，分家与否对他们没有任何影响。

下面根据我们特有的"姓氏"来说明"人大分家"这个现象。古人为了区别人与人之间的关系，逐渐形成了特有的"姓氏"，并成为文化的重要组成部分。姓氏有很多，宋朝时编制了"百家姓"。随着历史的发展、演变，现在已远远不止一百家姓氏了，每一姓氏的人口数量、分布状况也不一样。这里以百家姓的首姓"赵"为例："赵"姓始祖娶妻生子，（假如）生了两个儿子和一个女儿，又娶了两个小妾，分别生了一个儿子两个女儿和三个儿子一个女儿。因为是父系社会，女儿要出嫁，所以分家和她们没有关系。现在"赵"家始祖共有六个儿子，分别是赵大、赵二、赵三、赵四、赵五、赵六。随着这六个儿子的长大，都得娶妻生子成家立业。根据分家传统，这六个儿子组成了六个家庭，每个家庭都得到了一份相应的财产。也就是"赵"始祖由第一代的一个家庭因分家而扩大到第二代的六个家庭。第二代的六家也分别娶妻生子，各生了多少不一的儿子，再进行下一次的分家，成为"赵"氏的第三代。第三代可能达到十多家甚至更多，也可能因为某种缘故（如战争、疾病、灾害等）而减少了。如果某代有某家因某种原因没有儿子，那这一家到他这里就中止了。其他有儿子的家庭会按习俗一直分下去，以此类推一直延续到现在。

分家的情况大抵是这样，从几千年前到现在，没有实质性的变化。由上面的"分家"情况，可以看出分家就像一株草的分株：一个家庭就像是一株草，草的根部是姓氏，地上的萌蘖就像是该姓氏的孩子，分蘖的越多，说明这个家庭的孩子越多，下一代分出来的小家庭就越多。由此可见，国家就像是一片大草原，每棵草（家庭）是组成这个草原（国家）的一分子。从历史中可以清楚地看到这种现象，每当战乱或灾难时，国家的人口、家庭数量锐减，一旦稳定，又会迅速恢复、增加，这和草的快速繁殖能力相吻合。尽管草的繁殖能力强，能很快地铺满一大片土地，但在分成新的独立的植株时，也会受到伤害。并且，由于分株，草永远不可能长大。分家和草分株一样，分一次家就会受一次伤害，等到伤口愈合，期望能更好地发展时，又要准备下一次的分家。由于这个特性，必然会出现"富不过三代"的结局。不仅草是这样，单细胞生物的繁殖也是这样：一个独立的细胞分裂成两个独立的细胞，两个分成四个……数量增加得很快，但其规模永远不会扩大。并且，无论增加多少，也只能是低等生物，不会变成高等生物，数量的多寡并不能决定、改变其等级的高低。

3. 小农化社会与分家的关系

分家的实质是分生产单位、分共同利益、分共同目标，它是小农经济形成、产生的根本保障，是小农文化产生的基础，是落后的根本原因。家庭既是最基本的生产单位，又是最基本的生活单位，能独立地完成生产、生活，具有较高的全能性，家庭间的相互依存度低，家庭内部的分工原始并占主导地位且不能演进，这是小农经济最本质的特征。分家是小农经济的根本保障，它导致了私人占有，经营的土地面积、产业不断分割，使小农经营成为必然。自商鞅变法、废井田、允许土地买卖时起，即有"民有二男以上不分异者倍其赋"之法。《唐律》规定："诸相冒合户者，徒二年。……即于法应别立户而不听别，应合户而不听合者，主司杖一百。"此法与商鞅之法目的相同，就是要民户不断地拆散为小家庭，使土地分割为小块经营。关于土地等家财分割，《唐律》特别规定："即同居应分（财），不均平者，计所侵，坐赃论减三等。"唐《户令》规定："应分田宅及财物者，兄弟均分。"特别强调诸子或兄弟在分家时均分家产，就是为了保证人人都有小农经营的机会，实现耕者有其田，防止土地集中。这里甚至根本不承认父祖有通过遗嘱作不平均分割的权利。这是通过法律的形式不断地强化了小农经营的模式，杜绝了农业的大规模社会化合作劳动或社会化经营的可能。不许成年兄弟同居，虽是为了增加国家税户，但也使土地、产业等生产资料不断因分家析产而分割成更小规模，使农民的农业经营只能成为小块土地上的个体经营。更重要的是，分家使每个家庭没有了共同的根本的利益，只有自己小家庭的利益，使人的一切生产活动、思维方式、人生观、世界观、价值观、道德等的出发点、立足点都围绕着自己的小家庭进行，他们会为了保护、扩大自己的利益而不停地内斗。

小农化社会的本质就是小私有。归谁私有呢？分家给予了充分的体现：归小家庭私有。分家不仅分了生产单位、经济基础，还形成了相应的文化、思维、世界观、价值观、人生观等，并把这些上升为国家意志（皇帝既是一个家庭的家长，也是一个国家的家长，是一个特殊的家庭），形成了相应的政治、军事、法律、教育、文化等上层建筑。国家的小农化政治导致了国家直接引导小农化的小规模经营，规定了小规模生产的标准。以家庭为单位进行的小生产方式，产生的必然是小农经济。拥有生产、生活资料的"家庭"是小农经济的载体和具体表现形式，"分家"维护了小农经济、小农社会的不断延续。

农村流传着这样一个分家的故事：古代有一个老人在临终前，把自己的两个儿子叫来，给他们分家。因为家中的财产都是事前按传统的分家方式准备好的，所以分起来很容易，也很快。但最后一件物品出现了问题：耙。这是一个装有15根铁齿的耙，且只有一个（其他的都是双份）。按传统分家的规矩，应该有两个耙或者把这个耙分成两份。现在只有一个，怎么办？兄弟二人想来算去，最后决定把耙拆了，每人一半，多的一根耙齿则扔到深水塘中，都不要了，这样就十分公平。这虽然只是一个故事，不一定是真实的，但类似的例子在现实生活中十分普遍。

4. 分家的巨大危害

分家是历史上持续时间最久、方式最简单、范围最广、影响最大、水平最低、毒害最深的重复建设，它与自然界单细胞生物繁殖的性质一样，是最简单的复制。一个家庭有几个儿子，其父母就要准备几份相应的财产：硬件方面的有房产、土地、劳动工具、生活用品、资金等；软件方面：要教会儿子们生存的本领——种地、经商或其他职业，其中又以种地为主。这些条件都是必须的，特别是软件方面，大多数的父辈以什么为生，就教孩子学什么，而不管他的长处是什么，认为只有这样才能养活他的家人、孩子，并一代一代地传下去。因为古代生产力低，劳动效率不高，所以要准备几份生产、生活资料，几乎要消耗掉父辈毕生的精力，甚至有很多人是毕其一生而不得。此外，还要教会其后代生产、生存的能力，同样要消耗其毕生的精力：年轻的时候向父辈学习，有了孩子又要传授。农业受自然环境、气候的影响最大，周期长，因此农村流传着这样一句俗话："十年难学个生意手，一辈子难学种田人"，说明了小农化社会里学习种地的艰难。由于家庭这个单位太小，不能进行分工并推动它演进，家庭成员只知道劳动，不知道、也不能改造劳动。所以，从古至今，劳动方式没有质的变化，几乎和动物一样没有本质的发展。如果说有些微差别，那就是人可以使用一些简单的劳动工具，但就是这些简单的工具，几千年来并没有什么本质的改进，农业生产的技术同样也没有什么进步。因此，古人就这样一代又一代重复地劳动着，导致生活水平低，劳动强度大，寿命短，结婚也早。

人与人是不同的，即人的个体是有差异的：有所长也有所短。分家则漠视了人的差异性，不管后人的长处是什么，短处是什么，每个儿子都分一份产业（土地或其他的），这样，个体的差异性就充分地暴露出来了。如马克思所言，著名的诡辩家和献媚者艾德蒙·伯克根据他当租地农场主的经验都懂得，只要有五个雇农"这样小的队伍"，劳动的所有个人差别就会消失，因此任意五个成年英国雇农在一起，和其他任何五个英国雇农一样，可以在一定的时间内完成同样多的劳动。①分家后，每个家庭只有男主人一个主要的劳动力（女性由于体力、缠足、家务等方面的原因，干繁重的农活比男性差），不可能达到消除个体差异的标准，因此不能提高生产力，很快就会形成家庭与家庭之间的差异，贫富分化很容易产生。

纵观古今中外的历史，有一个共同的特点：分。同样是"分"，却分

---

① 马克思：《资本论》第一卷，人民出版社2004年版，第375页。

出了优劣高下来，就是因为"分"的对象不同，产生了完全相反的结果。分家的"分"分的是"单位"，不是分"工"，结果使单位的规模缩小、数量增加，保持了单位的独立性和全能性，并使单位相互不依存，因而导致了一盘散沙；西方的"分"分的是"工"，不是分"单位"，结果降低了单位的独立性和全能性，增加了相互依存度，导致了单位的规模扩大、数量减少。

几千年的历史就是小农史，同时也是内斗史。只要小农化，就必然存在内斗，它不以人的意志为转移，也不可能被消灭。在小农化社会里，内斗无处不在：皇帝家族内部、皇帝与大臣、大臣家庭内部、大臣与大臣、大臣与百姓、百姓与百姓、百姓与皇帝、百姓家庭内部等。只要是小农，就内斗不止。这样的例子史书上无处不在，每一本史书都是这样的史实，史书也就是内斗书。究其根源，都是为了"自己"的利益。小农化社会里，因为单位小，全能性和独立性高，相互依存度低，人的活动范围不大，生产的财富有限，"分家"使每个人的利益不一样，因此他们不可能形成长久的共同的根本利益，在这有限的利益里，为了使"自己"的利益最大化，就必然会损害他人的利益，为了维护、扩大各自的利益，他们必然会互相争斗。刘邦、赵匡胤、朱元璋等开国皇帝在取得皇位之前，能够团结广大的文武人才，因为他们需要这些人替他卖命打江山；文武人才们也认为他们能取得皇位，跟着他们干能够出人头地、封妻荫子、光宗耀祖。这时，他们有共同的利益，能够齐心协力，会为"共同的事业"而奋斗。但是，一旦"事业"成功，他们的利益就各不相同了：皇帝为了巩固自己的利益，使自己的利益最大化并千秋万代，就需要削弱功臣们的利益。功臣们则要保护甚至扩大自己的利益，就会侵蚀皇家、百姓的利益。于是，他们会为了各自的利益发生矛盾，产生斗争。

小农的本质决定了统治阶级内部的利益也各不相同，统治者为了维护、扩大各自的利益，必然会互相争斗，严重地削弱了统治阶级的力量，为历史周期律的发生埋下了隐患。

历史上最著名的有秦始皇的两个儿子互相残杀、曹丕兄弟内部残杀、隋朝杨坚和两个儿子之间的残杀、唐朝李渊的儿子们之间的残杀、五代十国父子兄弟、明朝的建文帝与朱棣的残杀等。这些兄弟、父子、叔侄之间刀光剑影的斗争，都是为了自己的利益最大化。这些斗争也是因分家造成的：皇家是最特殊的家庭，他们的财富是拥有天下，分家就是分财富，但天下不能分，唯有你死我活的斗争，才能使财富和权利最大化。他们的内斗严重地削弱了统治全国的力量，为以后的覆灭埋下了隐患。皇帝的家庭不是普通老百姓的家庭，皇帝的儿子不是普通老百姓的儿子，他们的分家不仅仅是他们自己的家事，而会牵涉到无数人乃至全国的人，他们每个人的身后都有一大帮的人在为他们服务。这些人都是有能力有本事的，因此，他们的争斗就不是兄弟几个之间的家事，牵涉的人越多，对国家的危害就越大，削弱国家的统治力量就越严重。

小农社会里，不仅皇室如此，达官贵人、平民百姓甚至普通家庭内部的夫妻之间也无不如此：每个人都有各自的"权""利"，他们会为了这些"权""利"而斗，只是没有皇族的影响大而已。但是，他们争斗的总和就是国家、社会的争斗，所以，影响巨大且深远。并且，他们的"内斗"不仅仅是自己"斗"完就没事了，还会据此教育下一代，让他们继承和发扬自己的"光辉传统"、汲取"经验教训"，因而产生了深远的影响。

往水里扔石块的游戏，很多人可能扔过就算了，没有注意到一个重要的现象：往水里扔石块时，以落水点为中心形成一个水圈，然后一圈一圈往外扩散，最后消失。如果把这个石块分成几份，同时扔进水里，会发现另外一种情况：扔出去的时候，这些石块会散开，落到不同的地点，每个石块落水时会以各自为中心形成一个个水圈，这些水圈也会一圈一圈往外扩散。当两个或几个石块形成的水圈在扩散的过程中相遇时，就会互相激荡、碰撞。这些石块如果大小差不多，它们形成的水圈也差不多，在激荡中会互相抵消，很快消失；如果大小不一时，形成的水圈也不同，石块大的会在激荡、碰撞中吞并石块小的形成的水圈，但它的力量也会被削弱，持续的时间会缩短。

如果把这几个石块用东西包裹在一起扔到水里，只会形成一个水圈，这个水圈比分散的水圈的强度要大，在向外扩散时形成的面积也大，持续的时间更久。

分家和这个情况类似：兄弟几个没分家前，是一个家庭、一个整体，他们的利益、目标、方向一致，内部的矛盾、冲突很小，没有根本性的利害关系。但是分家后，就像一个大石块分成几个小石块一样，会形成以自己为中心的利益圈子，当他们的利益圈子互不相碰时，就不会产生矛盾，能够和平共处。当他们的利益圈子在扩展的过程中相互碰撞时，就会互相争斗，发生冲突，双方的力量会削弱。分家形成了无数个的小利益圈子，他们为了扩大自己的利益圈子，必然会损害别人的利益圈子，因而产生争斗。为了利益，可以六亲不认，互相争斗、攻讦、残杀。

"一个中国人是条龙，三个中国人成了虫"，其根源就是小农造成的：一个中国"人"是一个整体，有"共同"的利益，会为了自己的利益不顾一切。而"分家"使中国人形成了无数的小利益个体，并且这些利益个体没有共同的长久的根本利益，他们必然会为了维护、扩大自己的利益而侵害别的个体的利益，因而勾心斗角，互相拆台，产生内斗，即使每个人都是"龙"，也会因为内斗而两败俱伤成为"虫"。

小农社会里，每个人的利益都不一样，为了各自的利益，他们不仅不能团结一致，反而互相拆台，导致内乱，给对手创造了很多很好的机会。不仅仅陌生人之间是这样，即使亲朋好友、兄弟姐妹、父子女之间也是这样。看似人多，但没有用，有可能越多越坏事。因为人越多，形成的小利益圈子就越多，人们会为了维护、扩大各自的利益圈子而互相争斗，历史上有太多这样的例子。四大名著之一的《三国演义》就描写了很多。东汉末年，天下大乱，汉灵帝死后，宦官势力杀死了大将军何进，并州牧董卓率兵进入长安挟天子以令诸侯，袁绍等十八路诸侯反董卓。这十八路诸侯有渤海太守袁绍、南阳太守袁术、冀州刺史韩馥、豫州刺史孔伷、兖州刺史刘岱、河内郡太守王匡、陈留太守张邈、东郡太守侨瑁、山阳太守袁遗、济北相鲍信、北海相孔融、广陵太守张超、徐州刺史陶谦、西凉太守马腾、北平太守公孙瓒、上党太守张扬、长沙太守孙坚，再加上曹操、刘备。这些人无一不是当时的人中豪杰，加上几十万大军，对付董卓足矣，却以失败告终。为什么会失败？不是有没有能力和理想的问题，而是他们没有共同的根本的利益和理想，只有各自的小利益、小算盘，互相勾心斗角，希望借此机会扩大自己的势力，削弱他人的势力。所以，尽管人多且都是人杰，却没有力量，此时的人多反而成了劣势：因内斗消耗严重，失败也就顺理成章了。

内斗危害巨大：皇帝家庭的内斗，造成国力衰弱，甚至灭亡；普通家庭的内斗，造成父子兄弟反目成仇，削弱了家庭的力量，为"富不过三代"埋下隐患；所有这些内斗的总和就是全国人的内斗，它使国家成为一盘散沙、国势衰弱。"家和万事兴"是几千年来每个国人的理想，但最终只能是一个不能实现的"梦"，没有谁能做到。因为存在分家和分家的预期，最终要"分"，又怎么可能做到"和"呢？所以"万事兴"也就只能是一个期盼。

有个人们都熟知的成语故事：自相矛盾——用自己的矛戳自己的盾，这其实是内斗思想的一种表现形式。矛盾本来是自然界普遍存在的，但自己对付自己，可能是一大特色了。美国的"NMD""TMD"是当前世界上最坚固的"盾"，"战斧""民兵"等导弹是最锋利的"矛"，没有哪个美国人说用他们自己的"矛"去戳自己的"盾"（当然他们自己做实验用过，但目的是使"矛"更锋利，"盾"更坚固），也没有哪个外国人要美国人用自己的导弹去攻击自己的导弹防御系统。当我们考虑用"自己的矛戳自己的盾"的时候，英国人则在"矛""盾"的基础上发明了"坦克"。美国的"反垄断法"和"知识产权保护法"也是一对"矛""盾"，但是，他们的"反垄断法"是攻击别人的，"知识产权保护法"则是保护自己的，并没有让自己的"矛"和"盾"互相攻击。即使有，其目的也是使自己的"矛"更锋利，"盾"更坚固。经济基础的不同，形成了完全不一样的思维方式，产生了完全相反的结果。矛与盾本来是共同利益的两个方面：矛是用来攻击对手的

（这也是一种保护自己的措施，即所谓"最好的防守就是进攻"），而盾则是用来防守的，是抵御别人的进攻、保护自己的。矛与盾是一个共同体，它们有共同的根本的利益，只是分工的不同而已。西方人的思维方式是把"矛"与"盾"辩证地统一起来，用来对付敌人，而不是自己斗自己。我们的思维方式则相反，把它们完全分开、对立起来，使之没有了共同的根本的利益，从而形成了"自己的矛戳自己的盾"。"分"的这个思维方式不仅仅用在"矛、盾"上，还被广泛、深入地使用。因为存在着这样的思维方式，所以才会产生"一个和尚挑水喝，两个和尚抬水喝，三个和尚没水喝""吃大锅饭""集体干活养懒汉"等结局。

麻将也是小农的一大特色，并形成了所谓的"麻将文化"——其实就是小农文化。麻将是小农内斗的一种表现形式，是小农化在日常生活中的具体体现：麻将桌上的几个人没有共同的根本利益，只有自己的利益，为了不断扩大自己的利益，他们用尽心机、绞尽脑汁，明争暗斗，宁可自己不赢，也不让别人赢，形成双输的局面；麻将桌上没有亲情、友情，也没有合作，只有为了使自己的利益最大化而产生的明争暗斗。人们都知道，麻将桌上没有赢家：钱的总数没有变化，只是转移了口袋而已，期间没有创造出任何财富，但所有的人都输了时间、健康、精力、心思、感情等。麻将桌是小农社会内斗的缩影，和内斗的历史十分相似：总利益变化不大，为了维护、扩大各自的利益而互相争斗，内斗的结果是没有增加任何财富，只是转移了财富，但所有参与的人都输了——国力停滞不前，财富毁灭，人们劳累、痛苦、自相残杀等。

根据几千年的历史得出"远是亲，近是冤"的经验，其实也是小农化社会的必然结果：小农化社会中，由于人与人之间没有共同的长久的根本利益，每个人都有自己的利益圈子，为了使自己的利益圈子最大化，必然会向外扩张。但是，小农化社会里人们的活动范围有限，致使这个范围内的总利益规模不大，有限的范围内有很多家庭，他们以各自为中心形成了很多个小的利益圈子。每一个小的利益圈子为了扩大自己的利益，都必然要向外扩张。如果这两个人相距较近，当他们的利益圈子相遇时，就会发生争斗，形成冤家。如果两个人相距较远，各自的利益圈子在扩张的过程中不会相遇，就不会产生矛盾而互相争斗，于是比较"亲切"，形成了小农化社会特有的"远是亲，近是冤"的情况。草原中的草也存在类似的情况：相邻近的草为了扩大各自的空间，以便吸收更多的水分、养分、阳光等，也会互相争斗。如果超出一定的范围，相互不会妨碍，它们就不会互相争斗了。这些情况和向水中扔石块形成的水圈道理一样。

"同行是冤家"同样是小农化社会的一个特色，它只适用于小农化社会。小农化社会里，因分工原始且不能演进，所以市场很狭小而难于扩大。为了争夺有限的利益，同行业之间竞争很激烈，都想扩大自己的利益圈子，于是明争暗斗，勾心斗角，形成冤家。工业化社会里，由于分工细化且不断演进，市场规模能无限扩大（也就是常说的全球一体化），有限的力量不足以左右市场，于是同行之间就会抱团取暖打造市场，从而形成"同行是亲家"的关系。如浙江义乌小商品市场、武汉汉正街小商品市场以及其他许许多多的"某某一条街"、光谷、硅谷等都是相同或类似的产业聚集在一起，形成强大的力量，并没有产生小农化社会里"同行是冤家"的情况。可见，不同的社会形态产生不同的文化、世界观、价值观、人生观。小农化社会里形成的文化不能适应于工业化社会，同样，工业化社会的文化在小农化社会的人看来是不可思议的。

因为小农化社会人与人之间的关系就像单细胞生物群中细胞与细胞之间的关系，他们没有相互依存度，所以是竞争而不是合作的关系，即使是父子兄弟夫妻，也会为了各自的利益相互勾心斗角，而且几乎无处不在。即使在没有利益关系的人们之间，也会为了各自不同的利益，诉求也各不相同。如在广大农村，流传着这样的话：大旱三年有人盼晴天，就是因为各自的利益不同，其诉求自然就不同了。

封建社会里，人们根据历史经验，总结并流传下来了很多简练、经典的话，如："学得文武艺，卖与帝王家""重文轻武""伴君如伴虎""功高震主"等。这些都是人们在日常生活中根据实际情况总结出来的"真理"，并且贯穿了整个封建社会。但这些"真理"只能适用于小农化社会。在小农化社会里，皇帝是特殊的家庭，他既代表自己的家庭利益，也代表国家利益。但他的家庭的利益与国家的利益并不总是完全一样：当他的家庭的利益与整个国家的、民族的利益基本一致时，就会把自己的利益与国家的、民族的利益结合起来，并为之努力；当自己的利益与国家的、民族的利益相冲突时，就会牺牲国家的、民族的利益，而保住自己家庭的利益。如南北朝时期、唐朝末期、整个宋朝、明清末期等，都是如此。并且，皇帝在不同的时期有不同的利益，他会根据当时的利益来调整国家的政策：战争时期，会重用武将，一旦战争结束，武将的利用价值也就变小直至消失。

"乱世出英雄""怀才不遇"也是根据几千年的历史总结而得出的结论：打开历史，这样的人和事可谓唾手可得，多如牛毛。战乱时期，英雄辈出，和平年代，人才埋没。在整个历史中，人才任何时候都会有，只是战乱时期显现出来了，和平年代被埋没了——被小农埋没了。为什么会这样呢？这也和传统的分家有关。

以家庭为单位进行生产、生活的小农社会，生产力极不发达，劳动效率极低。在这种情况下，不仅要交皇粮国税，还要养家糊口，并为下一代的分家做准备，可谓一生劳累，情况稍好的勉强能完成，情况差的还不能实现。为了这些任务，父辈人在孩子几岁的时候就开始教他们养家糊口的本领：男孩子饲养牛羊猪鸡等畜禽，稍大则学种地等农活，十五岁左右就要准备娶妻成家，然后为分家做准备；女孩子学女红、做家务等，十多岁就准备嫁人。农业是受自然条件影响最大的行业，学会种地要花费大量的精力、时间。并且，不是每个人都善于种地，有句"一母生九子，九子九个样"的俗话，说明了人与人之间是有差异的：有的人善于种地、有的人长于文章、有的人爱好书画、有的人工于心计、有的人孔武有力等。如南唐的李煜不通政治，但精书法，善绘画，通音律，诗、词、文的造诣很高，被称为"千古词帝"。宋徽宗赵佶，不善于治国，但擅长绘画、书法、茶艺，他的瘦金体独步天下。明熹宗朱由校有木匠的天分，不仅沉迷于刀锯斧凿油漆的木匠活之中，而且技巧娴熟，成为"木匠皇帝"，但治国却一塌糊涂。这样的例子不仅仅皇族是这样，普通人也如此。这是由人体各组成单位的分工决定的，不以人的意志为转移，是客观存在的。小农化社会里，人们都过着日出而作、日落而息的生活，每天都为了生计、为了后代不停地劳动奔波。由于有分家而不是分工的传统，所以不管人的长处是什么，都得养活自己和家人。和平年代，大多数人除了种地、经营养家糊口外，其他任何长处就很难得以发挥。为此，不善于种地的也必须学会种地，不长于经营的要学会经营等。这样，人们原本的长处基本上都被埋没了。同时，和平年代，统治阶级给人们的出路很少，主要是科、武举考试，并设置了种种条件，限制了人的各种潜能的发挥，因此造成了一种在和平年代没有英雄的错觉。而乱世，由于人们的生活环境发生了巨大的变化，靠种地、经营已经不可能养活自己及家人，又没有科、武举等条件的限制，人们的各种潜能得以充分地发挥出来，从而形成了"乱世出英雄"的规律。姜子牙年轻时干过屠夫、卖过酒等，这些都不是他的特长，所以仅能果腹而已。如果不是乱世中遇到周文王，他可能像普通人一样终老人间。刘邦不喜欢读书，也不爱下地劳动，其父训斥为"无赖"，说他不如自己的哥哥会经营，这是和平时的他。而在乱世中，他却成了皇帝。还有像关羽、诸葛亮、朱温、朱元璋等，如果在和平年代，他们也会和普通人一样为了养家糊口而奔波。他们的成名，是乱世造就的，也即所谓的"时势造英雄"。所谓的"时势"就是让人能够充分地发挥各自长处的时间、环境。在和平年代的小农化社会，人们一是需要养家糊口传宗接代即被经济基础制约；二是被小农文化即上层建筑束缚，这样，每个人的特长被极大地限制了，因此不可能出现各种人才。

法国著名的生物学家法布尔在《昆虫记》的《论祖传》中举例说：数小石子的牧童有可能成为数学家；整天幻想一种乐器的声音的孩子有音乐天才；喜欢雕塑黏土的孩子则有可能成为著名的雕刻家等。他充分地说明了每个人都有自己不同的特长，其关键是如何发挥自己的特长进而成为这方面的大家或取得很大的成就。法布尔本人就是如此，他的上辈人中没有一个人是知识分子，自己也没有受过什么专门的训练：从小没有老师教过他，更没有指导者，常常没有什么书可看。但他后来成为著名的昆虫学家，先后取得数学学士学位、自然科学学士学位和自然科学博士学位，并荣获"昆虫学的荷马"称号。这就如法布尔自己所说"人人都有自己的才能和自己的性格"一样，每个人都有自己的专长，如果能很好地发挥这个专长，必然会有所成就。小农化社会里，因为不能分工，人们不能很好地发挥自己的专长，必须为了养活自己和家人而辛苦劳作，几乎每天都在为"搞饭吃"而奔波，他们生存的目的就是"搞饭吃"和"传宗接代"，且也只能是"搞饭吃"和"传宗接代"，人们除了这之外的其他特长都被极大地抑制了，所以很少能出各种各样的人才。

传统的分家是小农经济、小农文化等存在的基础，它不仅涉及单个的家庭，还涉及社会、国家。家庭是社会的细胞，但在小农化社会里，家庭这个"细胞"是以"单细胞生物的细胞"的形式存在，具有生命力强、繁殖快、相互依存度低、全能性高、能独立地生存等特点，但它的等级很低，属于低等生物。种过树的人知道，春天，树苗的种子比草的种子发芽晚，而且长得比草慢，人们为了让树苗成长，常常要除草，即压制草的生长，这样的情况往往要持续两至三年的时间（不同的树苗，时间也不一样）。随着树苗的长大，草再也不能压制它了，反过来变成树苗压制草，甚至树下的草都不能生长。这种情况和人类社会类似，所以在农业化社会的世界，我们能成为强国。但在工业化社会，它的生命力、独立性强等的优点就荡然无存，表现的全是致命的弱点。这也是自工业革命以后，我国"之草"越来越落后于西方"之树"，表现出处处挨打的原因。

5. 解决办法

① 必须要分家吗？

分家有几千年的历史了。但是，在这几千年的历史中，每个家庭都必须要分家吗？答案是否定的。如江州"义门陈"历经332年，共十三代三千七百多人不分家。此外，还有抚州金溪县陆氏家族、会稽"义门"裴氏、金华"义门"郑氏等。据"义门陈"的家谱记载，因为家族过于盛大，最后奉旨分家。从"义门陈"等的史实中，可以发现即使是小农化社会，不分家也是可行的。但"义门"们最终还是分家了。其根本原因是小农化社会的必然：首先，整个国家都是以小农经济为基础的小农化社会，各"义门"不可能脱离小农化而单独存在，其生产方式同样是个体农耕劳动，手工制作业紧密依存于个体农业，简单的协作或家内协作，同样是个体劳动，生产单位内部分工简单且不能演进。他们一辈子的劳作空间和活动范围，以家庭为界限，没有进行分工，不能产生其他的社会组织：如各行业的生产组织、分门别类的专业机构等。其次，各"义门"的文化、思想、精神、人生观、世界观、价值观等上层建筑都是小农化的。他们以小农伦理道德作为精神支柱，聚居只是表现形式。最后，政治的需要决定了各"义门"必将消失。

②当代农民家庭的调查

2015年5月22日，笔者对随州市曾都区洛阳镇珠宝山村九组所有共81户343人进行了调查。这些调查对象（独生子的除外）按出生时间分成三部分：第一部分是1949年以前出生的人；第二部分是1949年——1970年间出生的人；第三部分是1970年以后出生的人。第一部分的调查对象因年纪比较大，兄弟中有的已做古，并且该部分对象的人无一例外地都分了家，所以不是调查的重点。第二部分的调查对象共有22组，年龄最大的是1948年出生的，是他们兄弟中的大哥，年纪最小的是1974年出生的，是他们兄弟中的小弟。最多的有兄弟5人，最少的兄弟2人。这22组兄弟也是"传统"分家的坚定履行者，共分成了62户。第三部分的调查对象共有14组，年纪最大的是1970年出生的，最小的是1989年出生的。他们都是兄弟2人，其父亲绝大多数在第二部分中，只有3组的父亲在第一部分中。这14组共28人中，只有一组兄弟已分家，其余的13组没有分家。他们中有2人在本市内，有1人因病去世，另外27人是在市外乃至省外。

第二部分调查对象的情况如下：

徐春义（1952年）	刘安旺（1961年）	杨光元（1953年）
江中儒（1951年）	徐春勇（1955年）	刘安运（1963年）
杨光红（1956年）	江中元（1955年）	徐春光（1962年）
刘安发（1964年）	杨　勇（1972年）	江中山（1966年）
文永会（1958年）	金家顶（1955年）	董志平（1962年）
杨光发（1956年）	文永发（1961年）	金家勇（1958年）
董志安（1964年）	杨光才（1964年）	文永青（1966年）
金家国（1961年）	董志发（1966年）	杨光本（1968年）
鲁勋海（1958年）	何华兵（1964年）	杨建平（1966年）
何明文（1964年）	鲁勋洋（1965年）	何华刚（去　世）
杨建军（1974年）	何连文（1968年）	何德文（1957年）
孙兆奎（1969年）	孙兆青（1964年）	代恒修（1954年）
何国文（1969年）	孙兆云（1973年）	孙兆春（1959年）
代坤修（1955年）	杨光新（1951年）	庹中生（1949年）
张元显（1948年）	杨光周（1961年）	杨光明（1958年）
庹中春（1960年）	张红显（1957年）	杨光府（1963年）
杨光玉（1962年）	庹中华（1962年）	张青显（1962年）
杨　红（1969年）	杨大发（去　世）	庹中友（1964年）
张华显（1967年）	杨光武（1972年）	杨光友（1967年）
杨光海（1963年）	杨光兵（1955年）	杨　五（去　世）
杨光保（1962年）	杨光福（1966年）	杨光清（1965年）

第三部分调查对象的情况如下，前面单个名字的是父（母）亲，后面是兄弟俩：

文永发	文　毅（1985年）	鲁勋海　鲁晓东（1985年）
	文　飞（1989年）	鲁丽东（1983年）

杨青芳	董志斌（1970年）	金家顶	金　昌（1985年）
	董志江（1973年）		金　龙（1982年）
杨光元	杨　波（1979年）	叶桂英	詹昌平（去世）
	杨　帆（1982年）		詹昌学（1978年）
张红显	张　攀（1983年）	何德文	何华军（1982年）
	张　巍（1986年）		何相林（1986年）
邹传志	邹广东（1985年）	汪发成	汪　卫（1981年）
	邹广明（1986年）		汪　相（1983年）
刘安运	刘　雄（1989年）	杨光才	杨　渊（1987年）
	刘　鑫（1987年）		杨　博（1989年）
杨光红	杨　鹏（1981年）	杨家成	杨　冲（1974年）
	杨　松（1987年）		杨　建（1979年）

这十四组中，除杨冲、杨建兄弟有分家，詹昌平去世外，其余的十二对兄弟都没有分家。那么是不是证明了兄弟之间不分家已经成为大势呢？也不是的，这里的原因比较多，如文毅的弟弟、金昌的弟弟、刘雄的哥哥、杨博的弟弟、杨鹏的弟弟、鲁晓东的弟弟没有结婚；另外，杨波的弟弟、邹广东的弟弟是倒插门女婿，董志斌的弟弟到媳妇那边定居，真正没有分家的只有三家。这三家为什么没有分家呢？因为他们都在外面打工，家里由父母亲支撑着，他们不分家并不是一种自觉的行为，而是一种自发的行为，并且不代表会一直不分家。尽管如此，这已经是一个很大的进步了。其中六对兄弟中只有一个人结婚的也没有分家，这在以前是不可能的：兄弟中只要其中一个结婚，很快就会分家。这十四组兄弟，无一例外地都在外面打工，他们参与了社会化分工，家庭内部的分工已经弱化了。也就是随着分工的演进，家庭的结构正在悄然地发生变化，它不以人的意志为转移，尽管目前不为人们所注意。

日本人虽然也有分家，但他们不像中国农民那样会分家产。如日本大分县有个人叫高桥裕次郎，有一个哥哥、一个姐姐、一个妹妹，共四人，当他的父母年老无力种地后，把6平方公里的土地都交给哥哥，其他姊妹三个另谋出路，而不是每个人都分一点土地。虽然日本的法律明确规定：父母亲的遗产由子女共同继承。但这个法律在地方城市（中小城市），尤其是农村，基本上是无法实施。千百年来，日本农村处理土地的办法是由长子继承，其余的人另谋出路，而不是把土地分了。如果长子没有了后人，则家族共同商议，选出一个人来继承，而不是分土地。可见，同样是分家，日本与我们有着本质的区别：日本的分家是分人分工，而不分产业；我们的分家是分人分产业，而不分工。因为不分产业只分工，所以分工演进的速度快，产业（含农业）的生产规模也较大，能迅速进入工业化社会。不分工只分产业，分工演进的速度慢，产业（含农业）生产的规模小，只能维持着小农化社会。

在当前社会化程度越来越高的环境下，家庭的形式变化也很快。对于城里绝大多数已经初步实现社会化分工的家庭来说，它们不再既是生产单位又是生活单位，生产已经实现了社会化，即使是生活，也出现了社会化的萌芽。对于这一类的家庭来说，分家造成的危害比较小，对生产没有任何影响，仅改变了一下生活而已。随着生活逐渐社会化，家庭这个生活单位的功能也不断弱化，分家的影响不断减小，并最终消失。而对于既是生产单位又是生活单位的家庭来说，分家会造成巨大的危害，甚至是致命的，因为它不单单是分了"家"，更是分了生产单位，使生产规模不断缩小、生产力无法发展进步、人的社会存在固化，并导致了整个社会、国家无法发展、进步。对于所有的以家庭（家族）为单位进行生产的家庭，只能进行"分工"而不能"分家"，只有这样，才能不断地扩大生产规模，推动生产力不断地发展、进步，改变人的社会存在，并在此基础上，进行工业化的文化、思想、世界观、价值观、人生观等的教育，迅速建立起工业化的上层建筑。

十二

家庭与人类社会

（一）家庭的起源

任何事物都有起源，作为组成社会的细胞——家庭也不例外，它不是从来就有的，也不是一成不变的，而是在人类社会不断发展的过程中逐渐形成、产生的，并且不断地发展、变化着。家庭的发展、变化是与经济基础相适应的，符合社会发展的客观规律，它不以人的主观意志为转移。因此，家庭必然要遵循历史发展的客观规律——具有萌芽、形成、发展、衰落、灭亡的周期。

人类最初和许多动物一样，是群居的，既没有产生家庭这个意识，也没有形成家庭这个概念。随着分工的不断演进，生产力随之不断地提高，生产关系不断地变化，在此基础上，人类的性意识、性观念也不断地变化，逐渐由群居向一夫一妻制的家庭演变。

家庭产生的时间比较久，在人类有文字记载的历史之前就已经产生了。家庭究竟是什么时候产生的，目前没有找到详细的文字记载依据，只能从考古中去发掘、历史资料中去推理。有人认为家庭是人类社会中最原始的组织，早在父亲尚不知道孩子和他有生理上的联系时，人类单纯的男女两性结合，就形成了最简单的家庭组织。也有人将古代家庭的起源归结为两种见解：一是认为有了人类社会就有家庭；二是认为人类社会发展到一定阶段，才产生家庭。美国人类学家摩尔根的《古代社会》、恩格斯的《家庭、私有制和国家的起源》、凯琳·萨克斯的《重新解读恩格斯——妇女、生产组织和私有制》、朱丽叶·米切尔的《妇女：最漫长的革命》、盖尔·卢宾的《女人交易》等都对此有不同见解。这些著作都认为家庭不是从来就有的，而是人类社会发展、进步的产物。从社会学的角度来看，家庭是组成社会的基本单位，它随着人类分工的演进导致了人的社会存在不断地变化而变化。人类和许多动物一样，具有群居性，单位内部有性别、年纪等最基本的自然性的分工。但人与动物是有根本的区别，因为人类不仅仅具有和动物一样的自然性分工，更具有其他动物所不具备的人与人、人与物之间以及人体内部各组成单位的分工并能够持续不断地演进的能力。家庭就是人与人之间"分工"不断演进的结果，是最初的生产关系的一种分工。

同样是谈家庭，东、西方存在有相当的差异，尤其是家庭的起源，影响到对"家庭为何存在"的看法。西方的基督教思想是从"上帝创造人，设立家庭"为主轴，拉出夫妻、亲子、家人关系乃至社会关系；非基督教的想法，乃是以"代代相传，维系家庭"为主轴，拉出远近亲疏的人际关系，并形成一套伦理规范。这种社会意识的区别，是由东、西方人的社会存在的区别决定的：东方社会是以家庭为主要单位、以小农经济为基础的小农化社会，所以其家庭观以"父子伦"为主轴；西方社会是以庄园为主要单位、以大农经济为基础的大农化社会，所以其家庭观以"夫妻伦"为主轴。

（二）家庭的演进、发展

摩尔根把古代社会分为三个主要阶段：蒙昧时代、野蛮时代和文明时代。恩格斯根据摩尔根的分期法，概括了几个时代的主要特征：蒙昧时代是以采集现成的天然产物为主的时期，人类的制造品主要是用作这种采集的辅助工具，如各种石器等；野蛮时代是学会经营畜牧业和农业、学会靠人类的活动来增加天然产物生产的方法的时期；文明时代是学会对天然产物进一步加工的时期，是手工业和艺术产生的时期。考古界根据出土的材料，把原始社会分为旧石器时代、新石器时代、青铜时代和铁器时代（即劳动工具分工合作演进的不同阶段），主要是根据人类制造、使用的劳动工具来划分的。

古代社会早期，人类没有明显（现代意义）的家庭存在，人们过着群居的生活，一个群体就是一个"家庭"，类似于一群蚂蚁、蜜蜂等。人们最熟悉的人际关系就是亲属关系：父母和子女构成了人与人之间最基本的关系。但这个关系也不是一成不变的，而是随着社会的变化不断变化。摩尔根在夏威夷群岛上的部落中，找到了一种婚姻家庭形式，称之为"普那路亚"。在普那路亚中，仍然存在着亲属制度与亲属关系不统一的现象，说明还存在过比"普那路亚"更早的婚姻家庭形式。他们的孩子称所有的男子为父亲、所有的女子为母亲。因此，摩尔根推断，那是"血缘家庭"形式，其特点是兄弟姐妹可以互为夫妻，只是排除了不同辈分之间的性交关系。虽然这种家庭形式在任何地方都找不到了，但是它一定存在过，否则，就不会在夏威夷群岛部落中还保留着这样的亲属制度，也就是他们还在使用这种称呼。

原始社会的家庭形式已经非常遥远了，但它是考察家庭起源的起点。同时，家庭又是私有制、阶级、国家产生和存在的基础，所以了解家庭的起源、变化对整个人类社会的发展有着非常重要的意义。原始社会的家庭与我们现代习以为常的家庭形式有很大的不同，因而证明了现代家庭制度不是天经地义的，而是历史不断发展的产物，并且不断地发展、变化着。家庭的演变规律和社会的演变规律基本一致，它不可能脱离社会而单独演变；反过来，家庭演变的总和就是社会的演变。

摩尔根根据亲属制度与亲属关系的矛盾，追溯家庭的历史，认为存在过一种原始状态，那时部落内部盛行毫无限制的性交关系，即每个女子属于每个男子，同样，每个男子属于每个女子。人们把这种现象叫作"群婚制"。恩格斯说这是摩尔根的"伟大功绩之一"，群婚制的产生与宗教观念、道德无关，而是当时的社会生产力决定的。在群婚制里，是不会产生私有化的，此时也没有家庭这个概念。对偶婚姻产生后，家庭出现萌芽，私有现象也随之逐渐产生。对偶婚姻本身就是一种最初的私有现象：某个男子主要属于某个女子，即这个男子属这个女子私有；反之，某个女子主要属于某个男子，即这个女子属这个男子私有。在对偶婚姻制的家庭里，男、女是相互相对私有的。私有化的形成首先应该是"人"的私有，其次才是"物"的私有。没有"人"的私有，"物"就没有了"主人"，也就不会私有。一夫一妻制的出现，确立了现代的家庭形态，为私有化奠定了人的基础。

根据历史婚姻的发展趋势，大概可以得出家庭演变趋势：血缘家庭→普那路亚家庭→对偶家庭→一夫一妻制家庭。

① 血缘家庭　群婚是家庭的第一种形式，分为低级和高级两个阶段，血缘家庭是群婚的低级阶段。其主要特点是按辈分划分婚姻范围：所有的祖父母是一个通婚圈，所有的父母亲是第二个通婚圈，所有的子女是第三个通婚圈，以此类推。也就是辈分不同的不能通婚。

② 普那路亚家庭　也叫"伙婚制"，是群婚的高级阶段。这时出现了新的禁例：不准兄弟姐妹发生性关系。如果说血缘家庭的婚姻关系是建立在家庭内部，是内婚制；普那路亚因为禁止兄弟姐妹通婚，就只能实行外婚制，一个家庭的男子与另一个和他没有血缘关系的家庭的女子通婚。

③ 对偶家庭　对偶婚是在群婚之后的第二种家庭形式。早期的对偶家庭，是一个男子在许多妻子中有一个主妻，他同时也是这个女子许多丈夫中的主夫。后来发展为一个男子和一个女子过不稳定的配偶生活。对偶婚姻关系很不稳定，很容易由任何一方解除。对偶家庭里，子女仍然属于母亲，即

此时仍然是母系社会。

④一夫一妻制家庭　又叫专偶家庭，是家庭的第四种形式。此时的婚姻关系要牢固得多，不能由双方任意解除，通常只能由丈夫可以解除婚姻。一夫一妻制的家庭出现时人类已经处于父系氏族社会，私有制已经确立，妻子成为丈夫的"私人"。

（三）家庭形成的原因和作用

东、西方关于家庭起源的说法有很大的区别，但其发展模式并没有本质的区别。在古代，人们没有共同的文化、法律、道德、经济、政治、宗教、军事等，甚至不知道地球上还有那么多自己不知道的同类存在，在这种情况下，为什么人类家庭的历史变迁却惊人的一致呢？这是因为在人类家庭历史变迁的过程中，有一种因素贯穿始终：分工。人类分工的不断演进，使人们的社会存在不断地发生变化，家庭是人们存在于社会的一种表现形式，必然会随着人的社会存在的改变而变化。最初的人类是以"群"为单位进行生产、生活，生产力很低（分工原始），活动范围十分有限，与"群"外几乎没有联系（相邻的群与群之间多是为了争夺食物而发生各种形式的争斗），所以其婚姻也只能在"群"内进行（这种情况和很多动物等类似）。随着单位内部分工的演进，以及自然分工的存在，推动了生产力缓慢地发展，人类的活动范围逐渐扩大，"群"与"群"之间发生交往并不断增多，单位之间的分工逐渐萌芽，为"群"外婚准备了必要的条件。人类婚姻的变化反映了人的社会存在的变化：群内婚向群外婚发展，说明了人类的社会范围扩大了，也就是人的社会属性扩大了。原始社会，人类主要受自然分工的支配，两性的分开就是自然分工演进的结果，它使人类的全能性丧失、独立性降低，（男女）相互依存度增加，为了繁衍后代，男女就必须进行合作——结婚（人类最初合作的主要方式）。

原始社会早期，由于人类生产力低下，为了生存，他们必须过着群居的生活，一个群体就是一个"家庭"，类似于蚂蚁、蜜蜂等动物。这个"家庭"的规模比较大，由众多的男子、女子、孩子、老人组成，其婚姻状况为群婚。在分工缓慢演进的推动下，生产力逐渐发展，以群为单位的大家庭由于人口较多，活动的范围小，食物的来源有限，为了寻找更多的食物，一个大家庭可能就会分解成几个相对较小的家庭（可能和蜜蜂、蚂蚁等的"分群"类似），从而扩大了活动范围，以便寻找到更多的食物。由于家庭的规模变小，其婚配的范围也缩小了，但人类的活动空间扩大了，婚配对象就转向家庭以外，形成了不稳定的对偶婚姻。分工在不断地演进，人类征服自然的能力缓慢提高，活动范围不断扩大，创造的财富逐渐增多，在满足人们日常生活需要后，有了一定的剩余。由于这些财富的创造者主要是男性（男性分工演进的速度相对较快），因此男性对剩余财富的处理有很大的话语权。尽管那时的生产力得到了相对的提高，但仍然很低，为了使这些剩余的财富保障自己及后代的生存，以备不时之需，男性就需要把它据为己有。要确定剩余财产的个人归属及继承关系，就不能不通过专偶制的家庭来实现。因为对偶婚姻不能准确地判定孩子的父亲、父亲也不能准确地判定自己的孩子，就需要更加稳定的婚姻关系，以使每个男子能准确地判定自己的孩子，并继承自己的财富。于是，家庭的形式也由对偶婚姻向一夫一妻制过渡，其主要作用就是财产的私有和继承。但一夫一妻制的规定主要是针对女性，因为只有这样，才能准确地判定孩子是谁的。

怎样才能保证这些私有财产的继承人是自己真正的后代而不是别人的后代？这是所有的男子都要面临的并必须考虑的问题：孩子是女子生的，所以孩子一定属于该女子，但不一定属于这个男子。为了保证自己的妻子所生的孩子是自己的后代，就必须对女性进行限制，它成为整个男性世界的事，而不是某个或某些男性的事。为了保证自己后代的准确性，男性从经济基础到上层建筑逐渐有组织地、全面地、系统地对女性进行统治。这也就是此后数千年来男性对女性从政治、经济、文化、教育、道德、宗教、军事等方面的权利进行众多约束的根源，也是性道德只针对女性而不针对男性的根本原因。

母系氏族社会后期，在分工缓慢演进的推动下，生产力逐渐得到提高，创造的物质财富有了剩余。如何处理这些剩余财富成为人们需要面对的问题。对偶婚姻使男子们能初步确定自己的后代。同时，由于原始社会生产力很低，利用体能的优势，男子在分工中占据有利的位置，既改变了自己的社会存在，又创造出更多的物质财富，使男性的地位得到提高。于是，私有现象逐渐出现，私有化慢慢产生了。私有化产生的前提条件是"人"的私有，即男子能够确定自己的后代，虽然对偶婚姻可以初步判断自己的后代，但并不可靠。为了更加明确，就需要更加稳定的婚姻制度来保障。于是，一夫一妻制家庭顺势产生了，它使女性沦为男性的私有"物品"，这样，才能明确孩子也是这个男性的私有"物品"；其次是物的私有，即人类创造出了更多剩余的物质财富。人类的婚姻家庭制度也由对偶婚家族中的从妻居制逐渐演变为一夫一妻中的从夫居制，实行男子娶妻，女子出嫁，所生孩子归属于男子，人类由母系氏族社会开始进入到父系氏族社会。女权制的被推翻，是人类在分工较原始的情况下，女性在分工演进中的地位不断弱化导致社会存在不断改变的必然结果：由于性别分工的原因，决定了女性担负着养育孩子的责任，这需要花费很多的时间、精力。而男子不需要生育孩子，他们的时间、精力主要用在了创造物质财富上。当男子创造的物质财富远超过女性，并有了大量的剩余时，女权制自然就要让位于男权制。现代社会里，有的家庭里妻子比丈夫创造的财富多，在家庭中占主导、支配的地位，尽管如此，这些女子还不能改变整个女性被男性统治的社会地位，只是改变了她本人在家庭里被丈夫支配的地位。

一夫一妻制是有侧重的，主要是"一夫"，即一个女性只能有一个"丈夫"，而丈夫有几个妻子则没有限制。一夫一妻制是为男性服务的，便于男性的统治和继承。"不孝有三，无后为大""母以子贵""贞操""三从四德""三纲五常""女子无才便是德""男主外，女主内""女人头发长，见识短""饿死事小，失节事大"等都是为女性戴上了道德的"紧箍咒"，使男性有了拥有更多女性、孩子的理由。另外，为了加强对女性的管理和统治，男性还对女性的身体进行了残害——缠足。缠足最重要的作用就是使女性不能参与社会化分工，只能参与家庭内部的分工，以增加女性对家庭、男性的依存度，成为家庭、男性的奴隶。此外，还有一个十分具有特色的人群——太监。这个特色群体在封建社会存在了长达几千年的时间，表面看是对男性的残害，究其根源是封建社会的最高统治者为了确保自己后代的纯正性，以继承和维护自己最高统治地位的重要手段。它不仅仅是对男性的残害，也是对女性的残害和统治：在巨大的皇宫里，有无数年轻漂亮的女性，这些女性只有皇帝这一个真正的男性，其他男性——太监已经不是健康的男人了，这是对女性的人性极大的扭曲。无论是道德的禁锢还是身体的残害，都是为了确保"人的私有化"的具体手段和措施，并逐渐成为制度。

首先，一夫一妻制有明显的目的：就是确保母亲所生育的孩子确凿无疑地是出自父亲，因为儿子将来要以亲生的继承人的资格来继承他们父亲的财产。一夫一妻制不是以道德、自然条件为基础，也不是性爱的结果，而是以经济条件为基础，婚姻是权衡利害的结果。其次，一夫一妻制中，婚姻关系要稳定得多，这种关系已经不能由双方任意解除，通常只能丈夫可以解除婚姻关系。丈夫是家庭的统治者，男性是两性的统治者，妻子只是他的婚生嗣子的母亲、主要管家婆和女奴隶的总管而已。如果妻子行为"出轨"，就要受到比过去任何时候都更严厉的惩罚。因此，恩格斯说："个体婚制在历史上决不是作为男女之间的和好而出现的，更不是作为这种和好的最高形式而出现的。恰恰相反，它是作为女性被男性所奴役，作为整个史前时代所未有的两性冲突的宣告而出现的。"①再次，一夫一妻制的贞操要求只是女性的义务，因而它只要求妇女的一夫，并不妨碍丈夫的多偶制。

私有化的产生是一个漫长且又缓慢的渐进的过程，并不是在很短的时间里突然完成的，它与家庭的演变基本一致：群婚、对偶婚、一夫一妻制

---

① 恩格斯：《家庭、私有制和国家的起源》，人民出版社1999年版，第66页。

婚。婚姻家庭逐渐变化，私有随之逐渐产生。"人"的私有是私有化的根本保障和前提条件，妻子成为丈夫的私有品，是为了确保孩子的私有。古人说"妻子如衣服，兄弟是手足"，一方面表明了妻子的私有性，另一方面也说明了女性在人类社会分工中的地位：只能参与家庭内部分工，不能参与社会化分工，所以对男子的依附性很强，其地位很低，像衣服一样可以随时更换甚至扔掉。而"兄弟"是男性，都参与了社会分工（就像人的手、足一样进行分工），相互依存度很高，所以非常重要。如果没有了人，财、物基本上只有使用权，没有所有权。许多没有后代的人，在私有化的环境里，他们往往没有生产的动力，在保证和满足自己日常生活需要的情况下，没有动力去创造更多的剩余财富，即使有些剩余财富，也会在有生之年将它挥霍掉。由于"人的私有"是其他私有的根本保证，所以古代的皇帝在全国范围内海选老婆，而且越多越好。为了保证这些女性所生的孩子是自己的，皇帝就把后宫服务的男性全部阉掉，产生了具有特色的一群人——太监。另外，由于太监没有后人，也就是没有"人的私有"，所以其拥有权力、财富的动力不足，主要只是满足自己的生活需要，即使活着能占有大量的财富、拥有巨大的权力，但死后仍归皇帝所有（这大概也是皇帝纵容太监贪污受贿、擅权的原因）。柏杨先生认为一是"皇帝怕戴绿帽子"，二是"五千年来，君焉臣焉，贤焉圣焉，都在浑浑噩噩混日子，可能根本没有一个人想到活生生割掉生殖器是不道德的"。[①]所谓的"绿帽子"其实就是男性对女性的道德统治，让每个男性都自觉地加入到对女性的统治中去，而不仅仅是统治阶级中男性的事。"绿帽子"与太监制度其实都是"人的私有"的主要保证之一，统治者不可能把全国所有的男性都变成太监，于是就用道德的枷锁——"绿帽子"来锁住男女。有个传说：秦始皇是吕不韦的儿子，而不是秦庄襄王的儿子，是吕不韦与一个美貌的赵姬同居有了身孕后，吕不韦想如果生一个男孩，是他的儿子，继承王位，就是吕氏的后代，于是把赵姬献给秦庄襄王，

---

① 柏杨：《丑陋的中国人》，人民文学出版社2010年版，第81页。

而后才有了秦始皇。可见女性在财富和权力的继承中的极端重要性：为了保证自己后代的纯正性，必须加强对女性的统治。几千年来的重男轻女、"不孝有三，无后为大"等都是针对"人"的私有而形成、产生的。

一夫一妻制婚姻家庭的组建原则是男为内、女为外，实行男婚女嫁——以利内为目的，就是要利于男性家庭的传宗接代。女方的亲属叫"外戚"，生的女儿是"外人"，就是由此而来。但家庭组成后，则变成了"男主外、女主内"的格局，男性称自己的妻子为"内人""贱内""堂客"等，充分地表明了女性只能参与家庭内部的分工，不能参与社会分工，体现了其在家庭、社会的地位。

人们常说"私心是人的天性（本性）"，这种认识大概是在日常生活中从婴儿那里获得的信息：刚出生的婴儿就会要吃食物；孩子出生后长到会手抓物品时，大人们常常会逗他们，给东西让他们抓，如果再想要回来时，很多孩子是不给的。刚出生乃至几个月大的孩子是没有人灌输"公、私"理念的，而是出于一种天生的本能。据此，人们就主观地认为"人天生就有私心"。这个判断和认识十分片面：首先，孩子的这种表现的确是天生的，但这个天生的表现是包括人在内所有生物的本能，并不是有意而为的。这么大的孩子没有公、私这个概念，没有好、坏之分，这种本能和所有生物一样，第一是要满足自己能够存活下来，也正因为具有这种本能，生物才能够存活、繁衍。人类是自然界的一部分，不能脱离这种本能而独立存在。第二，这种所谓的"私心"是十分有限度的，在逗他们的时候，如果给两件或以上的东西，他们会扔掉一个或几个，只要一个或两个。所以这种"私心"与人们所说的"私欲"不是一回事。婴儿的"私心"仅仅是一种保证自己能够存活下来的一种本能（这种本能可以从婴儿无论抓到什么东西都会往嘴巴里塞看出，如果是食品，他们在吃饱喝足后不会再要，更不会私下储藏起来），而非人们常说的"私欲"。本能的私心与主观的私欲是有本质区别的。第三，自人类出现后到母系氏族中晚期，在这一漫长的历史过程中，人类是没有私欲的，不存在私有制，而这段历史比有私有制的时间长得多。直到父系氏族中晚期时，才逐渐私有化，进而形成制度。所以"私心"并不是人类的天性。第四，孩子的"私心"是由社会存在决定的：在私有化的社会里，男子的精子、女子的卵子都属于自己"私有"，从这个精子和卵子开始结合，就已经确定了属于这对男女所有，到孕育成胎儿、成长为孩子，整个过程都属于这个男子和女子私有，与别人无关。所以，婴儿还没有形成之前就已经被人们打上了私有的烙印，这个"天生"是由当时的社会存在决定的，并不是孩子自己决定的。在有家庭的社会里，人的社会存在首先是家庭的形式，孩子还没出生就已经打上了"家庭"的印记——这个孩子首先属于这个家庭里他的父母私有，其次是祖父母，再次是外祖父母，最后才属于这个社会。人们所认为的"私心"是在孩子成长的过程中，人类"教育"的结果，是由人的社会存在决定的。私有制产生的根本条件是"人的私有"，家庭是"人的私有"的保证，孩子在这样一个私有制的社会里，其"私心"自然就会被培养成"私欲"。

私有制产生之前的社会中，妇女生育孩子、料理家务的劳动，与男子获得食物的劳动一样，都是一种公共的、为社会所必须的，是自然分工中的一种，并没有本质的区别。随着分工的不断演进，链条不断地拉长，一夫一妻制家庭产生后，分工也出现了变化，由原始的社会分工演化出家庭内部的分工：妇女生育孩子、料理家务变成了家庭内部的事务，不再是公共的社会事务。由此，女性只能参与家庭内部的分工，参与社会分工的权力被剥夺了。男子在参与社会分工的同时，还参与家庭内部的分工，这样就形成了"男主外，女主内"的分工模式。男性由于参与了社会分工，因此创造的财富比女性多得多，在经济上占据了统治地位，成为"家庭的有产者"。女性则被排斥在社会化的分工之外，因而丧失了经济收入，成为"家庭的无产者"。男女地位的不平等不是法律规定的，也不是天生的，而是由分工决定的。女性社会地位的降低是分工演进不完全的结果：首先是自然的性别分工，由于女性的性别（身体内部的分工）决定了生育、抚养孩子的工作，导致其参与社会分工受到限制；其次，女性被逐渐排斥在社会分工之外，只能参与家庭内部的分工，这样，女性就对男性的依赖性非常高，常常称男性是"家庭里的顶梁柱""天"。在后来分工演进的过程中，妇女几乎完全从社会化的分工中退了出来，只参与家庭内部的分工，决定了女性的社会地位降低了。反过来，由于女性只参与家庭内部的分工，不能参与社会化分工，使她们与社会的接触面大为降低，导致知识、经验、技能等严重缺乏，形成了人们常说的女人"头发长见识短"。从法律上来看，各个国家的法律愈来愈承认婚姻是男女双方自愿缔结的契约，双方具有平等的权利和义务。但这只是法律纸面上规定了双方的平等地位而已，实际生活中，双方的地位仍然不平等。首先，社会地位的不平等不是法律造成的，而是双方参与社会化分工的不平等决定的（即社会存在）；其次，在漫长的私有化过程中，文化、意识形态等加强了社会地位的不平等。参与社会分工的一方，其社会、家庭地位就高，不参与社会分工，其地位自然就低，这和法律毫不相干。历史上、现实中，有很多女性在家庭里占主导地位，但是，并不能改变整个女性被统治的社会地位，因为女性还没有平等地参与社会化分工。

（四）家庭的消亡

农业化社会中，绝大多数人的生产、生活都在家庭、家族、社群这三个圈子里。这三个圈子不是孤立存在的，而是互相穿插、紧密联系：以血缘为主的家庭、家族具有一定的地域性，具有地域性的社群也具有一定的血缘关系（互为姻亲）。绝大多数人是在社群这个地域范围内以家庭为主要单位进行生产、生活，生育、抚养、教育、生产、赡养等活动都在家庭内部进行。如遇到生产或生活上有较大的困难、单个的家庭无法处理时，家族或社群就会介入。超出了这个范围，就无法应付，只有听天由命了。当家族、社群介入时，是根据当地的传统以及有来有往的互助原则进行：每当农忙抢种抢收季节，以家族、社群为范围进行换工劳动，以完成农村最大也是最重要的生产活动；每当家庭有红白喜事时，家族、社群范围内的家庭会互相资助，以完成农村最大也是最重要的生活活动。同时，这两个活动也是联系家庭、家族、社群关系的重要方式之一。

家庭、家族、社群还具有一定的政治、教育、学习等功能。古代由于交通、通讯等基础设施落后，国家鞭长莫及，常常把税收、暴力惩戒、教育等权力下放给家族、社群，允许地方、家族可以征收税赋、私设刑堂（有的也称为家法）、私塾等。国家对农民的统治则依靠家庭的户主或社群的长者来实现，封建社会的连坐法、保（里）甲法等就是针对家庭、家族、社群的。

家庭、家族、社群具有亲密的血缘、紧密的地缘关系，人们以家庭、家族、社群内部简单的分工为主，对其高度依赖，人们生活、生产其中，很少能参与到更大范围的分工。如果一个人失去了家庭、家族或社群内部的分工，几乎必死无疑，不仅没有工作、教育，生病痛苦时也得不到任何支持，没有人会帮助他，出了问题也没人保护。如果真遇到这样的情况，为了求生，当时的人就得尽快地寻找到替代的家庭或社群，参与其分工。离开家庭的人，一般是找新的家庭做佣人、从军或沦入风尘等。

农业化社会里，人们以家庭内部的分工为主，家族、社群内部的分工为辅，演进十分缓慢，很少能超出这个范围。所以对家庭、家族、社群的依存度很高，单个的人不能脱离家庭、家族或社群而独立地进行生产、生活。

工业革命后，分工加速演进，需要大量的人脱离家庭、家族、社群内部的分工而参与到社会化分工。但受漫长的传统的农业化社会的影响，家庭的家长、家族的族长、社群的社长为了自己的利益，会限制成员参与社会化分工，严重地阻碍了社会化分工的演进。但是，分工的演进是不以人的意志为转移的，它必然会或快或慢地演进着。因此，人们的生产、生活会不断或快或慢地向社会化方向发展，家庭、家族、社群内部的分工不断地弱化，社会化的分工不断地加强，带来了一系列的、深刻的社会变化：家庭、家族、社群的全能性、独立性不断地降低，人们对家庭、家族、社群的依赖性不断减弱、对社会的依赖性不断增强；人们的养老、生育、抚养、教育、法律、各种福利、住房、保健等不再依赖于家庭、家族、社群，而是以社会为主；

人们的活动范围不断扩大，不再局限于家庭、家族、社群这个熟人的小圈子里，而是无限地扩大到五湖四海乃至超出国界、洲界；女性由于不断地参与到社会化分工，家庭的、社会的地位不断地提高，不再是男性、家庭的私有财产，对家庭、男性的依存度不断降低，对社会的依存度增加；孩子的个性逐步得到释放而逐渐成为社会人，不再属于家庭私有，家长没有权力处置孩子；婚姻关系与家庭其他成员无关，成为当事人双方的事，父母之命、媒妁之言成为历史等。这一系列深刻的社会变化随着分工的不断演进、社会存在不断地改变而无时无刻地进行着，直至家庭、家族、社群完全消失。

恩格斯明确提出，"妇女解放的第一个先决条件就是一切女性重新回到公共的劳动中去"，他还具体设想："私人的家庭经济变为社会的劳动部门。孩子的抚养和教育成为公共的事业。"女性的最终解放是完全实现社会化分工：即女性全面、彻底、主动地参与社会化分工，生产（包括人的再生产）和生活完全实现社会化，家庭作为生产（包括人的再生产）和生活的单位也就失去了存在的意义，并逐渐消失，私有制失去了存在的基础。马克思认为"最初的分工是男女之间为了生育子女而发生的分工"；恩格斯也认为"分工是纯粹自然产生的，它只存在于两性之间"。[①]

在几千年的发展过程中，人们总结了一些婚姻观念，如：嫁汉嫁汉，穿衣吃饭；男怕入错行，女怕嫁错郎；男大当婚，女大当嫁等。这些观念都是在漫长的小农化社会里形成的，是以小农经济为基础的产物，充分地体现了女性由于只能参与家庭内部的分工，不能参与社会化分工，导致了其经济地位十分低下，对家庭男性的依赖程度极高，必须依靠家庭男性才能生存的社会地位。

随着分工越来越细，生产的社会化程度越来越高，女性也越来越多地参与到社会化的大分工中去，极大地改变了她们的社会存在和经济地位，从而

---

① 恩格斯：《家庭、私有制和国家的起源》，人民出版社1972年版，第72、73、156页。

逐渐改变了家庭的结构，越来越多的新式家庭逐渐出现。新式家庭的出现是不以人的意志为转移的，既不是道德的结果，更不是法律的规定，而是分工不断演进的必然结果。这些新式家庭呈现出两极分化：一些家庭规模越来越大，另一些家庭规模越来越小，呈现出完全相反的发展趋势。这两种不同的发展趋势，其结果相同：都将导致家庭的消亡。

城市里，由于女性参与了社会化分工，其在家庭内部的分工逐渐减弱甚至不参与家庭内部的分工，与家庭男性之间的相互依存度逐渐降低，成为职业女性，其经济地位得到了很大的提高。这既是女性解放的根本途径，也是离婚率逐渐增加的主要原因。因为对家庭男性的依存度减弱了，所以很多女性在没有家庭男性的家庭里能够进行生产、生活，于是单亲家庭、单身家庭、重组家庭逐渐多了起来，并且不再受到人们的冷嘲热讽，人们也渐渐习惯并坦然接受了这种社会现象。由于历史惯性的因素，女性受生育孩子的制约以及社会化程度不高的影响，所以一般单亲女性和孩子的生活、生产等仍然比较艰难，严重地阻碍了女性解放的速度。当生育孩子完全实现社会化后，孩子的抚养、教育不再由家庭（女性）负担，而是由社会负担，则女性就能实现完全的解放。城市家庭的规模比较小，一般是一家三口：老人有退休金（以前参与了社会化分工，养老实现了社会化）而单独居住，一个家庭就只有夫妻和一个孩子共三人；单亲家庭只有两个人：母亲和孩子或父亲和孩子；单身家庭就是女人或男人，只有一个人；重组家庭则是离异男女重新结婚组合的家庭，多是三或四人；丁克家庭则是没有孩子的夫妇两人。

农村一些家庭则呈现出向大家庭的趋势发展：一个家庭有六个甚至更多的人的家庭越来越多。据在随州市曾都区洛阳镇某村的调查了解，全村共有782户，其中六个人以上的家庭有152户，兄弟不分家的家庭有78户。随着分工的演进，城市实现了生产的社会化，生产单位不断扩大，生产力大幅提高。但农村的生产、生活单位仍然是以家庭为主，规模小，导致了生产力仍然很低。由于分工的演进是不可抗拒的，它必然会或快或慢地向前演进，即使是农村，也不能脱离这个规律。农民们不能在小农化的社会里进行社会化分工，只能在家庭内部进行分工并缓慢地推动它演进，以提高生产力。如果家庭规模太小，就不可能推动分工的演进。只有扩大家庭规模，增加人口数量，分工才能演进。为了维持分工的演进，家庭的人越多越好，所以农村一些家庭的规模在逐渐变大。这样的大家庭在农村不是个别现象，而是比较多，并呈逐渐增加的趋势。另外，因为以家庭内部的分工为主，夫妻之间的相互依存度较高，所以农村的离婚现象较城市少。同时，由于农村实行的是家庭内部的分工，所以养老也就只能在家庭内部进行。这是农村和城市发展趋势完全不同的根本原因。尽管城市和农村的家庭呈现出相反的发展趋势，但是，决定它们的原因相同——都受到分工演进的速度和程度的制约和促进。无论是城市的小家庭还是农村的大家庭的演变，它们都是为了适应分工、推动分工的演进。随着分工的演进，无论是大家庭还是小家庭，它们的最终归宿是——消失。当家庭越来越小的时候，就失去了存在的价值；相反，当家庭越来越大时，就不成为传统意义的家庭了，也失去了存在的意义，就像人们常说的"中华大家庭""世界大家庭"一样。可见，家庭的消失有两种途径：一种是不断地缩小，最后消失；另一种是不断地扩大，最后消失。途径不同，结果一样。

　　一夫一妻制爱情与一夫一妻制家庭有着本质的区别：虽然他们都是由成年的一男一女组成，但一夫一妻制家庭，男女组合的根本原因是为了进行生产、生活，他们是最基本的生产、生活单位，由家庭提供物质基础，需要为柴米油盐酱醋茶、养老育小等操劳；一夫一妻制爱情，男女组合的根本原因是纯真的爱情，不再是为了进行生产、生活，不需要为柴米油盐酱醋茶、养老育小等操劳，他们的物质基础已经完全实现了社会化，全部由社会提供保障。一夫一妻制家庭里，男女因分工的不平等导致了地位的不平等，男性创造的财富多，其地位相应地就高，女性创造的财富少，其地位相应地就低。一夫一妻制家庭是私有制的基础，其创造的财富（包括孩子）首先属于这个家庭所有。一夫一妻制爱情，男女平等地参与社会化分工，其社会地位是平等的，不仅他们所创造的财富属于整个社会，并且连他们自身、孩子都属于这个社会，孩子的教育、抚养，老人的赡养等完全实现社会化，不再由家庭负责。

自然界的细胞以两种不同的方式组成生物有机体：单细胞生物和多细胞生物，由于组成的方式不同，生物等级的高低也不同。人们常常认为家庭是组成社会的细胞，但是，同样是家庭（社会的细胞），它们组成社会的方式也不一样：一种是单个的家庭是生产、生活单位，几乎能独立地完成生产、生活，具有较高的全能性和独立性，家庭间的相互依存度很低；另一种是单个的家庭不是生产、生活单位，单个的家庭不能独立地完成生产、生活，其全能性和独立性很低，家庭间的相互依存度很高。第一种就像是单细胞生物，第二种则像是多细胞生物。由于家庭（细胞）组成社会的方式不同，导致了社会等级的高低、发展的程度和速度也不相同。单个的家庭不仅是生活单位，而且还是生产单位，它能够独立地完成生产、生活，这样的家庭是小农家庭，生产效率低。众多的小农家庭组成的国家、社会就是小农化国家、社会，发展的速度慢、程度低。单个的家庭不能独立地完成生产、生活，全能性较低，需要与其他家庭通过分工合作才能完成生产、生活，家庭既不是生产单位，又不是生活单位，这样的家庭组成的社会就是工业化、社会化社会，组成的国家就是工业化、社会化国家，其生产效率高，发展速度快。依据生物等级高低的原理，结合人类社会发展进步的程度和速度可以知道：小农化社会和国家是落后、低级的社会和国家，发展速度慢；工业化社会和国家是比较高级的社会和国家，发展速度快。

相对于漫长的人类历史而言，有家庭的历史并不长，只是其中的一小段。但是，这一小段历史却具有极其重要的作用：人类社会这段历史的发展无时无刻地与家庭的变化联系在一起，社会的发展与家庭的变化相辅相成，互相促进，互为因果，家庭变化的总和就是社会的变化，社会的变化影响、决定了家庭的变化。有什么样的社会，就必然有什么样性质的家庭与之相适应；反之，有什么样性质的家庭，也必然组成什么样性质的社会。小农化社会里，其家庭必然小农化；工业化社会里，其家庭必然工业化。

家庭、私有制、阶级、国家的产生都和人类的物质条件相联系，它们有共同的物质基础。恩格斯在《家庭、私有制和国家的起源》中论述了人类物质条件的变化是如何影响家庭、私有制、阶级的产生的。恩格斯认为，人类早期以狩猎和采集为主的社会是财产公有制和群婚制的社会，此时没有产生现代意义的家庭。随着生产力的缓慢提高，出现了一个男子和一个女子共同生活的对偶婚姻，逐渐形成了家庭的雏形。随着人类剩余财富的增多，婚姻的关系也逐渐变化，由氏族、家族逐渐过渡到一夫一妻制的家庭，首先完成了"人"的私有。著名的《汉谟拉比法典》就规定了小孩不是独立的人，而是父母的财产，它从法律上规定了"人"的私有。"人"的私有绝不是从这个时候才开始的，在这很久之前就存在了，并已经深入人心，《汉谟拉比法典》只是从法律的角度，用文字的方式进行了强化。

不管是东方还是西方，它们没有宗教、文化、经济、科技、道德、政治、教育、地域、民族、种族、法律等的区别，都存在家庭，这是它们的共同特点。因为家庭是产生私有制、阶级、国家的基础、载体，是先于它们而产生的。东西方都产生了私有制、阶级、国家，所以必然会有家庭的存在。但是，家庭又有区别，产生区别的原因是社会存在的不同。

社会化分工取得主导地位后，家庭内部的分工并不会立即完全消失，因为：首先，人类还没有完全认识到分工的绝对重要地位；其次，家庭内部分工的历史太过悠久，不可能在很短的时间里消失，还需要一定的时间让社会化分工继续不断地演进、家庭内部分工不断地弱化，才能逐渐消失；最后，工业化社会里，虽然家庭不再是生产单位，但还继续保留着生活单位的地位，只是部分地实现了生活社会化，还需要继续演进到生活完全实现社会化后才能消失。当人类的生产、生活完全实现社会化，进入到社会化社会的时候，家庭内部的分工才会完全消失，家庭也将随之消失。

工业化社会，家庭在社会生产中的地位逐渐下降，进而完全退出生产单位仅保留部分生活单位的地位。此时，社会的变化导致了家庭发生相应的变化：家庭内部的分工逐渐弱化，男性的主导地位也随之逐渐降低，家庭成员间的相互依存度逐渐减弱，离婚现象逐渐增多，家庭的不稳定性逐渐增加。这是分工不断演进、社会不断发展的必然结果，是人类进步、女性解放的具体表现形式，是将来家庭消失的必然过程。

截至2013年11月17日，俄罗斯是世界上离婚率最高的国家，达到了54%。而国家民政部公布的离婚率显示，我国的离婚率呈上升趋势，从2004年的1.28‰逐年上升到2012年的2.29‰。

民政部2013年6月19日发布2012年社会服务发展统计公报，2012年共依法办理离婚手续的夫妇有310.4万对，增长8%。而各级民政部门和婚姻登记机构共依法办理结婚登记1323.6万对，比上年增长1.6%。离婚增长比例远高于结婚增长比例。在办理结婚登记的统计中，以年龄界限来划分呈现不同的发展趋势。其中2012年20—24岁办理结婚登记的公民占结婚人口比重最多，占35.5%，但呈逐年下降趋势，比上年降低1.1个百分点；而25—29岁办理结婚登记的公民呈逐年上升趋势，占34.2%，比上年提高0.8个百分点。

从统计数据：离婚增长比例远高于结婚增长比例、结婚年龄逐渐增大等现象说明了女性逐渐从家庭分工中解脱出来而参与社会化分工，导致了对社会的依存度逐渐增加，而对家庭的依存度逐渐降低。现实生活中，农村离婚现象远低于城市，且结婚的年龄比城市人要小，大龄女青年、单身女性或单亲女性在农村很少看到；城市的离婚现象比较多，大龄、单身、单亲女性也远比农村多。这是因为：城市实现了社会化生产，家庭不再是生产单位，人们从以家庭内部为主的分工中解放出来，参与了社会化的分工。并且，家庭作为生活单位的地位也在逐渐弱化，使家庭内部成员之间的相互依存度不断降低，导致了夫妻关系的不稳定性增加。婚姻的这种不稳定性和大龄化是由分工决定的，并不是教育、道德、法律等的原因：女性积极参与了社会化分工，减弱了家庭内部的分工，因而对家庭（男性）的依附度不断降低。但在小农化的农村，由于家庭仍然是生产、生活单位，家庭内部的分工仍然占主导地位，家庭成员不能积极地参与社会化分工，为了生产、生活的需要，夫妻之间必须相互依存，家庭相对稳定，很少会因为感情、性格等的不合而离婚。也因为如此，农村人结婚相对较早。农村离婚率低并不是因为农村人的道德有多高，而是夫妻之间的依存度高相互迁就；城市离婚率高也不是城市人的道德有多低，是因为夫妻之间的依存度低而不愿意互相迁就。决定婚姻状况的根本原因是分工演进的速度和程度，感情、性格、道德、文化程度等不是造成离婚率高低的根源而只是理由或借口。

随着分工的不断演进，婚姻也出现了新的变化：人们日常生活中出现了新的名词"剩男剩女""光棍节"等。2014年11月11日，《人民日报》关注剩女剩男的问题：节假日成逼婚日、相亲日。在城市，很多青年男女处于单身状态，于是出现了新的社会现象：电视里，相亲节目如火如荼；媒体网站上，对"剩女""剩男"的报道越来越多；甚至一度在两会上，也成为热门话题——有人大代表提出将法定婚龄降低至18岁，以解决"剩女剩男"的问题；婚姻中介的生意也重新红火起来，在城市的公园等公共场所，"相亲角""相亲大会"犹如雨后春笋。但是来相亲的不都是年轻人，还有忧心的父母，手里举着子女的资料。根据中国人口福利基金会发布的《2013年中国人婚恋状况调查报告》，66.6%的女性认为，30—35岁没结婚被称为剩女，70.3%的女性认为35—40岁的男性没有结婚被称为剩男。在老年人为这些剩女剩男操心、并用传统理念灌输时，年轻人则认为所谓的"剩女剩男"是个伪命题，选择什么样的生活方式、什么时候结婚等与别人无关，没有"剩""不剩"的问题。"剩"下的，过得未必不好，"不剩"的未必过得好。甚至认为：剩女是社会幸福感的体现，随着社会的发展，剩女会越来越多，体现了女性在当今社会的自尊、自信和对个人价值的执着追求，社会应该尊重个人生活观的选择，每个人都有权选择自己觉得最开心、最舒服的一种生活方式，不应该用传统观念来评价别人的选择。所谓的"剩男剩女"是分工演进的产物，是男、女跳出家庭内部分工参与社会化分工、家庭不再是生产生活单位的必然结果，是家庭内部分工逐渐淡化甚至消失，人们对家庭的依附度逐渐降低乃至消失的一种自然社会现象。它与传统的以家庭内部分工为主的社会截然不同，是一种全新的社会，是人类发展的必然趋势、社会进步的具体表现形式。

在家庭发展、演变的历史过程中，有传统和非传统之分。所谓的"传统家庭"，基本上是从家庭产生到工业化革命前，此时，家庭内部的分工占主导地位，独立性强、全能性高，家庭成员的相互依存度高，家庭既是生产单位，又是生活单位，家庭间的相互依存度低。所谓的"非传统家庭"，则是工业化革命后的家庭模式，此时，家庭内部的分工逐渐弱化，社会化分工不断增强，并且带动生活也向社会化的方向发展，家庭的独立性、全能性不断降低，家庭成员对家庭的依存度降低，而对社会的依存度增加。非传统家庭呈现出多种表现形式，如有小型、单亲、丁克、单身等家庭形式。并且，家庭在社会中的重要地位正在缓慢地下降，人们社会存在的改变导致了思想意识形态也不断地变化。不仅我国如此，西方发达国家更是这样：北欧国家只有半数的人走进婚姻殿堂，其余一半只是同居或独居，并不结婚；在日本，单身人群也占到了人口的40%；在美国和法国，单身人群占30%；匈牙利结婚的人只占人口的12%。

非传统家庭不能独自地以单个家庭为单位进行生产，家庭成员必须参与社会化分工，和其他人进行合作，才能完成生产，因而家庭内部的生产性（不包括人的再生产）分工基本消失，实现了生产的社会化。在此基础上，非传统家庭的生活单位的地位也在悄悄改变：向社会化生活的方向发展。这也是由分工不断地演进决定的。社会化的生活包括赡养老人、生育抚养教育小孩、人的吃喝拉撒住等日常生活，这些劳动不再是在家庭内部完成，而是由社会完成。

有研究认为家庭的演变、离婚率的增加，带来了一系列的问题。当前研究离婚对孩子的影响比较多，如：父母离异是孩子心灵健康的杀手，孩子长大后会加倍不信任婚姻；对100多名少年犯进行的抽样调查中发现，有60%的人来自离异家庭，家庭问题是造成他们暴力、冷漠性格的真正元凶等。离婚率的上升是社会进步的表现形式之一，是家庭内部分工瓦解的具体体现。这应该是一种好现象，但为什么会带来这么多的弊病呢？主要原因：一是人们还没有认识到人的根本属性是社会性，而不是家庭性，这些研究都是站在家庭的角度进行分析，而不是站在社会、发展的角度进行分析，所以不能得出正确的结论；二是还没有认识到分工的演进决定了家庭的变化；三是劳动生产的社会化分工演进的速度大大地超过了生活的社会化分工演进的速度，也就是生活的社会化分工演进的速度跟不上生产的社会化分工演进的速度；四是不了解家庭的发展趋势、规律，认为家庭会永远存在。

"远处，一群身材魁梧的大象正在非洲大草原上行进着。忽然，风中飘来了一丝可疑的气息。没过多久，3只狮子出现在象群后面，悄悄向落在后面的小象凑过去。就在这个时候，象群中最大的那只象察觉到了跟在后面的狮子，转过身横在小象和狮子之间，然后竖起鼻子，发出巨大的吼声。听到了信号，其他大象也转过身来团团围住小象，并接连发出巨大的吼声。那一刻，整个天地仿佛都在震颤着。不知是不是被象群的气势吓住了，狮子根本就不敢冲上前，它们围着象群徘徊，没过一会儿就转身离开了。"这是描写大象的社会化生活中的一个片段——"育小"，小象的安危、生活等并不是仅由小象的父母亲负责，而是整个象群共同的责任。当然，动物的社会化生活并不是有意识的，而是出于一种生存的本能：单个的家庭不足以养育、保护自己的后代，必须进行社会化才能保证整个种群的繁衍。蚂蚁、蜜蜂等也是如此。

人类作为万物之灵，不仅仅具有动物的这种本能去被动地接受分工，更能利用它的不断演进去促进、推动社会的不断进步。这种促进、推动就是不断地使分工更快、更好地演进，这也是人与动物的本质区别。人类的分工不能单单在生产中演进，还必须在生活中演进，并使生产、生活分工的演进保持基本一致的状态，否则就会不相适应，产生矛盾。人们在生产实现社会化后，应该加快生活的社会化，使它们基本保持一致。受几千年传统的影响，人们一时还不能从传统的观念中解脱出来，认为养育孩子是家庭的责任，从而强化了孩子的家庭属性。在家庭化的社会里，人的社会存在首先是家庭性，因此，一个破碎的家庭是很难教育出一个不破碎的孩子。只有逐渐消除孩子的家庭属性，树立孩子的社会属性，才能从根本上解决这种矛盾。

随着人类的发展，家庭必然会消亡。"一切个别的、特殊的东西都有它的发生、发展与灭亡，每一个人都要死，因为他是发生出来的。人类是发生出来的，因此人类也会灭亡。地球是发生出来的，地球也会灭亡。不过，我们说的人类灭亡、地球灭亡，同基督教讲的世界末日不一样，我们说人类灭亡、地球灭亡，是说有比人类更进步的东西来代替人类，是事物发展到更高阶段。我说马克思主义也有它的发生、发展与灭亡……当然马克思主义的灭亡是有比马克思主义更高的东西来代替它。"[①]

当男性取得经济上的主导地位后，为了维持对女性的统治，从上层建筑中的方方面面制定了符合男性意志的法律、法规、文化、宗教、教育、道德等，以便对女性进行奴役。从文化、教育上：限制女性接受教育的权利，鼓吹"女子无才便是德"、女人"头发长见识短"等，所学的也只是"女红"、琴棋书画舞等，虽然这也是一种"分工"，但这种分工是在不平等的地位上进行的，是被迫的；从精神道德上进行奴役：鼓吹"三从四德""嫁鸡随鸡、嫁狗随狗""唯小人与女子难养也"等论调；从肉体、性等上进行限制：缠足、太监制度、视"经血"为最污秽之物、"贞洁"、"节操"、从一而终等；从宗教上进行制约：限制女性进入寺庙等；从政治上进行限制：女性不能参加科举考试为官、禁止女性干政；性道德只约束女性而不约束男性等。哪里有压迫，哪里就有反抗，两性之间同样如此，中外这样的例子太多，但没有一例成功的。我国历史上唯一的女皇帝武则天，在她当政期间，试图大力提高女性的地位，选拔、任用女子为官（女子为官的前提是受教育、有文化）；男性皇帝置三千佳丽于后宫，武则天则效法，置男宠于后宫；甚至一度废除亲生儿子的太子地位而立侄子为太子等。在武则天之前和

---

① 毛泽东：《关于人的认识问题》，《毛泽东文集》第八卷，人民文学出版社1999年版，第391页。

之后，都有各种各样的女性人杰、人雄，但都和武则天一样，只能改变自己的地位，并不能改变整个女性的地位。即使是我国唯一的女皇帝，历史上也是贬的多而褒的少，因为书写历史的都是男性，为了维持对女性的"统治"，必然会大肆贬低武则天。武则天在强大的男性统治面前，最终只能败下阵来。

与女性情况极其相似的是农民。历史上，农民的社会地位始终是最低的。统治阶级为了维护其统治，把农民的社会地位排得较高，在"士农工商"中占第二位，比"工、商"的地位要高。尽管如此，历朝历代最苦、最穷、最受剥削的仍然是农民。可见，社会地位的高低不是"排"出来的。不仅社会地位不是排出来的，而且也不是斗争"争"来的。如历史上的农民起义多得数不胜数，成功的例子也有，如朱元璋是地地道道的农民皇帝，刘邦当皇帝前其农民的成分也较多，而且他们都同情农民，压制官商。更有无数的农民因战功、科举等变成高官，改变了自己的地位。尽管如此，他们也改变不了整个农民阶层处在社会最底层的地位。

从女性、农民这两个例子可以看出，在几千年漫长的历史中，他们同为"被统治阶级"，为了摆脱被统治的地位，用尽了各种各样的方法和手段，进行了各种各样的斗争，但都没有成功，因此，可以看出社会地位的改变不是"斗争"得来的。即使有成功了的，也只能是偶尔、暂时、个体的，不可能是整体、永久、全面的。女性从在母系氏族社会里占主导地位到在父系氏族社会丧失主导地位，并不是男性斗争的结果，即男性获得主导地位并不是因为男性跟女性做斗争得来的，而是在分工不断演进的过程中，女性在社会的、家庭的分工中逐渐丧失了主导地位，改变了社会存在，导致了其地位的下降。女权主义者希望通过斗争使女性获得相应的社会地位，但此举并没有成效。首先，向谁争社会地位？当然是统治者——男性。在这个"争"的过程中，本身就已经丧失了地位：男性能给女性社会地位，说明了男性的地位高，所以"争"本身就没有任何意义；其次，女性的社会地位不是在斗争中失去的，怎么可能在斗争中获得？最后，社会地位不是"给"的，而是社会存在决定的。从农民的社会地位可以看出，统治阶级给了农民很高的社会地位，但这改变不了农民处于社会最底层的实质；皇帝为了给自己妻子尊贵的地位，称为国母——是全国人的"母亲"，尽管如此，也改变不了女性被男性统治的社会地位。在漫长的原始社会，以农业为主业进行生产、生活，是人们赖以生存的基础，其地位十分重要，后来为什么农民沦为社会最底层的人呢？其原因和过程与女性沦为社会的底层类似，都是分工演进不完全的必然结果。在古代"士农工商"的社会地位的排序中，"农"是第二位，地位不低。但实际上，"农"是社会最底层的人。从这四种人可以看出，"士"以生产关系的分工为主，是社会的管理者，在上层建筑中占主导地位。"工""商"以生产劳动分工为主，专业化程度高，在经济基础上占主导地位。士、工、商都是社会化分工的产物，只有"农"没有进行社会化分工，专业化程度低。相比其他三种人，"农"的分工最原始，以家庭内部分工为主。因此，"农"的社会地位最低也就成了必然。女性的被统治地位也是由分工决定的：女性只能参与家庭内部的分工，不能参与社会化分工；男性不仅参与了家庭内部的分工，还参与了社会化分工。农民皇帝、农民高官等都是因为参与了社会化分工而不是参与家庭内部的分工获得社会地位。由此可以看出，被统治阶级要摆脱被统治的地位，斗争是不会成功的，也不是靠统治阶级"给"的，必须找到他们丧失社会地位的原因，才能真正找回其社会地位。人在社会中处于什么样的位置，是由其社会存在决定的，社会存在变了，社会位置也会相应地发生变化。人的社会存在是由这个人的社会分工决定的，他的社会分工改变了，其社会存在也就会改变，进而改变其社会地位。无论是女性、农民还是其他的被统治阶级，其社会地位的提高、摆脱被统治的地位，有且只有积极、主动、全面地参与到社会化的大分工中去，才能从根本上改变其社会存在，进而改变其社会地位。

具有社会性的动物，如蚂蚁、蜜蜂等，它们仍然是"母系"氏族社会，雌性在整个群体中具有"至高无上的地位"，人们常常称之为"王""后"。这种情形和人类早期的母系氏族社会类似，女性在整个社会中占主导地位。为什么后来人类和动物又有这么大的区别呢？其根本原因就是动物自身的和社会化的分工不能继续演进（或演进十分缓慢，几乎可以忽略不计），基本停滞在原有的水平之上。人类自身的和社会化的分工在不断地演进，从而导致了生产力的不断提高和社会存在的改变，这个趋势仍在不断地进行中。

作为统治阶级，他们不会也不可能希望自己失去统治地位，而是希望能够一直统治下去，但这不可能。因为"统治"和"被统治"并不是天生的，也不是人为的，而是分工不断演进的结果。随着分工的不断演进，将使"统治"和"被统治"的地位不断地削弱。因此，随着分工的不断演进，统治阶级的统治地位也会慢慢地不断地丧失，它不以人的意志为转移，就像不让太阳升起、落下一样是不可能的。

十三

人工智能与简约时代

工业是随着人类分工不断演进而逐渐发展、确立的。在人类社会相当长的时间里，并没有所谓的工业、农业、商业等之分。随着分工的逐渐演进，人类出现了三次社会化大分工：游牧业同农业的分离、手工业同农业的分离和产生了专门从事交换的人——商人。可见，工业在人类历史上产生的时间相当地早，它起源于第二次社会化大分工的手工业。但是，在此后漫长的岁月里，工业都是以手工业的形态存在，直到十八世纪欧洲的工业化革命，才发展成真正的现代工业，人类也由此进入到工业化时代。

手工业出现的历史很早，而且世界各地区别并不大。手工业出现后，世界各国各地区的差异也不大，不存在本质的区别。但是，后来的发展则出现了质的变化：当欧洲爆发工业革命，产生现代工业时，其他国家仍然处在手工业时代。

手工作坊是以家庭为单位的小商品生产者，其分工在家庭内部进行，分工比较简单，生产单位规模小，分工演进的速度很慢，产业链不能拉长，很难产生新的行业和产业，所以只能以家庭作坊的形式存在，不可能发展成为工场手工业，更不可能爆发工业革命。欧洲的封建社会是以集中劳动的庄园经济为基础，以庄园为单位进行生产，农业、手工业、牧业等在庄园内部实现分工，其生产单位规模大、劳动力多，能够支撑分工的不断地演进，产业链条能不断地拉长，能产生新的产业和行业，并由手工作坊发展成为手工工场，工业革命也就自然而然地爆发了，继而发展成为现代工业。

工业化最初是人类在集中进行生产劳动的过程中，分工不断演进的自发的社会现象，它始于18世纪的欧洲，以大规模机器生产为特征，以分工的不断演进为动力而发展起来的。工业化是人类生产的一种方式，这种方式不同于以家庭为单位的小农化方式，是很多人集中在一起按分工合作的方式进行的集体生产。

工场手工业、工厂工业是人类分工、合作不断演进的结果，机器的产生和使用也是顺应人类分工的演进而产生的，是整个人类分工演进体系中的一个组成部分。机器本身和人类自身、人类社会一样，也是一种"分工合作"，这种分工合作和自然界的一切一样，都是由低级向高级、由简单向复杂演进的。并且，机器、人类、人类社会也在进行着分工合作的演进，他们相互促进、互相制约。

把机器的使用作为工业化的主要特征、把工业生产看做工业化的主体，是一种狭隘的工业化观念，它使人们看不清人类自身以及人类社会的发展方向和目的。这种狭隘的工业化有一定的积极作用：在工业化的初期能够促进其发展。但是，在工业化发展的后期，它的消极影响也是巨大的：伴随着大规模的工业化而产生的大气、海洋、陆地、水体等环境污染日益严重，大量土地被占用，水土流失和沙漠化加剧等，对社会、自然生态等造成了巨大的破坏，甚至危及人类自身的生存。

工业，顾名思义，"工"在前，"业"在后，即实行"分工"后才能形成"产业"，没有分工，就不可能形成产业。工业化是人类的一种生产方式：分工不断地演进，链条不断地拉长，新产业、新行业才能不断地产生。

工业化并不是某一产业，更不是某一产业产值的占比，"工业化"这种生产方式不仅仅局限于第二产业，还包括第一、第三产业以及人类自身的生产。这种生产方式不同于以往的生产方式：家庭不再是生产单位，而是由无数的劳动者（包括各种机器）聚集在一起集中劳动，他们进行分工、合作，并不断地演进，机器是人类分工演进过程中的一部分，它的发明和使用加快了人类分工的演进速度，起到了加速器的作用。

农业、工业、服务业这三个产业的划分本身就是一种分工，不仅工业、服务业能够不断进行分工，而且农业也能不断地进行分工。人类早期的三次社会化大分工就已经为现代的工业化埋下了伏笔，工业化是人类社会三次大分工演进的继续和加速。分工逐渐演进，市场容量就不断扩大。为了满足市场容量不断扩大（也就是为了满足人类分工不断演进）的需要，人类不仅仅需要制造并逐步使用机器生产代替人工生产，而且需要逐步改善交通运输等基础设施，以加快分工的演进，满足人类的需求。这样，机器的生产不仅适用于工业生产，还应该应用到整个人类社会中去。机器不仅是人类生产劳动中的一种工具，它还将参与整个人类的大分工；不仅在工业生产中被大量使用，而且在整个社会中也必将被广泛使用。广大的农村已经普遍使用手扶拖拉机耕地、小型插秧机插秧、潜水泵抽水，还有其他一些小型的农业机械等，但农民仍然是一种以家庭为单位进行生产的小农化模式，不能因为使用了机器就称其为工业化生产模式。用劳动工具来定义人类社会的一种发展模式，显然是不完全的。

机器本身就是一种"分工、合作"，不仅自身内部有分工（即自分工），而且机器与机器、机器与人类也进行了分工（即公分工）。它是人类分工合作的一个组成部分，又和人类一起参与到整个社会的分工合作。不仅人类社会的分工在不断地演进，而且人类使用的劳动工具、物品等，在人类的主宰下，其分工也在不断地演进，机器是人类劳动工具分工不断加速演进的结果。人类社会和人类所使用的劳动工具的分工几乎是同步演进的：小农化社会里，人类分工演进十分缓慢，其劳动工具分工的演进也同样缓慢；工业化社会里，人类分工演进的速度快，其劳动工具分工的演进速度也很快。人类社会与劳动工具的分工是相互促进、互相制约、互为因果：人类社会分工的演进促进了劳动工具分工的演进，反过来，劳动工具分工的演进又加快了人类社会分工的演进。机器与人类不是对立的关系，而是分工、合作的关系。"十七世纪，反对……一种织带子和花边的机器的工人暴动几乎席卷了整个欧洲。"马克思在注释中补充，这种机器在德国发明。1629年，在莱顿第一次采用了这种机器。花边工人的暴动迫使市政局禁止使用这种机器。[①]经过几百年的斗争后，人们才最终接纳了机器。

为什么机器出现的最初阶段，人们会抵制呢？直接原因是机器的出现，导致了很多工人下岗失业，进而影响到这些工人的家庭的生存。这是生产关系分工演进的速度跟不上生产力分工演进的速度所产生的矛盾，也是人类认识上的错误，以为是机器抢了工人们的工作、夺了工人们的饭碗，把人和机器对立起来了。劳动工具本身就是一种分工，也是分工的产物。机器的出现是劳动工具分工加速演进的结果。一方面，生产关系的分工相对于机器而言，其演进的速度要慢得多，因而互相制约产生了矛盾，出现了工人与机器之间的斗争；另一方面劳动工具分工的演进反过来也促进了生产关系分工的演进速度。如流水线的发明就加速了生产关系中的分工的演进速度。流水线的出现，极大地提高了生产效率，会导致更多的工人下岗失业，人们更加应该抵制。但实际情况相反，流水线迅速在世界范围内推广开来，就是因为生产关系分工演进的速度跟上了劳动工具分工的演进速度。现代社会里，人们不仅大量地使用机器，还使用无人机器甚至机器人来代替人工劳动，与更多的人"抢"工作，人们正在逐渐接受这种现象，甚至越来越离不开机器了：这是因为人与机器之间的分工不断地演进，使人与机器的相互依存度不断增加。并且，机器代替人工劳动是社会进步、发展的必然趋势，也是人类社会规模不断扩大的必然结果。美国人马丁·沃尔夫、伊拉·努尔巴赫什的《机

---

① 马克思：《资本论》，人民出版社2004年版，第492页。

器人将与我们共享未来》一书中，认为人类将创造出神一样的机器人：强壮、敏捷、极具智慧、甚至能够自我创造，为此，人类将过上神仙一样的生活。机器人大量地应用到生产劳动中已是不争的事实，如到2015年8月20日，武汉经济技术开发区已有200家规模以上企业启用机器人生产，一台机器人可以替代三四个熟练工人。这种"机器换人"的工程声势显赫，生产率提高，次品率降低，劳动强度下降，人工数量减少，并引发了强烈的示范效应。著名的物理学家霍金说："人工智能技术发展到极致程度时，我们将面临着人类历史上的最好或者最坏的事情。"

不仅霍金这样认为，很多人都有类似的看法。爱因斯坦曾经说："我担心总有一天技术将超越我们的人际互动；那么，这个世界将出现一个充满傻瓜的时代。"据英国媒体报道，全球挑战基金会近日发布《2016年全球灾难风险报告》（又被称为末日报告），概述了人类面临的最紧迫全球风险，其中人工智能、核战争、自然流行病以及气候变化被视为最危险因素，报告作者们认为"终结者"式的杀人机器人可能在5年内灭绝人类；有人认为"人工智能"机器真正可能带来的危机，不是奴役人类，而是让人类丧失斗志。《硅谷百年史》作者、人工智能认知科学家皮埃罗·斯加鲁菲说："我们看人类和机器的关系，一个情况是机器变得越来越聪明；另一个情况是机器不怎么变，但是人类变得越来越笨。"

现今指导人类生产、生活、发展的理论已经跟不上人类发展的速度了。它把人与人、人与机器、人与自然之间的关系对立起来了，认为是竞争的关系，而不是合作的关系。因为竞争，相互之间必然就会斗争。如果按人类现今的理论发展，上述种种现象出现的概率会极大，会出现霍金们的担忧：人工智能技术发展到极致程度时，我们将面临着人类历史上最坏的事情。为了竞争，人们会大量地使用各种人工智能等先进的机器参与人与人之间的斗争，将不断地有人被人们利用人工智能等机器消灭。由于人类自身的进化速度远慢于人工智能的发展速度，未来就极有可能出现人类被人工智能所奴役、消灭的情况。

人工智能的可怕之处就是没有人类所具有的另一个"周期律"的问题：人类到目前为止，受生命周期的限制，每一代新生人都需要从头开始学习，到生命的终极时，所有的知识、智慧随着生命的消失而消失，目前最好的方法就是以书籍等形式进行保存，却不能直接转移给下一代。人工智能则不存在这种周期的问题，它们的智能可以直接转移给下一代。而且，人工智能具有超强的人类所不具备的学习能力：AlphaGo战胜李世石靠的就是"深度学习"的能力，通过一天下300万盘棋积累下来的经验；我国研究的人工智能于2017年参加高考，从研制到参加高考，才2年的时间。随着技术的成熟和完善，这个时间将来还会大大缩短。普通人从婴儿到高考需要18年左右的时间，而且这个时间很难有大的缩短。目前，这些人工智能还只是最简单、最原始的，只能从事比较简单的劳动和学习。智能机器的这些优势是人类所不具备的，如果按现在人类的发展理念，人类被人工智能所消灭并非难事。

随着发展，人工智能也将随之进步，出现更复杂、更聪明的智能机器人，不仅应用于第二产业，还将广泛地运用于所有产业，并最终完全代替人类进行生产劳动，从而从根本上解放全人类。人与机器是分工、合作的关系，而不是竞争的关系，当人类的分工演进的速度与劳动工具的分工演进的速度基本一致时，人与机器抢工作的矛盾就会消失，实现人与机器的一体化。

机器发明、使用之前，人类大量地使用牛、马、驴、骡、象等牲畜为动力。机器发明并大量地使用后，逐步并完全取代了牲畜，解放了牲畜，成为人类生产劳动的主要动力来源。机器没有与牛、马、驴、骡、象等牲畜争工作，又怎么可能会与人争工作、抢饭碗呢？因此，在可预见的未来，机器、机器人将逐步并最终完全取代人类进行生产劳动。

曾经，人们普遍认为人与动物的本质区别是制造和使用劳动工具。机器刚出现时，就发生了人与机器争工作的现象。这是一种错误的认识：机器本来就是人类生产制造的，是为了降低人类的劳动强度、提高劳动效率，是解放人类的工具，人类自己制造的工具和自己争工作、抢饭碗，岂不是笑话？

但这个事情实实在在地就发生了，问题出在哪里？是出在认识上，人类的劳动大概有三个层次：以满足吃、穿等为目的的劳动，是最低级的劳动，广大普通劳动者的劳动处在这个层次，这个劳动动物们也具备，是动物生存的基本条件；以生产一件产品为目的的劳动是中级劳动，以格力、三星、福特等为代表的工业企业精英的劳动多属于这个层次，它是人与动物的区别之一；以不断地改造劳动为目的的劳动是高级的劳动，它将逐步使人类脱离劳动，并彻底解放人类。机器是以改造人类的劳动的面目出现的，不是以与人类争工作、抢饭碗的面目出现的，抵制机器的实质就是抵制改造劳动。人类是通过劳动而不断地改造劳动，以加快自身和社会的进化，制造和使用劳动工具是加快改造劳动的手段之一，而不是把自己当做劳动工具，去和机器工具争工作。机器的使用可以大量减少劳动力，这多出来的劳动力干嘛呢？就是使用机器继续发明、制造更加先进的机器，从而加快机器的分工的演进，为机器完全代替人类劳动做准备，最终目的是加快人类社会和人类自身分工的不断演进。人类发展的目的并不是发展经济、政治、军事、道德、宗教等，而是促进人类自身不断地进化、人类社会不断地发展，最终成为一个整体，并向广阔的宇宙进发。尽管目前人类已大量地使用了各种机器，甚至这些机器现在似乎十分先进，但站在整个人类历史发展的进程中看，这些机器仍然很简陋、落后，甚至原始。随着人类的不断发展，使用的机器将会更加先进，甚至超出现代人的想象。怎样去实现这个目标，那就是不断地进行分工，使人类分工的演进去引导劳动工具分工的演进，而不是被劳动工具所引导。

　　根据现代分析，人类大约在七万年前遭遇种群瓶颈。从那时起，世界总人口长期停滞在一百万左右，一直持续到一万一千年前。公元一年，全世界有大约两亿人左右。随着人类生产力发展的加快，人口增长率也不断地提高。据估计，到1804年全世界约有10亿人，1927年约有20亿，1960年约30亿，1975年约40亿，1987年约50亿，1999年约60亿，2011年约70亿。1801年，英国约有830万人，到1901年，增加到3050万人，2006年，超过6000万人。1800年，美国约530万人，到1920年为1.06亿人，2010年超过3.07亿人。

从十八世纪中叶英国率先完成工业革命后，各种机器层出不穷，不断代替人工劳动，并没有出现所谓的机器与人争工作、抢饭碗导致人口大量减少的情况，相反，人口呈大幅增长的趋势。同样，单位面积内，我国城市、东部地区的人口远比农村、西部地区的人口多，相对应的，城市、东部地区的机器数量也远比农村、西部地区的要多得多。可见，机器的发明、使用与人口的增长是正相关，而不是负相关：机器的发明、使用大幅地提高了人类的生产力，加快了社会的发展，极大地改善了人类的生活水平，从而使人口数量大幅增加。

人类的分工与劳动工具的分工的演进是相辅相成的：人类有什么样的分工，就会有与之相适应的劳动工具。厦门SM城市广场是一座建筑面积有26万平方米的大型商场，共6层，并拥有一个一千多个停车位的露天停车场（平面）。为了方便管理，对管理人员进行了细致的分工：保洁、保安、招商、物业、企划、营运、财务、人事等部门。这些部门分工合作，共同完成该商场的日常管理工作。保洁，就是平常所说的打扫卫生，是一件十分简单的事，但在这里，变得不那么简单。这里的保洁工作分成两部分：一部分是商场自己管理、完成的，主要是公共区域；另一部分是各租户自己的区域，由各租户自己负责（这个商场的使用面积分两类，一类是外来租户，商场的一部分分成很多大小不一的商铺，租给社会上的人来经营；一类是自营店铺及管理的公共区域）。商场管理的公共区域及自营店铺的卫生情况是聘请专业的保洁公司负责，保洁人员多是年纪较大的农民工，使用各种专业的机器和洗涤用品，如刮刀、伸缩杆、玻璃清洗剂、除胶剂、化油剂、翻新机、吸尘吸水机、洗地机、抛光机等。每天早上五六点钟保洁人员就开始清洁公共区域的卫生，把所管辖的整个公共区域都清洗一遍。到上午10点商场营业时，就只进行临时性的维护工作，晚上10点商场息业时，保洁人员则对卫生间进行清洗。各租户的卫生管理则是由各租户的营业人员兼任，他们店面的面积由几十到一百多平方，营业员有两名到八九名不等。上午10点之前他们就要对店内的卫生进行处理，此时他们是保洁员，工具主要是拖把、扫帚、抹布、撮箕等。营业时则又都是营业员，有时还要处理一些临时性的卫生工作。从最简单的打扫卫生这个工作可以看出：在集中连片、面积大的地方，卫生工作需要专业的队伍，使用专业的工具甚至机器。不仅仅劳动人员进行了分工，劳动工具也进行了分工。各租户，由于面积小，又不是集中连片，所以不能聘请专业的队伍，而且劳动工具也是最简陋、最原始的，以手工工具为主，即使使用机器，如吸尘器等，也必须是小型的。

工业化的本质是社会的专业化或组织方式的变化过程，其内涵就是分工不断演进的过程，主要特征是人类的生产生活、人类的生产工具的分工呈现协调并加速演进。工业化不仅是第二产业分工的加速演进，还必须包括第一产业、第三产业以及劳动工具分工的加速演进，使人类成为一个整体的同时还与劳动工具实现一体化，为人类进入到社会化社会奠定必要的基础。工业化社会是人类发展不可逾越的阶段，它促进了人类向社会化社会发展，是社会化社会的基础。没有工业化社会这个基础，就不可能实现社会化社会。工业化社会作为人类发展的一个历史性阶段，不是一种简单的经济现象，而是一种社会过程。

流水线是一种工业上的生产方式，指每一个生产单位只专注处理某一个片段的工作，以提高工作效率及产量。根据分工合作的原理，流水线不只是机器的分工合作或人的分工合作，而且还是人和机器的分工合作，是人和机器在各自分工合作的基础上实现人与机器间的分工合作，充分地体现了人与机器的关系。

1769年，英国人乔赛亚·韦奇伍德开办埃特鲁利亚陶瓷工厂，在场内实行比较精细的劳动分工，他把原来由一个人从头到尾完成的制陶流程分成几十道专门工序，分别由专人完成。这样一来，原来意义上的"制陶工"就不复存在了，存在的只是挖泥工、运泥工、拌土工、制坯工等，制陶工匠变成了制陶工厂的工人，他们必须按固定的工作节奏劳动，服从统一的劳动管理。制陶工的消失与农村木匠、裁缝等的消失是一样的，都是因劳动分工的演进使产业链不断地拉长、中间环节不断地增多，人的全能性降低、独立性丧失，相互依存度增加，原本能独立完成生产的工匠变成不能独立完成生产的工人。

这是一家法国的标致——雪铁龙的工厂，正式进入工厂内部，强烈感受到机器的轰鸣声，一股制造业的氛围扑面而来。这个工厂只生产标致206一个型号，每周的产量是3300辆，每1.5分钟有一辆车下线，每辆车从最初的铁片到最终完成，有两百多个工序，但只要在生产线呆35个小时就可以下线了。冲压车间里，看不到一点汽车的影子，都是不同形状的钢板。主要工序由机器人完成，由一个灵活的机器臂构成，在电脑控制下完成指定动作。一个工人照顾着两个机器人，看起来很忙，但仔细观察一下，几乎是可以分解为比较标准的一套动作，先把长铁片放到指定的位置，再套上小铁片，然后摁下按钮。由于整个生产线的节奏已经设定了1.5分钟一辆车，所以每一个工序都不能比这个时间慢。虽然这条生产线的节奏并不是一个很了不起的速度，但也足够让工人们的工作相当紧张，只要某个工序不能在这个时间之内完成，就会成为整个生产线的瓶颈。

从这个比较现代化的流水生产线上，可以看出其核心就是"分工合作"，把一辆完整的汽车分解成两百多道工序甚至更多，每道工序由不同的机器和人完成，这些机器和人的总工作量就是制造一辆完整的车。并且，这条流水线不仅仅是生产线，同时也是利益线，这条线上的每个工人的利益都被这条线串了起来，任何一道工序都会影响其他工序，进而影响到每个人的利益。流水线因为把一件复杂的完整的工作分解成了无数的简单的工序，所以每道工序就可以利用机器进行标准化生产。分解得越细，越容易标准化，也就越容易使用机器乃至机器人代替人工劳动。

流水线产生的巨大意义不单单是提高了生产效率、增加了产品数量、提高了产品质量等生产上的好处，更重要的是社会意义，它说明了人与人、人与机器、机器与机器等之间是合作的关系，而不是竞争的关系。因为分工，使人、机器的全能性降低、独立性丧失，相互依存度增加，人与人、人与机器、机器与机器之间的关系更加紧密，增强了他们之间的合作；使人、机以及人与机器之间的分工合作加速演进且趋向一致；它为机器完全代替人工劳动提供了必要的基础；更重要的是使人类的生活、生产更为简约等。

从表面看，流水线只是一条生产线，是人类的一种生产方式。其实，它更是一条"利益线""关系联系线""社会线"等，能极大地密切人与人、人与机器、机器与机器之间的关系，使这条线上的每一个参与者都有共同的根本的利益。在流水线上生产、工作的人可以相互不认识、可以来自五湖四海甚至全球各地，但只要来到这条线上，他们之间的关系就密不可分。在流水线上，第一道工序的人的根本利益与最后一道工序的人的根本利益是完全一致的，只要有一道工序出现问题，利益受损的则是整条线上的人。在该生产线上进行生产的每个工人，其劳动报酬与平均报酬相差不大，能够实现"共同富裕"的目标。

流水线的表面是生产线，而核心是分工合作，是人与人、机器与机器、人与机器分工合作的综合线，更深层次的则是生产网、关系网：任何一条生产线都不可能独立地完成生产，必须与其他的生产线共同构成生产网，才能完成整个社会生产。流水线的产生是人类社会分工不断演进的必然结果，不仅适用于生产劳动，也适用于整个人类社会，使生产线变成生产网、社会网。

十八世纪中叶，英国率先完成了工业革命，从而成为世界上最先进的国家。随着英国不断地扩张，殖民地的面积、人口不断地增加，奠定了世界霸主的地位。英国成为世界霸主后为什么又逐渐衰落了呢？似乎可以从参与分工的人口数量找出原因：1801年，英国大约有830万人，美国大约有530万人。到1900年，美国大约有7621万人，英国大约有3050万人。到2009年，美国大约有3.07亿人，英国大约有6100万人。由此可见，国家的强弱与参与分工的人口数量有很大的关系。英国完成工业革命后，分工演进的速度加快，没有完成工业革命的国家分工演进的速度慢。英国对亚、非、拉、大洋洲等广大地区进行扩张和掠夺，使它的殖民地从1800年的1130万平方公里扩大到1876年的2250万平方公里，人口也达到二亿五千多万。英国的国土面积不大，人口也不多，在工业化初期，还能够提供足够的市场和劳动力。随着分工的演进，需要越来越多的劳动力参与。为了有足够多的劳动力参与到分工的演进中来，英国抢占了率先完成工业革命这个先机，加紧对外扩张，获得了更多的劳动力和更大的市场，因而分工的演进速度也不断地加快，它们相互促进、互相制约，加快了英国的发展、进步，奠定了英国的霸主地位。但是，随着美国的独立，英国其他的殖民地也相继爆发了革命，不断独立，英国统治的人口和面积逐渐下降，参与到分工中的劳动力逐渐减少，市场规模也相应地逐渐缩小，导致了分工演进的速度逐渐降低，英国也就从霸主地位的神坛上跌了下来。英国后来被其他国家赶上并超过，其根本原因是参与到分工演进的劳动力数量的减少：国家要不断发展、进步，其分工就必须不断地演进，从而使链条不断地拉长、链条上的中间环节不断地产生，需要参与的人、物的数量就会不断地增加。这就像树木如果要不断地长大，就需要它不停地分枝、增加叶数量和叶面积一样。一个国家生产力水平的高低，是由该国参与分工的人、物的数量以及劳动工具的分工演进程度和速度所决定的。

一个国家参与分工的人、物越多，国家就越发达；参与分工的人、物越少，国家就越落后。落后的国家要追赶发达的国家，只有通过不断地增加参与分工的人、物来实现。"在整个工业体系的这场革命中……拥有使用蒸汽的工厂的英国，已经能够供应全世界，而其他国家当时还几乎不知道蒸汽机。在工业生产方面，英国已远远走在它们的前面了。"[①]十九世纪中期，英国因为工业革命所带来的生产力的巨大飞跃，使它获得了"世界工厂"的称号。

工业革命开始后，随着机器的使用，把大批的农民、个体的手工业者、帮工、学徒赶进了工厂，也把工人家庭的全体成员赶到劳动市场，使他们都参与到社会化的分工合作中去。这是劳动工具（机器）的分工合作的演进促

---

① 《马克思恩格斯全集》第19卷，人民出版社1965年版，第288页。

进了人类分工合作的演进，使人类脱离了农业生产、农业化社会，参与到社会化的大分工中去。如曼彻斯特原来是个偏僻的小镇，1770年只有一万人，随着工业的发展，人口逐渐增加，1821年超过了18万，1841年已有35万人。其他工业城市也出现了人口密集的现象。这是分工合作演进的必然结果，因为分工合作的演进不断地拉长了产业链，新的行业不断产生，于是需要越来越多的人、物参与才能推动，否则就不能持续下去。因此，1851年时，英国城乡人口几乎各占一半，而到了1871年，城市人口已经占总人口的四分之三。德国在二十世纪初，已有半数以上的人口集中在工业中心。人、物的不断参与是分工合作演进所必须的条件，没有人、物参与的推动，分工合作的演进就不可能持续下去。由此也证明了机器的发明和使用，不仅不会和工人抢工作、导致失业增加，相反是改变了旧的劳动方式，拉长了产业链，产生了新行业，增加就业，吸引了更多的人、物参与到分工中来。这就像树木的长大不仅不会抢夺树叶制造的营养，反而会生长出更多的树叶制造更多的营养一样。机器及机器人的使用，导致了人类的分工合作加速演进，产生了更多的新的行业，使人类的劳动方式得到了空前的变化，迫使劳动者不断地提高自身的素质、能力，以适应新的发展速度和发展方式，从而推动整个社会加速发展。这是人类自身发展过程中的阵痛，只有明白这个道理后，更积极、主动地参与到社会化分工合作的加速演进中去，这个阵痛才会消失。

随着城市的工业在分工演进的推动下，农村的分工也在慢慢地演进，带动农民参与分工，逐渐摧毁小农化的生产方式，建立工业化农业。

工业革命改变了人类的生产方式，使整个社会发生了翻天覆地的变化，加快了人类参与社会化分工的速度，并使人类自身与劳动工具的分工、合作得到了空前的演进，加快了人类社会的发展、进步，解放了人类自身。

资本为了赚取更多的剩余价值，必然会推动生产中的分工不断演进，因而资本主义相对于封建社会，是进步、发展的。但是，资本的根本目的是赚取利润，它只会推动劳动、机器的分工不断演进，不会推动生产关系分工的演进。因此，最终会阻碍整个人类分工的不断地演进。工业革命首先是生产资料的社会化使用，而封建社会及个体户等小农化的生产单位里，生产资料相当简陋，只能供个人或少数人使用。如农村，劳动工具都是生产单位——每个家庭自备的，而且极其简陋，他们走到哪里就得把劳动工具带到哪里。随着工业化的发展，复杂、庞大的机器需要成百上千的劳动者集中在一起共同操作。同时，这些劳动工具不属于任何一个劳动者，如"铁打的营盘流水的兵"：劳动者是流水的兵，厂房及劳动工具等则是"铁打的营盘"，是不随劳动者流动而流动的。可见，资本主义社会里，生产资料实现了部分社会化，即社会化使用，但还没有实现社会化所有，它们属于资本所有。其次，生产过程实现了社会化：小农化社会里，生产单位以家庭为主，能在不与另外的生产单位发生任何联系的情况下独立地完成生产；工业化社会，家庭不再是生产单位，社会的分工和生产单位内部的分工不断演进，任何一个生产单位已不可能独立地完成劳动或生产出一件完整的产品，他们必须互相联系，相互依靠。如织布厂、纺纱厂需要农场提供棉花，还需要机器制造厂提供各种机器，需要发电厂、煤炭厂提供燃料，需要农民提供各种食品等才能进行生产，如果任何一个生产单位出现阻碍，整个生产系统都会受到影响甚至崩溃；小农化社会的家庭，能在没有其他生产单位的协助下完成从棉花的种植、采收、加工、纺线、织布甚至到成品——衣服一整套的工作。最后，是劳动产品的部分社会化：小农化社会里，小生产者生产的产品属于他个人，因为每一件产品从头到尾都是他独立完成的；工业化社会里，每件产品不再是单个劳动者独立完成的，而是许多劳动者以分工合作的方式共同完成的，每个劳动者只完成了这件产品中的某一环节，产品是这些劳动者共同劳动的结果，它本身也就社会化了。但是，在资本主义社会里，劳动产品只是实现了生产的社会化，还不属于社会化所有，而是资本所有。

生产的完全社会化，就要求生产资料、劳动产品也完全社会化。由于分工演进的不完全，导致了社会化的不完全：生产过程由于分工的演进实现了社会化，但生产资料、劳动产品只实现了部分社会化，它们是资本占有，社会化生产、使用。这种情况比小农化社会有了一定的进步：小农化社会里，生产资料、劳动产品以及生产过程都没有实现社会化，都是小农模式，它们都归生产单位——家庭所有、生产、使用。资本主义社会里，生产单位不再是家庭而是工厂，在生产单位之间和内部进行了精细的分工，实现了社会化生产。但是，生产资料、劳动产品都归资本家这个家庭所占有，与小农化社会类似，具有小农性质。这就产生了深刻的矛盾，这个矛盾也就是人们常说的生产力与生产关系之间的矛盾，是分工演进不完全的必然结果：生产力的分工演进的速度快，生产关系的分工演进的速度慢。随着分工的不断演进，这个矛盾必然会被打破，因为这是社会发展的必然规律，不以人类的意志为转移，人类充其量只能抑制或加快它。

拾肆

未来的天人合一

（一）社会特征概述

社会是指在特定的环境下共同生活的同一物种不同个体长久形成的彼此相依的一种存在状态。微观上，社会强调同伴的意味，延伸到为了共同利益而形成联盟。宏观上，人类社会是由长期合作的成员，通过发展各种组织关系形成团体，进而形成机构、国家等组织形式。社会强调共同生活、通过各种关系联合起来。物种的不同，形成的社会不同，如有：人类社会、动物社会等。最广义的社会，应该是所能纳入其中的一切，包括地球甚至整个宇宙。单个的多细胞生物有机体本身就是一个细胞社会，如人体是约有10^{14}个细胞共同构成的细胞社会。单个的个体是不构成社会的，如一个细胞、一个人等，就不是一个社会。

社会是个体彼此相依的一种存在，这种彼此相依的存在是由分工决定的：彼此没有任何关系的两个原始人群，就会形成两个不同的社会；两窝不同的蚂蚁、蜜蜂等，也是两个不同的社会。由于分工有两种形态：自分工和公分工，所以，社会有广义和狭义之分：狭义的社会是指同一物种在特定的环境内的存在状态（自分工）；广义的社会则是指不同物种在特定的环境内的存在状态（公分工）。除了人类社会之外，其他的社会都是狭义的，因为其分工不能演进，是以自分工为主，所以社会的规模不能扩大。人类的分工能不断地演进，不仅内部能进行分工并不断演进，还能将人类之外的一切都纳入其分工体系中来并不断地演进，所以人类有广义的社会。由于人类的分工能无限地演进，所以人类的社会规模也就能无限地扩大，这是人类社会与其他社会的根本区别。

人类社会总的发展过程和趋势就像生物体的进化一样：存在从无到有、规模从小到大、结构从简单到复杂、质量从低级到高级、数量从多到少最终统一、空间从地球到宇宙的趋势发展。

"在一间很大、漆黑的房子里，有一些人和各种各样的物品。最初，由于每个人的能力有限，在这个房子里的活动范围很小，相互之间没有交往，不知道除了自己之外还有其他的人存在，所获得的物品也极其有限，更不知道房子外面的情况。随着房子里的人缓慢地增多、能力不断地提升，他们的活动范围逐渐扩大，交往不断增多，获得的物品也不断增加。为了获得更多的物品，占有更大的空间，相临的人进行结盟，以增加力量，并使用各种手段，互相争夺、兼并，甚至打斗、自相残杀。但是，房间里的物品也只是今天在这个位置、明天移到那个位置，今天我的空间大、明天你的空间大而已，物品的总数并没有增加，房间的总空间也没有扩大，反而因为争斗，损失了不少物品。为了获得更多的利益，有时他们也会和别人进行合作，以对付第三方。后来，有人偶尔向房子外面看，发现外面深不见底，可能有更多的物品和更大的空间。但是，房子里的人还没有办法和能力走出房子，去占有外面的空间、获取外面的物品，因为他们绝大部分人把绝大部分精力都用在了房子内部的争夺。尽管如此，有极少数的人为了获得更多的物品、占有更大的空间，尝试着走出房子，并获得了一定的成功——已经能走出房子，尽管还只是在房子周边。但是，房子外面的空间实在太大，大得无法想象，少数人的能力实在太小，只能在房子周围活动，不能走得更远。要想走得更远，获得更多的物品，占有更大的空间，只有房子里所有的人停止内斗，齐心合力，才能获得突破。"这是地球上人类社会的一个缩影。人类要想获得更大的利益并永远生存下去，就必须停止一切内斗，以集中全部力量共同努力，向广阔的宇宙空间发展，而不是仅仅局限于地球内部。

对人类历史的研究，似乎可以证明这个缩影。早期，整个澳大利亚大陆有大约30万到70万人，分成200—600个族群，每个族群又分成几个部落。每个族群都有自己的语言、宗教、规范、习俗等。在南澳阿德雷德附近，就有几个父系家族，他们会以所在领土为标准，结合成一个部落。在北澳的一些部落则属于母系社会。在农业化社会前夕，地球上大约有500万到800万人，有丰富多元的种族和文化，分成几千个不同的独立部落，有几千种不同的语言和文化。[1]

在过去的几百万年中，人类的发展道路是曲折的，经历了无数外部、内部的灾难和痛苦。但整体上看是向前发展的，尽管速度很慢、道路很曲折。因为人类的发展必然会受到某种已经存在的规律的支配，只是到目前为止还没有找到这个规律。

当前，人类的科学技术获得了空前的进步、发展，但是，却受到了巨大的阻力。这种阻力来自人类的认识：随着人类进步、社会发展的加速，现在，人类在向全新的方向前进，但指导人类发展的各种理论没有本质的变化，出现了各种各样的错误。如工业革命时期机器的发明、使用，就遭到了工人们的抵制，认为机器抢了自己的"饭碗"。现在，机器人、人工智能、大数据等的发展又受到了人们的怀疑、抵制，认为机器人参与劳动会造成人类失去工作、人工智能会毁灭人类、大数据会暴露隐私等。但是放眼将来，这些问题会因技术进步得到解决。

---

① 尤瓦尔·赫拉利：《人类简史》，中信出版社2014年版，第45页。

　　生物（人类除外，下同）都具有很强的繁殖能力，能够生产大量的后代，远远超过了地球的承受能力。但是，由于生物的欲望是有限的，只是为了满足自身生存、繁衍的需要，所以其消耗的物质和能量很有限，地球能够承受。生物的欲望的有限性是由生物自身能力的有限性决定的，能力的有限性决定了其获得的资源也有限。为了争夺有限的资源，它们的个体、群体之间不停地进行着残酷的斗争，为此造成了大量地死亡，只有少量的存活，地球上的能源、资源也因此不会枯竭。欲望的有限性确定了生物的兽性：为了生存，必须互相残杀，否则就不能生存。

　　欲望是人类改造世界也是改造自身的根本动力，是人类进化、社会发展、历史进步的动力。人类的欲望是不断地变化的，它随着人类自身能力的不断提升而逐渐膨涨：即欲望的大小与人类能力的大小成正比。早期的人类只满足于生存、繁衍后代。随着能力的不断提升，欲望也不断地膨涨。人类的能力是无穷的，欲望也是无穷的，这就是人性，它不以人的意志为转移，是自然赐予人类最宝贵的能力和财富，也是人类与其他生物的重要区别之一。其他生物在吃饱喝足并能繁衍后代之后，再无所追求。但人类完全不同，在满足了最基本的需求之后，还有无穷无尽的物质的、精神的需要和追求。人们常以"人心不足蛇吞象""天高不算高，人心第一高"等来说明人类的欲望是无穷无尽的。人类欲望的无穷性是由人类自身能力的无限性决定的，人类自身能力的无限性是由人类分工合作演进的无限性决定的，它给了人类无穷的创造力。也正因为要满足这无穷的欲望，人类才能够利用无穷的创造力去开发、利用这无穷的宇宙。人类无穷的欲望是人类无穷的前进动力，也因为人类具有无穷的欲望，才能匹配这无穷的宇宙。但受错误观念和有限思维的制约，导致当前人类自身有限的能力与无穷的欲望不相匹配，致使人类把主要精力用在了以有限的能力在有限的地球上为了争夺有限的资源而自相残杀。人们一直说"地球上的资源是有限的，人的欲望是无限的，所以，我们要珍惜资源，要为子孙后代留下'饭碗'"。为了实现这个目标，人类想尽一切办法来限制人口数量、控制人的欲望，教育人们要知足常乐、要清心寡欲、要无欲、要"空"等。叔本华说"欲望过于剧烈和强烈，就不再仅仅是对自己存在的肯定，相反会进而否定或取消别人的生存"。这些观念只适用于地球，因为宇宙是无限的，所以资源也是无穷尽的，同时人类的欲望也是无限的，只是由于人类自身的能力有限，才导致了可供人类利用的资源十分有限。资源的"有限性"是由目前人类自身的能力的有限性决定的，并不是资源本身决定的，资源枯竭的本质是人类能力的枯竭。只有不断地提升人类自身的能力，使其无限增长，才能使可供人类利用的资源无限增长。随着人类发展到一定程度，地球上所有的人会成为一个有机的整体，使生产单位无限扩大，人类自身的能力才会无限地提升，获得的资源才能无限地增长。我们留给子孙的"饭碗"不是资源，而是利用现有的资源去无限地提升能力。人类的欲望与个人的私欲不是一回事，个人的私欲只是单个的人或少数的人为了满足自身的物质需要的欲望；人类的欲望是地球上所有人的共同的欲望。当前，我们需要确立人类正确的发展方向，竭尽全力地利用人类无穷的欲望，以无限地提升人类的能力，才有资格和能力去利用、开发这无限的宇宙。

人类最不缺的就是能源和资源，最缺的是能力。经过几十万年的发展，随着人类能力的提升，可利用的能源、资源不是减少了，而是增加了。几百年以前，人类一直主要以燃烧柴草提供热量，利用风力、水力、畜力、人力等为动力进行生产、生活。近两三百年以来，人类逐渐利用了更多的能源、资源，在人口数量成倍地增长、生活水平极大地提高的情况下，消耗的能源、资源也成倍地增加。但是，可供人类利用的资源、能源不是减少了，而是增加了，新的能源、资源不断地被发现、发明、使用：煤炭、石油、塑料、橡胶、铝、钛、核能、太阳能等。在人类快速发展的同时，消耗掉了大量的能源、资源，但是这些和太阳任何一天释放的能量相比，实在是微不足道。这仅仅是太阳系内部的能量，尚不知道巨大的宇宙空间中有怎样无穷无尽的能量在等着人类去开发、利用。当人类迈出太阳系、迈向更广阔的宇宙空间时，太阳系内部的能量就不能供人类使用，需要太阳系外的空间提供能量，因此完全没有必要担心能源、资源的耗尽。我们需要担心的是人类能不能以最快的速度结束各种内部争斗，在耗尽已知的能源、资源之前怎样大幅地提高人类自身的能力，以便发现、使用更多更高效的能源、资源。

随着缓慢地发展，人类自身的能力不断地得到了提升，导致了人类的欲望不断膨涨；反过来，在人类的欲望不断膨涨的促进下，人们利用自然、改造自然的能力也随之不断地提高。人类从最初的几百万人增加到现在的几十亿人，增长了千倍，生活水平、质量也得到了极大的提升，地球上的资源、能源等并没有出现我们所想象的那样减少、枯竭，反而是不断地发现、利用新的资源、能源，其原因就是在人类无穷的欲望的促进下，人类自身及社会不断地发展，利用自然、改造自然的能力不断地提升，能够不断地开发、利用新的资源、能源，并逐步把目光由地球内部转向地球外部乃至无穷的宇宙。

人类能力的提升与有效人口的数量（有效人口是指参与了社会化分工并推动分工不断演进的人）成正比：有效人口越多，人类的能力就越大；有效人口越少，人类的能力就越小。1949年前，我们的人口数量是世界上最多的，但很弱小，被西方列强瓜分，处处挨打。1949年国家刚成立时，一贫如洗，当时的铁钉叫洋钉、煤油叫洋油、火柴叫洋火，绝大多数人是文盲，但就是在这样一穷二白的基础上，仅仅用了二三十年的时间，就迅速地建立起了自己的工业、农业、国防、科技现代化的基础。人工合成胰岛素、巨型计算机、核工业、卫星、大型工厂、大型水利设施等的建设速度（单位时间内）远远超过了世界上任何国家。新、旧两个时代，同样是世界上人口最多的国家，但表现出来的能力却完全相反，其原因就是有效人口数量的不同导致了能力的不同：旧时代尽管人口总数很多，但都是以小农的模式存在，没有共同的利益，一盘散沙，为了各自的利益互相争斗，有效人口的数量很少；新时代在全国范围内进行了大规模的分工，使所有的人有了共同的利益并为之奋斗，形成了一个巨大的生产单位，有效人口的数量得到了最大限度地增加，人们的能力被充分挖掘了，因此，在很短的时间内就取得了巨大的成就。

（二）原始社会

要弄清人类社会的发展趋势和规律，或许可以从自然界中的一些生物那里得到启示。蚂蚁、蜜蜂等具有社会性的动物可能是很好的例子，一窝蚂蚁或蜜蜂就是它们的一个社会。在这个社会里，有"领导"——蚁后、蜂王（它们只是从事蚁、蜂的再生产者），有交配的雄蚁、雄蜂，有劳动者——工蚁、工蜂，有专门伺候蚁后、蜂王和下一代的——保育蚁、保育蜂，有专门保卫社会的——兵蚁、兵蜂等。在它们的社会内部，尽管个体数量很多（密度远远大于人类），但整个社会秩序井井有条，毫不紊乱。每次暴风雨来临前，蚂蚁社会的成员会全部出动，排成整齐的长队，搬到能躲避暴雨的地方居住，黑压压的队伍丝毫不乱。蚂蚁、蜜蜂这种低级的动物，没有人类社会所具有的法律、文化、政治、宗教、道德、经济、军事、教育等，是用什么来维系整个社会的呢？蚂蚁、蜜蜂和其他的动物相比，没有别的特点，就是在它们的社会内部没有高低贵贱之分，只有比较完善的分工（但不能演进），使它们相互之间高度依存，从而维系了整个社会的正常运转。

从生物的进化过程也可以得到启发：地球上最早的生物基本上是以单细胞的形态存在，称之为单细胞生物。单细胞生物的细胞能独立地完成整个生命的全过程，具有很强的全能性和独立性，细胞间的相互依存度很低。一些单细胞生物聚集在一起形成单细胞生物群，随着单细胞生物群内部细胞与细胞分工合作的不断演进或单细胞不断地分裂、分化（分工），逐渐形成、产生了多细胞生物。如果单个有机体的组成细胞没有进行分工就不会形成多细胞有机体。多细胞生物体内的单个细胞已经不能独立地完成生命的全过程，必须与其他的细胞进行分工合作，才能共同完成这个生物体的生命过程。因此，多细胞生物体内单个细胞的全能性减弱了、专业性增强了，独立性降低了、细胞间的相互依存度增加了。多细胞生物体本身就是一个细胞社会，这个社会内的细胞的分工越精细，生物的等级就越高。

根据生物进化的过程，也可以推理出人类社会的发展规律和方向：决定人类社会发展的速度和程度是人类分工合作演进的速度和程度。人类社会的发展过程也证实了这个推理：原始社会时期，人类为了生存，每个人都需要了解每种植物的生长模式、每种动物的生活习性；需要知道哪种食物能吃、哪种有毒不能吃；需要知道季节的变换；需要知道怎样制作一把石刀、如何做出抓各种动物的陷阱；需要知道如何面对雪崩、洪水、猛兽等危险。也就是原始社会的人对周围环境的了解要比现代的人更深、更广、更多样。现代的工业化社会，就算不太了解自然环境也能顺利存活，因为现代人必须专注于自身小领域的知识，每个人懂的只限于自己的那一部分，对生活中的其他必需，由其他领域的人负责。就整体而言，现代人所知的远远超过原始人。但就单个的人而言，原始人则是有史以来最具备多样性知识和技能的人，也就是他们的全能性最高、独立性最强、专业性最低。随着社会的发展，人的全能性不断地减弱、独立性不断地降低、专业性不断地增强，相互依存度也不断增加。因为分工的演进，使具有社会性的生物如蚂蚁、蜜蜂等以及单个的多细胞有机体内的细胞的全能性、独立性不断地降低、专业性不断地增强，形成垄断，实现垄断平衡，相互高度依存。为了生存，个体之间必须是合作的关系，而不能是竞争的关系。单细胞生物体的细胞以及其他不具有社会性的生物个体之间是竞争关系（显性），而不是合作关系（显性），因为它们没有进行分工（微观的），不能形成共同的利益，只有自己的利益，为了自己利益的最大化，必然会侵犯别个的利益、保护自己的利益，所以它们必须进行竞争，以保证自己存活下来。

生产力决定生产关系、经济基础决定上层建筑、社会存在决定社会意识。任何一种形态的社会，起决定作用的是生产力、经济基础、社会存在，而不是生产关系、上层建筑、社会意识。而决定生产力、经济基础、社会存在的又是什么呢？是分工。一个人以什么形式存在于这个社会，是由这个人的社会分工决定的。人类社会分工演进的程度和速度决定了生产力和经济基础：演进的程度深、速度快，人的专业性强、生产力水平先进，经济基础好，社会化程度高；否则，人的专业性弱、生产力水平落后，经济基础差，社会化程度低。

划分社会形态的标准，必须要适合当时的特点，并具有连贯性，还必须能够指引人类社会的发展趋势和方向。生物的形成、进化是人类社会形成、发展的基础，人类社会的形成、发展是生物形成、进化的延续。根据具有社会性生物的特点以及生物进化的过程，结合人类社会发展的特点，以分工演进的程度和速度为依据，可以将人类社会划分为这样几种形态：原始社会、农业化社会、工业化社会、社会化社会、天人合一。按这种方法划分，没有哪个国家、地区、民族能够不经过某一形态的社会而直接进入到下一形态的社会。目前，人类历史正发展到工业化社会阶段。

原始社会是人类历史上的第一种社会形态，是由无数的几乎独立的小社会共同组成，就像无数个单细胞组成的单细胞生物群一样。到目前为止，其时间跨度是各种社会形态中最长的，达百万年之久，占人类发展历史的绝大部分时间，乃至要以万年、十万年为单位进行计算。到目前为止，还没有发现有哪个民族、国家、地区不经历原始社会的。

原始社会早期，人类以"群"为单位，人们的生产、生活都在这个单位内部进行，对单位之外的事物了解很少，一个"群"就是一个"社会"。所谓的"原始社会"，在当时其实就是由无数个原始的"小社会"组成，或许应该称为"原始社群"。每个原始的"小社会"都能独立地进行生产、生活，不知道除了自己之外还有其他的"社会"，这个"小社会"就是他们的全部。这种情况和蚂蚁、蜜蜂等动物类似。整个原始社会里，人类并没有形成一个完整的、统一的社会，不知道自己居住的地球有多大、有多少人等。随着分工不断地演进，"群"被单位更大的"氏族"所取代。后又逐渐形成"部落""部落联盟"乃至出现"国家"的雏形。生产、生活单位的逐渐扩大与分工的不断演进互相促进、相互制约：分工的演进促进了生产、生活单位的扩大；反过来，生产、生活单位的扩大也推动了分工的演进。分工的不断演进需要参与的人不断增加，否则演进就会停滞，所以人类社会的规模就不断地扩大，数量不断地减少。原始社会的解体是人类分工不断演进的必然结果。

三次社会化大分工，使人的专业性有了三次大的提升、相互依存度有了三次大的增加、全能性有了三次大的减弱、独立性有了三次大的降低，生产力有了较大的发展。随着分工的演进，产业链逐渐拉长，新的行业不断萌芽，生产力不断发展，产品出现了剩余，为私有化准备了物的条件。同时，分工的逐渐演进导致了社会关系的链条也不断拉长，家庭的形成、产生，为私有化准备了人的条件。私有制、阶级、国家顺理成章地就出现了。

原始社会是人类的第一种社会形态，也是极其重要的社会形态，所经历的时间非常长，远远超过了此后各种社会形态时长的总和。首先，原始社会最重要的是人的形成，也就是常说的"人的进化"。没有这个过程，就不会有人类。人类由类人猿"进化"成人，经历了漫长的岁月。这个"进化"的过程，也就是"人"自身的各细胞、组织、器官、系统等分工合作全面协调不断演进的过程，而不像其他生物那样只是单方面的"进化"。其次，原始社会是人类社会形成的重要时期。最初的原始人群对本群外的了解很有限，对自身活动范围外的世界几乎不了解，他们的"社会"就是他们所在的"群体"。随着"人"自身分工合作的缓慢演进，并在最初的自然的分工合作的促进下，群体内部个体之间的分工合作也缓慢演进，他们互相配合，共同劳动，共同抵御各种灾害。群体之间的分工合作在群体内部和自然的分工合作的带动下，也逐渐演进，相互依存度不断增加，人类的"社会"规模不断地扩大、数量不断地减少，由最初的群体发展到氏族、部落、部落联盟乃至国家等。再次，随着人类社会的逐渐形成，在原始的分工合作的促进下，经过漫长的演进，出现了人类历史上第一次、第二次、第三次大的社会化分工，人的全能性不断地减弱、专业性不断地增强，为此后人类社会的发展奠定了必要的基础。与此同时，人类制造、使用的劳动工具的分工合作也不断地演进，由最初简陋的石头、木棒等逐渐演进到粗糙、简单的复合型工具乃至金属工具。最后，在生产劳动以及劳动工具的分工合作演进的促进下，人与人之间的社会关系的分工合作也逐渐演进。家庭并不是随着人类的出现而产生的，它是在人类的社会化分工不断演进的过程中逐渐形成并产生的，是分工合作演进的产物。随着三次社会大分工的演进，生产力得到了一定的发展，人与人之间的关系链条也不断地拉长，产生了各种阶层，出现私有。统治者为了维护其统治，需要暴力机关的支持，于是，上层建筑的分工不断演进，产生了国家。

原始社会时期，人类是以家族、氏族、部落、部落联盟等为单位进行的集体劳动，单位内部的劳动力比较多，为三次社会化大分工的演进奠定了必要的基础。原始社会的中后期，出现了早期的人类文明，也是人类文明分工演进的萌芽。

（三）农业化社会

人类以农业、农产品为主要生产、生活资料对象的社会称之为农业化社会。农业化社会分工演进的程度和速度比原始社会要精细、快，家庭逐渐成为重要的生产、生活单位。农业化社会同样是人类所必须经历的阶段，只是经历时间的长短、方式不同而已。根据分工演进的速度和程度的不同，农业化社会又可分为两种模式：一种是生产单位的规模相对较大，劳动力相对集中地进行集体劳动的大农农业化社会，如农庄、田庄等；另一种是生产单位的规模相对较小，劳动力以家庭为主要单位进行个体劳动的小农农业化社会。

根据历史研究，不同的国家、地区所经历的农业化社会的时间长短不同，生产方式也不一样。

1. 集体劳动的大农农业化社会

原始社会，由于生产力低下，为了生存，人们以群为单位共同劳动，也就是以集体的方式进行生产。到了原始社会末期，随着三次社会化大分工的演进，生产力得到了提高，贫富出现分化，人类进入到农业化社会，也是人类的第一个阶级社会。在农业化社会的初期，由于分工依然原始、演进缓慢，生产力水平很低，为了生存，人们延续了原始社会集体劳动的生产方式。

农业化社会最早出现在埃及、西亚、中国和印度，继而在希腊和意大利等地产生。其产生和确立于原始社会末期，是分工不断演进的结果：分工的演进导致了生产力不断提高，使劳动者能够生产出剩余产品（剩余产品必须经过交换才能变成商品，而交换是分工的结果）。在这种情况下，出现了人类历史上第一个人剥削人的社会形态，即奴隶占有制（这是从生产关系上来划分的）：奴隶主占有全部生产资料并直接占有和剥削生产者——奴隶，这是早期农业社会的共同特点。人类历史上最早的国家出现在亚非欧，奴隶制国家的产生是人类社会分工演进的必然结果，奴隶与奴隶主本身就是一种分工（生产关系的分工）。与此同时，各单位内部的分工也在不断地演进，社会链条不断地拉长，产生了各种国家机器并不断地被强化。

对比原始社会与农业化社会，可以发现分工演进的决定性作用：由于分工的不断演进，导致了人类社会的链条不断地被拉长，出现了新的产业、阶层。人类的三次社会化大分工就是因为分工不断地演进导致产业链拉长的结果。如农业除了生产粮食外，还出现了园艺和饲养牲畜；手工业因分工，出现了冶金、纺织、榨油、酿酒、制陶等部门。在产业链条拉长的带动、促进下，人类的社会链条也逐渐拉长，社会上出现了各种新的阶层。生产力分工的演进决定了生产关系分工的演进，反过来，生产关系分工的演进反作用于生产力分工的演进。原始社会，人类的分工主要体现在劳动生产上，以自然界的分工为主，服从于自然规律。随着生产劳动分工的演进，人类进入到农业化社会。生产关系的分工也不断地演进，出现了新的社会阶层：奴隶主、奴隶、自由民以及军队等阶层。尽管出现了人剥削人的情况，但从整个人类社会发展史来看，进步是巨大的。这个进步主要体现在人类由单纯的劳动生产上的分工演进到人类社会自身的全面的分工，社会的规模不断地扩大、数量不断地减少，人的社会性得到了空前的发展。虽然付出了巨大的代价，但也为人类认识自然、改造自然作出了不可估量的贡献。农业化社会打破了原始社会氏族部落关系的狭隘性，有利于社会生产规模的扩大；有利于体力劳动和脑力劳动分工的演进；有利于人的专业性增强、全能性减弱、独立性降低，增加了人与人之间的相互依存度，密切了人的社会关系，为后来的工业化社会、社会化社会做出来不可或缺的贡献和创造了必不可少的条件。

农业化的国家里，统治阶级对主要生产资料、劳动产品和被统治阶级的占有形式是不同的。如西方一些农业化国家，奴隶、土地属于奴隶主私有，奴隶主贵族在私人占有的大量的土地上建起大庄园。这种庄园往往有上千公顷的土地，庄园内部进行分工，种有谷物、橄榄、葡萄，饲养牲畜，还有各种手工业品的作坊等。有些奴隶主的庄园规模小些，但至少也有一二百公顷。东方的许多农业化国家（西方也有些国家类似），土地往往属于奴隶主阶级的国家所有。如《诗经·小雅》上所说："普天之下，莫非王土。率土之滨，莫非王臣。"西方国家，因为奴隶、土地属奴隶主贵族所有，所以他们能在私有的土地上建庄园，以庄园为单位进行生产和生活。庄园的规模比家庭大，劳动力（奴隶）多，能够进行分工并不断地演进。东方国家的土地归国王所有，随时可以"赐给"或"没收"土地，所以不存在大型的庄园，或者说这种"庄园"十分不稳定，很难持续地进行生产上的分工。因为对土地占用方式的不同，导致了分工演进的情况不同，生产力发展的结果也不一样。如古罗马大奴隶主伊息杜尔的庄园里，就有四千多个奴隶；罗马将领克拉苏，拥有两万多个奴隶；古埃及的国王法老，为了给自己修建坟墓——金字塔，驱使了十万个奴隶来服苦役。由于大量的奴隶进行集体性的劳动，为分工并不断地演进提供了主体——大量的劳动力。在一个生产单位内部，劳动力数量的多寡是决定分工能不能演进及演进速度快慢的根本原因和动力。这种不同的土地占用方式一直延续到了封建社会：西方的封建社会是以庄园经济为主的大农（集体劳动）农业化社会，东方的封建社会则演变成以家庭为单位的小农（个体劳动）农业化社会。分工需要一定数量的劳动力参与，一个人是没办法进行分工的，只有两个及以上的人才能进行分工。如果分工需要不断地演进，就必须要有劳动力不断地参与进来。分工演进的速度、程度与参与的人、物成正比，参与的人、物越多，分工演进的速度越快、程度越深，否则速度就越慢、程度越浅。

农业化社会代替原始社会，是分工不断演进的结果，并为分工的加速演进创造了必要的条件。由于大量的劳动力得以保存，战俘不再被杀死，而是变成奴隶，为人类社会分工的演进提供了必要的人的条件。奴隶主占有大量的奴隶，就可以组织较大规模的生产，使生产单位尽可能地扩大，单位内部的分工才能不断地演进，劳动效率才能得到提高。同时，人类生产分工的演进又促进了社会分工的演进，不同部门之间的分工（公分工）、同一部门内部的分工（自分工）越来越精细，专业性越来越强、全能性越来越低、独立性越来越弱、相互依存度越来越高，劳动者的劳动技能和熟练程度不断提高，产业链不断地拉长，新的部门和行业不断产生，进而提高了整个社会的生产力。同时，生产力分工的演进促进了生产关系分工的演进，其链条也不断拉长，出现了新的阶层。分工的演进主要表现在金属工具的使用、手工业的发展、商业的繁荣、城市的形成、国家机器的建立，以及新的社会阶层不断地出现等，从而使整个社会的组织架构网不断扩大，相互依存度不断增加。

城市在人类发展史上有巨大的作用和意义，它的形成、产生是分工演进的必然结果：随着分工的演进，需要人、物不断增加并趋向集中，生产力不断地提高，形成了城市的雏形。反过来，人口的增加、集中又促进了分工的演进。原始社会，人口稀少，只是在部落聚居的地方才稠密一些，后来逐渐形成村落，但不能形成城市。到了原始社会末期，由于掠夺奴隶和财富，各部落之间的战争趋于频繁，出于进攻和设防的需要，就在部落联盟的中心地区垒起高墙、挖掘深沟，建起了最早的城市。进入农业化社会后，战争的规模更大、次数更多，人、物聚居也更多，城市的规模不断扩大。在各农业化国家中，都有相当发达的城市。罗马就是古代一个著名的大城市：它有高大的城墙，市容繁华，建有肃穆的神殿、宏伟的宫殿，以及许许多多的豪华宅邸。商代王都殷（今河南安阳市小屯村），范围宽广，面积达二十四平方公里。城市里有行政机关，驻扎着军队，设有法庭、监狱等国家机器。城市不是以农业生产为主，而是以分工演进速度快的手工业、商业为主。古代的城市都是手工业集中的地方：从考古发掘的材料中判定，城内有织布、皮革、木工、石工、象牙匠、陶器工等作坊。手工业的发展同商业密切相关，因此，城市又是商业十分活跃的地方。古代的巴比伦城，商业异常繁荣，成了当时西亚和北非一带的经济中心，人口不下十万，各国商人都云集于此。

城市的出现是人类生产劳动的分工与生产关系的分工共同演进必须相互依存的产物：因为分工的演进，拉长了产业链和关系链，产生了新的行业和新的阶层，因此必须增加人口数量；因为分工，使人的全能性、独立性降低，专业性、相互依存度增加，人们必须聚居在一起；因为分工，使人们在不同的劳动之间转换的时间和物质耗损减少、劳动技能提升，提高了生产力。这些劳动力主要来源是农村人和战争中的俘虏。在古代，由于生产力仍然很低，交通、通讯很落后，不可能出现远距离的分工合作。因此，这些新增加的行业、部门、劳动力、资源就只能集中在一起，形成了人口集中的城市。集中起来的人、物反过来又促进了分工的演进。商业本身就是一种分工，同时也是分工的产物——人们相互依存的表现形式。商业的繁荣与否是衡量一个地区或国家分工演进的程度与速度的尺子：分工精细且演进速度快，需要交换的就频繁，商业就发达；分工演进原始且速度慢，需要交换的就少，商业就萧条。城市比农村繁荣，就是城市的分工细且演进快，农村的分工原始且演进慢，所以农村落后，商业十分不发达。没有分工，即使人们集中居住，也形成不了城市。分工越细，产业链和关系链就拉得越长，需要参与的人、物就越多、越集中，否则链条就会断裂。当交通、通讯等（本身就是分工）基础设施相当发达后，分工的范围就会不断地扩大，不再只限于一城一地，而能实现跨地区、跨国甚至更大范围的分工，实现所谓的"城乡一体化""全球一体化"。无论是"城乡一体化"还是"全球一体化"，都是分工演进的结果，也只有分工不断地演进，才能够实现"一体化"。

早期的农业化社会（也就是常说的奴隶制社会），统治阶级完全占有生产资料、劳动者（奴隶）、劳动产品。随着生产劳动的分工不断演进，生产力不断提高，人们创造的物质财富不断增加。但是，整个社会的上层建筑（生产关系）的分工演进很缓慢，严重地阻碍了生产劳动（生产力）分工的继续演进。在这种情况下，劳动者（奴隶们）以各种方式如消极怠工、破坏工具、逃跑、反抗乃至暴动起义等进行斗争，相应地也阻碍了分工的演进。分工的演进是不以人的意志为转移的，于是产生了不可调和的矛盾。打破、解决这个矛盾的唯一办法是以生产力分工的演进带动、促进生产关系分工的演进，这是历史发展的必然趋势。以西欧为代表的奴隶制国家顺应了这个历史发展的趋势，推动了生产关系分工的演进。其特点是由统治阶级完全占有生产资料、劳动者（奴隶）、劳动产品演进为部分地占有劳动者和大部分地占有生产资料、劳动产品，生产关系的分工得到了一定的演进，社会关系的链条得到了拉长，增加了中间阶层。同时，为了生产力的发展，以便占有更多的社会财富，统治阶级仍然延续了劳动者集中劳动的生产方式，以利于劳动分工的演进，提高生产力，增加财富。

农业化社会是人类发展的必经阶段，为后来的持续发展奠定了必要的基础，是人类历史发展过程中的一个巨大进步。农业化社会的生产方式决定了人类发展的方向、速度、质量：劳动者以集体的方式进行生产劳动的大农化农业代表了人类正确的发展方向，其发展的速度快，质量高；而劳动者以个体（家庭）为单位进行生产劳动的小农化农业代表了人类错误的发展方向，其发展速度慢，质量低。而大农化农业的奴隶制社会经历时间的长短对此后人类发展速度的快慢影响很大：奴隶制社会经历的时间长，其分工演进的时间相应地也长（奴隶们是集中劳动，有利于分工的演进），分工比较完善，生产力提高得快，加快了此后发展的速度快。奴隶制社会经历的时间短，分工演进不完善，生产力低，迟缓了此后的发展速度。

2. 个体劳动的小农化农业社会

个体劳动的小农化农业社会是指在农业化社会里，以家庭为主要单位进行生产、生活的社会形态。这种社会形态又主要集中在以东亚封建社会为中心的地区。

小农化生产方式产生的主要原因是：由于奴隶们集中进行生产劳动，分工演进的速度快，导致了生产力发展的速度快。此时，生产关系的分工演进慢，阻碍了生产力的发展。人类要向前发展，必然会打破这种不平衡，方法有两种，一种是继续推进生产分工的演进，促进生产力的发展，并加速生产关系分工的演进；另一种是"中庸"的办法：即既阻碍生产分工的演进、延缓生产力的发展，又对生产关系也进行适当地调整。东亚的统治阶级选择了第二种办法：为了阻碍生产力的发展，统治者将劳动者集中进行劳动的生产方式分解成以家庭为单位进行劳动的生产方式。另外，对生产关系（即上层建筑）也进行了改革——奴隶主变成地主，分工得到一定的演进，生产关系的链条相应地拉长了，增加了中间阶层，从而缓解了社会矛盾。东亚从集体劳动的大农农业化社会（奴隶制社会）进入到个体劳动的小农农业化社会（封建社会）是由统治阶级主导的——通过变法、改革的方式实施并完成的。因此，东亚奴隶制社会没有像欧洲那样爆发大规模的奴隶起义。《商君书》讲驭民五术，曰：壹民、弱民、疲民、辱民、贫民。壹民：统一思想；弱民：国强民弱，收天下之兵，铸十二铜人，治国之道，务在弱民；疲民：终日奔波，疲于生计，使民无暇顾及他事；辱民：相互检举，生于恐惧，死于卑贱；贫民：剥夺余粮余财，人穷方能志短；五者若不灵，杀之。小农化能最好地体现《商君书》中的驭民五术：将奴隶们的集体劳动分解成农民单个家庭的个体劳动，降低了生产力，使人民弱小，整日为生存奔波，不能顾及其他事情。同时，生产单位规模减小，利益单位增多，各单位为了扩大自己的利益，就会互相争斗，便于统治者进行统治。这种"中庸"的方法避免了剧烈的社会动荡，但也为今后的发展埋下了巨大、长期的隐患：由于小生产不能促进生产力的发展，所以生产力就不能推动生产关系的改变；反过来，生产关系也不能促进生产力的发展，这样就形成了特有的"历史周期律"，工业革命也就不可能在东亚发生。

据认为我国的封建社会是从公元前476年开始，到鸦片战争结束，经历了2300多年，进入封建社会的时间比西方国家早，灭亡比西方国家晚，是世界上少有的封建社会时间最长的国家之一。而且，与西欧国家的封建社会相比，有很大的区别：我国封建社会的生产、生活方式完全是以家庭为单位的小农模式，是典型的个体劳动的小农农业化社会。封建社会的历朝历代不仅以小农生产为经济基础，统治者为了加强统治，还在小农经济基础之上形成了与之相适应的小农政治、小农文化、小农世界观、小农价值观、小农人生观、小农教育等上层建筑。个体劳动的小农农业化社会，单个的家庭既是生产单位，又是生活单位，能够独立进行生产、生活，专业性低、全能性高、独立性强，家庭间的相互依存度很低。因为单位太小，在其内部不可能支持分工的持续演进，只有最原始的性别、年龄等分工。同时，也因单位太小，便于统治者进行统治、压迫，所以，我国的封建社会经历的时间很长。统治者为了加强统治，不断地强化这种小农模式，因而其上层建筑也完全小农化。这种"便于统治"只是一种表面现象，实际情况则完全相反：因为生产单位小，分工原始，导致了生产力十分低下，人们的生活、生产十分困难，整个社会发展十分缓慢，严重地阻碍了人类的进步、社会的发展，反而加剧了社会的不稳定性。

西欧封建时期经历的时间短，几乎是一种过渡性的社会形态，而且其生产、生活模式和小农模式相比，有很大的区别：西欧封建国家延续和保留了奴隶制社会集体劳动、生活的特点，其经济单位演化成为封建农庄等模式，农奴们在农庄内部进行生产、生活，最大限度地保证了集体劳动模式。并在此基础之上形成了与之相适应的政治、文化、世界观、价值观、人生观、教育等上层建筑。在单位内部，不仅能进行生产的分工，而且管理上（上层建筑）也能进行分工，并且不断地演进，链条不断地拉长，为后来的工业化革命奠定了必要的基础。西欧的庄园、田庄等大规模的封建经济，可以"闭门成市"，有高度的组织，有统一的生产。虽然也是私有经济，但这种私有比小农化的小私有规模大得多，单位内部没有竞争，以合作（相互依存）为主，农奴与地主的依附关系也难以形成竞争。西欧的封建社会应该称之为庄园（农庄）封建社会，属于集体劳动的大农化农业社会。

我国的封建社会相对于奴隶制社会，实际上是个倒退：由奴隶们集体劳动的大生产倒退为家庭个体劳动的小生产。这个倒退是由统治阶级对土地的占有形式以及生产劳动方式的不同而造成的。对于被统治阶级自身而言，其人身自由得到了一定的解放，有了少量的家庭财产，表面看是一个进步，但这个"进步"实际上使人的社会性降低了（由众多家庭进行集中劳动的大生产降低为以单个家庭进行个体劳动的小生产），极大地延缓了生产力的提高，固化了人的社会存在，阻碍了社会的进步。这个退步就像由多细胞生物退化成单细胞生物一样。漫长的小农化社会，极大地阻碍了分工演进的速度和程度，使先进的国家变成落后的国家。

生产、生活方式不同，就会产生不同的经济。有什么样的生产方式，就会产生与之相对应的经济类型。不同的经济类型反作用于生产、生活方式。我们不能脱离生产、生活方式而研究经济的发展。从秦始皇统一国家开始，没有任何一个朝代不注重上层建筑的建设、改革：无论是秦皇汉武、唐宗宋祖、天骄成吉思汗、康熙乾隆等都是这样；无论是统一文字、整顿吏治、改革国家机器、创新人才选拔、完善法制、弘扬宗教等措施，都没能延续国家、朝代的辉煌，最后都有相同的结果——灭亡。因为无论哪个朝代的上层建筑怎样变化，人们的生产、生活方式都没有实质性的改变，决定了灭亡是其唯一的结果，建立的新王朝依然要重复着旧王朝的历史。我国漫长的封建社会，起主导作用的是小农化生产、小农化经济，因而决定了其上层建筑也必然小农化，无论上层建筑怎样改革，都只是小农化范围内部的调整，不可能触及到小农的本质。

3. 小结

所谓的奴隶制社会、封建制社会，都是以农业生产为主要经济基础、以上层建筑的不同为主要形式来划分的社会形态，它们都是农业化社会。但是，由于生产方式的不同，产生了不同的经济形式，决定了上层建筑的不同，导致了社会的发展速度、方向不同。

奴隶制社会，东、西方国家都是以农产品为主要生产、生活资料，农业是主要的劳动对象，奴隶主占有生产资料、劳动产品和奴隶，众多奴隶集中进行生产劳动的社会形态，它们没有本质的区别。但是，随着分工的演进，生产力和劳动工具得到了一定的发展，东、西方国家的生产方式发生了分化。东方国家和地区逐渐形成了以单个家庭为主要生产、生活单位的小农经济，并以此为基础建立了小农化的上层建筑——封建制王朝。西方国家和地区一直保持着以众多家庭进行集体劳动为主的农庄或庄园经济模式，即使奴隶制被封建制所取代。以农庄或庄园为单位进行生产，人口比单个家庭多，生产规模比单个家庭大，所以生产劳动中的分工演进的速度快。生产力分工的演进与生产关系分工的演进相互作用、互相促进，推动着社会快速发展。

（四）工业化社会

工业化社会是第三种社会形态，它不是以第二产业占国民经济的比值来划分的，而是第一、第二、第三产业的分工不断全面地加速演进，并且产业合作（相互依存）也不断加速演进的社会形态。它的产生既是分工不断演进的必然结果，更是分工加速演进的必然要求，从而使人类社会的规模空前地扩大、人的社会性得到了空前的发展，加快了社会发展的步伐，促进了人类自身的进步。没有任何一个国家、地区、民族可以不经历工业化社会而能直接进入到更高级的社会形态，它同样是人类社会发展必须经历的阶段。

工业化是一种生产方式，而不是某一产业，这种生产方式不仅仅是第一、二、三产业的分工不断地演进，而且劳动工具的分工也不断地演进，并被纳入到人类的分工体系中，从而使人类实现工业化生产、生活的过程。如果说分工合作是农业化社会的"副产品"，那么工业化社会的核心就是分工合作，没有分工合作，就不会有工业化。

工业化社会的生产方式产生于集体劳动的大农农业化社会内部。十四、十五世纪，地中海沿岸的某些城市已经稀疏地出现了工业化生产的萌芽。在分工演进的推动下，商品生产实现了社会化。并且，这个"社会"的规模在分工演进的推动下不断地扩大，促进了农业化社会自然经济的解体。始于18世纪中期的工业革命使人类开始迈入工业化社会，分工演进的速度开始步入快车道，尽管此时的工业化还比较原始。

工业化不是一种自发的社会现象，而是分工演进到一定程度的必然产物：西欧的农业化社会始终保留了集体劳动的生产模式，其生产单位规模大，参与劳动的人口多，因而单位内部分工演进的速度快。但是，因国家规模小、总体人口数量少，制约了生产单位内部、生产单位间（国家内部）分工的演进。社会的上层建筑出于自己利益的需要，阻碍了生产关系分工的演进。在多方面原因的共同作用下，整个欧洲分工演进的速度并没有突飞猛进，而是此消彼长。尽管如此，大农农业化社会的分工演进速度仍比小农农业化社会快得多，社会的发展相应地也快。大农农业化社会后期，随着分工的演进，产业链条不断地拉长，不断地产生新的行业和部门，交换越来越频繁，市场的容量不断增长，商业和手工业得到了很快的发展，商品经济也迅速地发展起来了。大约十四世纪末，巴黎就有三百五十种行业；十五世纪时德国的法兰克福有一百零七种行业。不仅行业、部门间的分工不断地演进，生产单位内部的分工也不断地演进，如十四、十五世纪，欧洲地中海沿岸的一些商业发达的城市，如威尼斯、热那亚等，在织布业、采矿业、冶铁业、造船业等行业中，随着其生产单位内部分工的演进，一件完整的产品不断地被分解成许多种不同的相互依存的生产步骤，如制针业、钟表业等。

资本地位的上升及资本家的产生既是分工演进的产物，也是分工加速演进的必然需要：交换是分工的产物，当分工比较简单、原始的时候，人们以物易物，没有也不需要货币。随着分工的演进，社会规模不断地扩大，人的社会性逐渐增加，交换变得频繁、复杂起来，出现了多方甚至远距离的交换，货币的重要性不断加强。反过来，货币也促进了分工的演进，也就是货币是分工演进的加速器。随着货币促进分工演进的作用不断增强，资本家的社会地位也逐渐提升。资本家为了获得更多的利润，并提高自身的社会地位，就必须要推动分工的演进：分工越演进，需要参与的人就越多，生产力提高得越快，市场规模就越大，交换也就越快、越多，获得货币的机会就越多。此时农业化社会的地主阶级为了维护自己的利益，就会阻碍资本家获得利益，产业资本家与农业地主之间的矛盾成为主要的社会矛盾，其实质是分工的演进与反演进之间的矛盾。为了维护、扩大自己的利益，资本家就会反抗农业地主阶级的统治。由于资本是分工演进的加速器，资本家本身也是分工演进的产物，他们是推动分工演进的动力，所以是必然的领头人、当时的革命者。为了推翻地主阶级的统治，他们联合工人、农民消灭了阻碍分工演进的地主阶级。分工的演进是解放人类的唯一路径，因此，工人、农民为了自身的解放，也会支持资本家，成为资本家的同路人，共同革了农业化社会的命。由于资本的巨大作用，资本家建立了以资本为主的资本工业化社会。所谓的资本工业化社会就是以私人资本为上层建筑，以工业化生产为基础的社会。资本工业化社会的生产实现工业化、资本的地位空前强化、资本家的政治地位获得空前提高。

我国的资本主义萌芽产生于明、清之际，大约十六、十七世纪（春秋战国时期，就有很多大商人，但受小农化国家政策的限制，这些大商人不能继续发展，极大地延缓了资本家的形成和产生），主要出现在江南地区的丝织业以及冶铁业、陶瓷业、造纸业、造船业等地区和行业中。如万历年间，杭州人张瀚的祖上张毅庵，在成化末年还只有一张木制织机，织造各种绢帛。因他技术精湛，人多争购，盈利五分之一，差不多二十多天就能够增加一张新织机。这样，很快就发展到拥有二十多张织机。如果全是素纱机（这种织机比较简单，只用二人），就需要织工四十多人；如果都是花机（这种织机比较复杂，需要三人），则需要织工六十多人，已经初具规模。我国资本主义萌芽出现的时间比欧洲稍晚，但由于是小农农业化社会，家庭仍然是主要的生产单位，规模很小且十分稳定，不可能推动生产单位内部分工的演进，从而严重地滞后了我国资本主义的萌芽、发展。所以，直到鸦片战争时期，我国仍然是一个地地道道的小农农业化社会。

西欧的农业化社会末期，随着分工的不断演进，劳动工具的分工也随之演进。工业革命为什么发生在欧洲，而不是其他地方呢？因为工业革命需要几个要素：要有以依靠出卖劳动力为生的雇佣工人（这是分工演进所必需的人的因素）、要有生产技术的改进（这是分工的演进导致了人的专业性增强、全能性减弱以及分解了复杂、完整的工艺，容易进行技术改造）、要有生产规模的扩大（分工的演进使产业链条拉长、参与的劳动力不断增加）、要有广阔的市场（分工的演进使参与的人增加，专业化增强，形成垄断，就需要不断地进行交换，市场随之扩大）等。这些都是分工演进所必需的条件和产生的必然结果，没有分工的演进，就不会有这几个要素；反过来，这几个要素也促进了分工的演进。分工演进的速度与人们的生产方式高度相关：生产方式的不同，决定了分工演进的速度不同。个体劳动的小农化社会里，以家庭为单位进行生产、生活，单位内部人数少，并且不能增加（增加的人被分家给分了），参与分工的劳动力很少，决定了分工不能演进，因而不可能爆发工业化革命，生产、生活就不能实现工业化，只能以小农化的模式存在。欧洲的大农农业化社会，庄园是其生产、生活单位，人数多、规模大，劳动者进行集体生产，决定了其分工能够持续不断地演进且速度快，产业链不断拉长，新行业、新产业不断产生，必然会爆发工业革命，因而能够实现工业化。资本工业化社会的产生是分工加速演进且不完全的产物：生产力分工演进的速度快，而生产关系分工演进的速度滞后。

资本的拥有者通过推动分工的演进来提高生产力，以获得更多的资本，再用资本购买更多的劳动力，反过来又促进了分工的演进。为了维护自己的利益，资本在加快生产力分工演进的同时，还会阻碍生产关系分工的演进，他们不仅在经济基础上加强对劳动者的统治和剥削，还以经济为基础，形成一系列所谓的"经济理论"来奴役劳动者的思想。比如"市场决定分工""交换形成分工"等，其目的是要阻碍生产关系分工的演进，结果却将人类的发展带入歧途。

农业化社会晚期、工业化社会早期，资本为了自己的利益，会加快分工的演进速度，是推动分工演进的加速器。但在资本的统治时期，为了维护自己的利益，又会阻碍分工的演进，此时又成了减速器。当资本阻碍分工的演进时，也会毫不例外地被消灭掉。资本有致命的缺陷：资本本来只是分工演进的工具，而不是目的。资产阶级恰恰相反，把分工当做获得资本的工具，而不是目的。无论资产阶级怎样修饰自己的理论，壮大自己的实力，加强自己的统治，都不可能阻止分工的演进。原始社会的瓦解、奴隶制社会的崩溃、封建社会的覆灭无不证明了这样的历史发展规律，资本的工业化社会也不可能例外。

最初的资本家是以社会发展的推动者登上历史的舞台，因为他们适应和推动了分工的演进，加快了社会前进的步伐。所以，资产阶级作为一个阶级，它具有一定的先进性和革命性。那些不能适应甚至阻碍分工演进的人，成为贫困者。但是，资产阶级的先进性和革命性是短暂的，这是由它的本性决定的：资产阶级的先进性和革命性的目的不是为了解放人类，而是为了赚取更多的利润。所以，它推动分工演进的力量只是单方面的：加快了生产的社会化，而阻碍了生产资料、劳动产品的社会化。当它的目标实现后，又会变成社会前进的阻力。这个阻力主要表现在它阻碍了生产关系分工的演进，进而抑制了生产力分工的演进，于是产生了巨大的矛盾，经济危机就是这个矛盾的具体体现。

资本的工业化社会发展到今天，已经严重地阻碍了人类的发展、社会的进步。在资本的工业化社会里，为了提高生产力，必然要求生产劳动中的分工演进速度更快、程度更精细，即生产实现最大程度的社会化。为了赚取最大的利润，又要求生产关系中的分工演进停滞，即生产资料、劳动产品实现最小的社会化，从而产生了巨大的矛盾，阻碍了人类社会的发展、进步。例如，为了将人类从繁重的劳动中解放出来，大量地使用机器甚至机器人代替人工劳动已经成为可能。但是，资本的工业化社会的生产关系严重地阻碍了人类使用机器、机器人。资本家使用机器、机器人是为了赚取利润、降低成本而不是解放人类：无论是制造还是使用机器、机器人，资本家必须要赚钱，如果不能赚钱，就会抵制，从而阻碍了人类生产、使用机器和机器人。并且，产业工人依靠出卖自己的劳动力为生，当机器、机器人大量地代替产业工人进行劳动时，会造成大批的产业工人失去工作，从而不能养活自己和家人。所以，产业工人也会抵制大量地使用机器、机器人。如果不是资本的工业化社会，机器、机器人等劳动工具也将更加先进、发达，完全可以全面地参与到人类的劳动中来，逐渐乃至完全代替人工劳动，以目前人类所掌握的技术和知识完全可以实现这一目标。

发展经济只是解决人类生存的手段，货币是分工演进的加速器，而不是目的，加快分工的演进速度、最终解放全人类才是目的。工业化社会初期，货币的地位高、作用大，是因为它促进了分工的加速演进。随着工业化社会分工演进的速度越来越快、程度越来越深，人类的生存已不存在任何困难后，发展目标必然会有根本性的改变，因此，货币的地位将不断地减弱，作用逐渐变小，并最终消失。

（五）社会化社会

社会化社会不仅是生产劳动、生产资料、劳动产品完全实现社会化，而且生活也完全实现社会化，成为公共事务。

工业化是社会化的基础，社会化社会生产力分工的演进与生产关系分工的演进实现同步，它们互相促进，共同推动人类社会的发展、进步。从分工演进的速度和程度看，社会化社会的分工已经高速演进、高度精细。

社会化社会产生于工业化社会内部，生产的社会化是基础，是生产力分工的演进推动生产关系分工的演进的必然结果。当分工演进完全，实现相对垄断，人类所创造的一切财富不归任何个人、团体或少数人所有，而是全社会共同所有，成为利益的共同体后，人与人之间的关系自然而然地就成为合作的关系，而不是竞争的关系。

工业化社会里，生产实现了社会化，但生产资料、劳动产品没有实现社会化。社会化社会的作用就是在社会化生产的基础上把本该属于社会化的生产资料、劳动产品由私人占有演化为全社会占有。任何个人都不可能脱离社会而单独存在，也就是人的根本属性是社会性的，而不是其他属性，其在社会上所创造的任何物质的、精神的财富都应该、也都必须属于这个社会，而不是属于这个人。任何一个人离开了这个社会，他什么都不是，更不要说创造任何财富了。工业化社会里，任何个人、企业、城市甚至国家都不再是独立的生产、生活单位，离开其他人、企业、城市乃至国家，都不能独立地完成生产、生活。曾经世界首富比尔·盖茨的微软视窗系统，全球几十亿人在使用，是这几十亿人成就了他。如果全球人都不用微软系统，比尔·盖茨也就不会成为世界首富。如果把比尔·盖茨放在一个荒无人烟但自然物质丰富的地方，他的生存都可能有问题，更不可能发明微软视窗系统。即使能发明这个系统，如果没有文字、电力、钢铁、石油、工人、粮食等为基础，也不可能生产出来。即使他能力超强，这一切他一个人都能实现，但没有人使用，最终还是零。可见，无论他是谁，所创造的任何财富都必须依托于这个"社会"，与"社会"越密切，所创造的财富就越多。任何一个人本身都属于这个社会，他所创造的任何财富也必然都属于这个社会；反过来，这个社会应该、也必须对每个人负责。可见，社会性才是人、财、物的本性，社会化社会就是人、财、物实现社会化过程的社会。

工业化社会，人工智能发展的速度远比当前人类进化的速度要快，当某些人、某些国家利用人工智能来对付、甚至消灭另外一些人、国家的时候，他们能够实现这个目标，但这些人也可能会被自己的人工智能所消灭。人类的发展、进化不是某些人、某些民族、某些国家的发展、进化，而是全人类共同的发展、进化，它需要大量的人参与，就像单细胞生物进化成人一样，需要大量的（约10^{14}个）很多种类（200多种）的细胞参与分工合作，否则就不能进化成最高级的动物。即使现在的人类已经是地球上最高级的动物，但仍然没有停止进化，现在的人绝不是最终形态的人。人类社会具有同样的原理，如果参与的人数量少，发展的速度就慢，不可能成为高级的社会。人类要统一，必然要消除各单位（包括家庭、阶级、民族、国家等）间的种种壁垒，如贸易保护、阶级保护、知识产权保护、民族保护、国家保护等。站在人类历史长河看，各种保护严重地阻碍了人类自身、人类社会的发展、进化。霍金的太空计划需要人类顶尖的科学家参与，但由于受各种保护的限制，极大地延缓了这个计划的实施。工业化社会后期，人类、人类社会、劳动工具、自然界的分工合作高速演进，他们逐渐融合、统一，形成一个有机的整体——社会化社会，家庭、货币、阶级、国家等逐渐乃至完全消失。

工业化社会后期，高智能的机器、机器人等大量的先进的劳动工具广泛地使用，必将使越来越多的人失去工作，这是人类的发展趋势，将促使人类向社会化社会迈进，使人成为"全社会的人"；劳动不再是人类谋生的手段，将由各种高智能的机器完全代替人类劳动；人类生存的目的也不再是为了各种物质的、精神的东西，而是促进人类自身不断地进化，个体寿命不断延长；人类的社会不断地发展，成为地球社会乃至宇宙社会。社会的发展、人类的进化将突飞猛进，远远超过人类以前所经历过的各种社会。人类研究、发展的理论将向"全球化"迈进，不再是以当前的"阶级""经济"等为目的和方向。

　　由于分工的演进，在工业化社会中后期，女性逐渐全面、彻底地参与到社会化的大分工中去，不再存在"男主外，女主内"的家庭分工模式，因此家庭内部的分工逐渐弱化直至消失，夫妻之间的依存度也随之减弱乃至消失，女性得到了全面的彻底的解放，社会地位全面提高，不再是男性的私有"物品"，完全实现与男性平等。抚养孩子不再是母亲、家庭的工作，而是全社会的工作。孩子不再属于男性所有，而是全社会所有，孩子的生长、教育等完全实现社会化，父母、爷爷奶奶、外公外婆不再是孩子的启蒙老师，而是根据孩子各个生长阶段的特点需要，由不同阶段的专业老师进行社会化教育。父母对孩子养育的功能仅保留一项——生产。在实现社会化的过程中，孩子作为父母私有"物品"的地位逐渐降低，直到最终实现不再是父母或家庭的孩子，而是整个人类社会的孩子，人的私有性消失。社会化社会里，人们实现社会化养老，老人是全社会的老人，孩子也是全社会的孩子，人完全实现社会化，不再具有家庭属性。

　　随着分工的不断演进，社会化的范围不断扩大，厨房——作为家庭极其重要的一个组成部分，也将逐渐失去功能，取而代之的是完全社会化的具有各种功能的能满足不同人需要的食堂、餐厅，家庭内部的厨房逐渐消失。人们日常生活中的一切全部实现社会化，由专业的人乃至智能机器负责，不再是由家庭中的女性负责。由于女性全面地参与了社会化大分工，不再从事家庭内部的各种劳动，取而代之的是类似于现在的更加先进的各种各样的宾馆、旅社等，由专业的人或智能机器人完成各种服务。作为人类长期生活、繁衍的地方，社会的细胞、私有制的根本保障——家庭，已经失去了存在的意义和价值，其历史地位逐渐减弱直到彻底消失。

　　随着家庭的消失，产生私有化的根源彻底地消失了，私有制从此退出历史的舞台。私有制的产物——阶级、国家也不复存在，它和家庭、私有制一起成为人类历史的回忆。

　　社会化社会里，人与人之间的关系不再是以血缘、地域、民族、国家等为纽带，而是以分工合作为纽带。因为地域、血缘、民族、国家等关系的范围有限、力量微弱，在发生利益冲突的时候会随时破裂。这种关系十分脆弱，不足以密切联系整个人类。为了加强人类之间的联系，必然要依靠分工合作。在分工不断演进的情况下，人们为了生存、生活、发展，必然要和本人之外的一切发生联系，而且这种联系是必须的、牢固的，是不可能破裂的，否则就不可能单独存活下来。以分工合作为纽带的人际关系不仅牢固，而且十分广泛，很容易就能实现整个人类之间的联系。如荷兰的花卉、牛奶产业在全球著名，它的花卉占世界60%的份额，其他地方就比不过荷兰。比利时精于养鸡与产蛋；法国的小麦及与之相关的面包、丹麦的养猪等都在世界有名，供应全球各地，这就是世界范围内的分工。因为分工的演进，使国家的全能性降低、独立性减弱、相互依存度增加，加大了国家间的合作，进而慢慢地消灭战争、消灭国界，实现全球社会化。社会化社会里，人们随时随地就能享受到世界各地的优质产品和服务。人与人之间的关系也极为密切，人们使用、享受着远隔万里之外陌生人的产品和服务。

在社会化社会里，分工已经达到了高度精细的程度，完全实现了生产社会化、养老社会化、育儿社会化、教育社会化、生活社会化等。家庭，作为男女结合的单位，仅仅剩下了纯真的爱情，再也不会存在任何私有财产和物品，那种为了各种利益而缔结的男女婚姻关系彻底消失，传统意义上的家庭失去了存在的基础，取而代之的是只有纯真爱情的新式家庭。社会化社会里男女的社会地位实现平等，只有分工的不同。国家之间、国家内部的各种界限逐渐消失，由于地理位置的分工，不同地域之间的合作得到极大地加强，不再有地域限制和壁垒。由于人类有了共同的根本的利益，不存在各自的利益，所以不会再出现为了各自的利益而互相争斗甚至战争。人类的全部精力和唯一目标就是加快人类自身的进化、社会的发展，以不断提高利用、改造自然，为人类迈出地球打下坚实的基础。

工业化社会的后期，由于分工的完善，人与人之间实现了相对垄断，整个社会成为"网状"的，形成"社会网"，每个人都是这个"网"上的一个节点，离开了他人（节点），这个"网"就会断裂，生产、生活就不能进行下去，即人与人之间达到了垄断平衡，因而实现了人类的完全平等，没有高低贵贱之分，只有分工的不同。由于分工高度精细，物品的交换就十分频繁（这种交换就像单个的多细胞生物体内部各细胞、组织、器官等之间的各种物质、能量的交换一样，无时无刻不在进行着），但交换的目的与现在完全不同：交换是为了满足人类自身的各种需要、社会的正常运转，而不是为了"利润"。各种交换以大数据为依托，每个人所获得的物质、能量以既不低于又不高于自身正常的需要为标准。如果不交换，整个社会就会停止运转。由于交换的目的不再是为了"利润"，所以就不会产生价格，货币也就失去了存在的基础，并随之消失，成为人类的"美好"回忆和历史的文物。随着分工的演进，交换的单位也发生了变化，尽管仍然是生产、生活单位之间的交换，但这个单位不再是以家庭为主体，而是以其他形式的单位存在。衡量人类社会发展的标准也发生了完全的根本性的改变，不再是以经济情况作为衡量标准，各种经济"理论"失去了存在的意义和价值，取而代之的是分工合作的演进速度和程度。

社会化社会作为一种更高级形态的社会，是在工业化社会的基础上形成的，是人类不可不经历的一种社会形态。由于分工合作的演进，人的社会性空前发展，所有的人、物质、精神等不再属于任何一个单位、阶层、国家，而是属于全人类。社会化社会是一个全新的社会形态，目前还在探索的过程中。随着人类社会的不断发展，对它的基本特征的认识，也会不断地完善、更新。根据人类历史发展的规律和分工合作演进的规律，结合生物进化过程的实践经验，简单地对社会化社会的基本特征作如下概括：

（1）家庭等各种单位逐渐消失，任何人不再属于任何家庭、单位，而是属于人类这个社会，即人的私有性消失，成为社会人，每个人不再为家庭负责，而直接对社会负责，社会也对每个人负责。

（2）人类创造的所有物质的、精神的财富不再属于某个人、家庭、单位、阶层等所有，而是属于整个人类社会共同所有，实现物质、精神的社会化。货币消失、阶级消亡，人与人之间的物质、能量等的交换实现按需分配的原则。

（3）人类进入到全新的社会化生活模式，两性之间只有纯真的爱情、友情，不存在婚姻关系。居住、饮食等也不再是家庭模式，取而代之的是类似于宾馆、餐馆等社会化模式。各种宾馆、餐馆依托大数据等根据每个人的身体需要而具有不同的功能。

（4）人类自身不断地进化，智慧大幅提高。此时，人类已发展到第三阶段：人的进化（第一阶段是人的生存，第二阶段是人的生活），人类不再直接参与生产劳动，而以人类自身的进化和人类社会的进步为目标，人工智能与人类智能实现互通。劳动工具也不断地发展、改进，逐渐发明、利用当前人类不可想象的劳动工具、交通工具、资源、能源等。

（5）城市、农村、国家等的界限消失，人与人之间的关系日益密切，"社会"的范围、概念不断扩大，包括所有的动物、植物、自然界、人类制造的各种机器、人工智能等，军队、警察、监狱等作用不断降低，数量减少、质量提高，直至消失，军队主要用来对付自然灾害、来自地球之外的危机等，地球上人类之间的战争消失。迈出地球成为人类的最低目标，利用地球之外的空间、物质、能量进军宇宙成为必然。

（6）人类重要的历史产物——文化，也将随着人类社会的统一而统一，文化的多样性和地域性消失。

恩格斯曾称赞原始的氏族共产主义道："这种十分单纯质朴的氏族制度是一种多么美妙的制度呵！没有军队、宪兵和警察，没有贵族、国王、总督、地方官和法官，没有监狱，没有诉讼，而一切都是有条有理的……家庭经济都是由若干个家庭按照共产制共同经营的，土地是全部落的财产，仅有小小的园圃归家庭经济暂时使用，——可是，丝毫没有今日这样臃肿复杂的管理机关。一切问题，都由当事人自己解决，在大多数情况下，历来的习俗就把一切调整好了。不会有贫穷困苦的人……大家都是平等、自由的，包括妇女在内。"这种原始的氏族共产主义的描述与具有社会性的动物蚂蚁、蜜蜂等类似（蚂蚁、蜜蜂等具有社会性的动物和人类母系氏族社会十分类似）。尽管恩格斯称赞氏族共产制度，但是他告诉我们："不要忘记，这种组织是注定要灭亡的。"①原始的"共产主义"尽管十分美好，恩格斯大加称赞，但他也认为这种组织是必然要灭亡的。

原始社会，人类由于分工处于完全自然的状态，因而生产力极其低下，谁也离不开谁。为了生存，在群体内部，必须实行公有，否则人类就无法存活乃至繁衍后代。原始社会的"共产主义"单位规模很小，以群、氏族、部落、部落联盟等为单位，不知道在自己的"社会"之外还有很多"社会"，以为"自己"就是全部。单位与单位之间没有共同的利益，他们会为了各自的利益而争斗，所以单位之间并不能实现"共产化"。人类原始的"共产化"和具有社会性的动物如蚂蚁、蜜蜂等类似，只是单位内部的"共产化"，不是全原始人类的"共产化"。由于生产单位很小，不能进化为高级社会，所以这样的"共产化社会"必然是最低级的、原始的。随着人类自身和人类社会的分工不断地演进，生产力不断地提高、生产关系不断地完善，人类"社会"的规模也不断扩大，使地球上所有的人形成一个完整的"社会"，成为一个密不可分的整体。社会化社会并不是人类发展的终极模式，而是仍然不断地扩大，把人类之外的一切都纳入到人类社会的范围中。当人类的分工演进到十分精细乃至谁也离不开谁的时候，生产、生活资料等自然而然地就实现了公有，从而实现马克思主义者理想中的"共产主义社会"。仅仅依靠制度、法律等规定的"公有"的"共产主义"是注定要灭亡的，因为制度、法律是人制定的，也就可以由人打破，它既可以规定"公有"，也可以规定"私有"，所以，"公有制"随时会演变成"私有制"。原始人群社会、蚂蚁、蜜蜂等的"共产化"既不是制度、法律等的规定，也不是道德的结果，只有"谁也离不开谁，离开了就无法生存、生产"的时候，公有制才会演变成人们的自觉，"共产主义"才会永久成立和存在。人类从"原始的共产主义"出发回到

---

① 恩格斯：《家庭、私有制和国家的起源》，人民出版社1972年版，第94、95页。

"未来的共产主义"社会，转了一个"圈"，而转这个"圈"的过程，就是人类自身与人类社会的"分工合作"不断演进、社会规模不断扩大的过程，是人与人、人与物之间的关系不断地密切、加强的过程。这个过程是必须的，没有这个过程，人类就会像普通动物一样，进化缓慢甚至可能灭绝。

人类成为一个整体是完全可能的，它符合自然规律，也是人类发展的必然结果。人体约有10^{14}个细胞，这么庞大的数量，是怎样成为一个整体的呢？就是通过不断地分工，使每个细胞的全能性不断降低、独立性完全丧失、相互依存度不断增加，为了生存，合作就是它们唯一的出路。目前，全世界还没有100亿人口，远低于组成单个人体的细胞的数量，也完全可以通过分工，使每个人的全能性、独立性丧失、相互依存度增加，成为一个整体——即社会化社会。这是因为人类必然要受到自然规律的支配，人们的实践和思想具有共性，它是人类成为一个整体的基础和必然。当前，全球人类的动物属性基本一致，没有本质的区别。但人类的社会性还没有形成一致，有较大的区别，这个区别将在分工演进的过程中逐渐消除，最终形成社会化社会。

小草每年冬天都会死亡，它们辛苦一年所生长的物质的主体随着自己的死亡而逐渐化为灰尘，只留下几粒种子。第二年春天，种子重新萌发，经过几个月的艰苦努力，又长成一株绿绿的小草。可是到了冬天，它又化为了灰烬。这是小草的"周期律"。当前，人类有很多类似于小草这样的周期律：一个孩子从小长到大，经过几十年的努力学习，知识不断积累、增多。但是，到了生命的终点时，他终身所学的知识也会随他一起走到了终点，和他的躯体一样灰飞烟灭，只留下一些记号——书籍或文字。下一代人要获得知识、智慧，又要重新从头开始学习，然后再留下一些记号——书籍或文字。但是，树木到了秋天，叶子会随风飘落，它们所创造的营养物质不会随着树叶的死亡而死亡，而是都储藏在树干里，树木的主体——树干也不会死亡。第二年春天，储藏的营养物质发挥作用，促使树干在上一年的基础上快速生长，使树木长得更高大。到了秋天，又把创造的营养物质储藏到树干里，以利下一年使用。人类能不能把各种知识、智慧像树叶把营养物质储藏在树干中那样直接移交给下一代，而不需要下一代重新从头学习知识呢？到了社会化社会，随着人类的能力不断地提升，将具有把知识、智慧（与宗教、政治、经济、法律、道德等相关的文化已失去了存在的价值，将大量地减轻人类学习的负担）像树叶储藏营养物质一样直接传递给下一代。或实现大脑与大脑、大脑与机器共享知识、智慧：人脑与电脑分工合作，实现互通，人脑的思想可以随时传递、保存到电脑上，电脑里保存的知识也可以随时被人脑利用，并能不断、随时地更新，从而使人类不必像现在这样每代人都需要重新从头学习知识，不再具有"周期律"，只需要不停地学习新知识、更新旧知识。这样，人类的智慧和自身的能力就能得到极大的提升，以适应高速的发展和进化。

社会化社会不是人类的最终目标，而是整个人类以地球为基地的全新起点，社会化社会之后，人类将向宇宙进发，实现理想中的"天人合一"，具体怎样发展，目前无法想象。

（六）天人合一

"天人合一"可能是人类最终的存在形式，这个社会究竟是什么样的，以目前人类的发展水平，尚不能完全描述，只能留以空白，让更多的人来研究、描述它。在此只作简要的引述："天人合一"是无数人的理想，并各有论述，它可能是人类的最高境界。"天人合一"不是单个人或部分人实现与"天合一"，而是整个"人类"与"天合一"。"天人合一"的关键是人类要遵循宇宙法则——分工合作：要做到"天人合一"，首先要做到人类的"合一"，没有人类的"合一"，就不可能做到与"天合一"。只有使分工不断演进，才能将人类"合一"，然后与"天"进行分工，从而实现"天人合一"。"天人合一"的社会无限地大，能无限地发展，在这个社会形态里，不仅仅人类自身及人类社会的分工合作高度精细使人类成为一个整体，而且，人类制造的各种工具、物品、自然界乃至宇宙中的一切都参与到由人类主导的分工合作中来，使人类与宇宙融为一个整体，成为宇宙人，人类社会成为宇宙社会。

怎样实现人类合一、进而实现天人合一呢？似乎可以以人的形成为例来简要说明。人最初只是一个受精卵细胞，并没有组织、器官、系统等，但在此后的生长发育中，这个细胞分裂成两个细胞、两个分裂成四个……同时，细胞在分裂过程中，形态、结构、功能发生了不同的变化（也就是细胞的分工即分化），数量不等的细胞通过分工合作组成组织；多种组织通过分工合作构成器官；多个器官通过分工合作组成系统；多个系统通过分工合作组成一个完整的人。当受精卵发育成一个完整的婴儿后，其细胞、组织、器官、系统的分工依然在演进，直至成年。成年人这个有机体大约有100多万亿个细胞，这些细胞大约有200多种不同类型、具有600多种功能。这个由数量庞大的细胞组成的有机体（细胞群）就是由一个受精卵细胞不断地分裂——增加数量、不断地分化（分工）——增加种类和功能来实现的。如果细胞的功能不能分化，就不可能形成人。细胞数量的增加和功能的分化互相促进：数量的增加促进分化演进，分化演进反过来又促进数量的增加。这个原理大概与人类社会分工演进类似，只不过是微观的而已。

受精卵内部在进行分工演进的同时，还参与了这个单位外部的分工的演进：受精卵通过分工的演进成为一个完整的有机体——人后，其分工的演进并没有停止，而是以这个"人"为单位继续与其他的"人"组成较大的单位——家庭。家庭如果能进行分工的演进，则与其他的家庭组成更大的单位，如地域范围内的各组织、生产部门、工厂、企业集团等。家庭如果不能进行分工的演进，则这样的家庭就只能以小农化的模式存在。单位内部的分工在不断演进的同时，单位间的分工也在不断地演进，形成、产生更大的单位——国家。以此类推，分工不断地演进，从而使人类成为一个完整、有机的社会。如果说人是由100多万亿个细胞组成的细胞社会化社会，那么，组成人类社会化社会的细胞就是每一个人。无数个细胞在组成细胞社会化社会（即多细胞有机体）后，其进化并没有停止，而是使这些细胞社会（多细胞有机体）组成各种各样的生物社会。人类更是特别，不仅可以形成社会，还能使社会的规模不断扩大，最终形成统一、有机的社会。统一、有机的社会并不是人类发展的结束，就像细胞的社会化社会不是细胞社会的终点一样。

（七）人类社会小结

马克思主义把人类社会的发展形态一般分为原始社会、奴隶制社会、封建主义社会、资本主义社会、共产主义社会（包括其初级阶段社会主义社会）共五级。但并不是所有的国家、地区都必须经历这五级形态的社会，有很多国家和地区会不经过某一级甚至几级社会形态而直接进入到下一级社会形态，如朝鲜、中国等没有经历资本主义社会，直接由封建主义社会进入到社会主义社会；更有一些小的部落甚至直接由原始社会进入到资本主义社会。

如果根据分工合作演进的速度和程度，人类社会可以分为：原始社会、农业化社会、工业化社会、社会化社会四种形态。原始社会、奴隶制社会、封建主义社会都属于农业化社会，但因原始社会经历的时间长，分工原始且演进缓慢，所以单独列出；资本主义社会属于工业化社会。这样划分就没有任何一个国家或地区可以不经过某一级社会形态而直接进入到下一级社会形态，每一级社会形态的变迁都是依据分工合作演进的速度和程度来判定，所以，根据分工合作演进的速度、程度来划分社会形态更完全、科学。

人类已经出现的几种社会形态，有一条主线始终贯穿其中，那就是分工合作的演进，它超越了人类社会的一切文化、经济、政治、制度、军事、教育、法律、道德、宗教、地域、空间、时间、物种等的范围，但又被人们所忽视。人们研究人类发展的历史，几乎都是以经济为主，多注重科技、市场、商品、资本、阶级、所有制等方面的内容，没有研究到更深的问题：所有这些方面的根源都是分工合作。没有分工合作的演进，就没有科技、市场、生产力、商品、资本、阶级、所有制等。人类的进化也是人自身各细胞、组织、器官、系统等分工合作不断演进的结果。

人类从类人猿进化成人，是其身体自身各细胞、组织、器官、系统等的分工合作不断地演进的结果，且在不断地持续演进。这也是人与动物的根本区别，直立行走、制造使用工具、劳动等只是分工演进的结果，而不是原因。在漫长的原始社会里，人类有机体自身分工合作演进的同时，人类社会的分工合作也在十分缓慢地无意识的演进着。

从人类已经经历的几种社会形态所需要的时间看，原始社会要以"万年"为单位计算，农业化社会以"千年"为单位计算，工业化社会以"百年"为单位计算，由此可以看出人类社会的发展速度是越来越快，呈不断加速的趋势。这是因为分工合作不断地呈现出加速演进的趋势，从而决定了人类社会的发展速度也不断加快。据此可以推断社会化社会可能以"十年"。

用架构图可以表示如下：

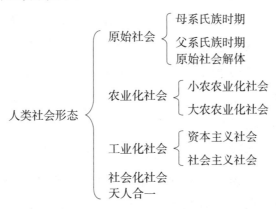

原始社会、农业化社会是人类发展的初级阶段。这一阶段的主要目的是维持人类能够生存、繁衍。这个阶段，在分工合作缓慢演进的推动下，人自身不断地进化，人的全能性逐渐减弱、独立性不断降低、专业性逐渐增强、相互依存度不断增加；人类社会的规模不断扩大、数量不断减少，人的社会性不断增强，人与人的联系日益密切。在这个阶段，人们以自己能生存并繁衍后代为目的，所以导致了人不分男女老幼，不仅经常受到战争、各种自然灾害等的威胁，而且还无法避免种种焦虑、沮丧和不满，似乎这一切就是人生。人类以追求物质财富、权力，生儿育女，建宫殿、房屋等为主要目的，但不论取得多少成就，却无法满足。人们都想变得更富，有了一百万还想两百万，有了两百万还想一千万。就算真的有了无数的金钱、巨大的权力，有了名，还是不满意，还有无穷无尽的烦恼和焦虑，无法从生老病死中解脱。到死时，这一切又如梦幻泡影一般消失，生命就像是毫无意义的追寻和循环。和小草一样，这是人类的又一个"周期律"，怎样才能跳出这个"周期律"呢？

工业化社会是人类发展的中级阶段，这一阶段的主要特征是人类自身以及人类社会分工合作演进的速度日益加快、程度日益加深，使生产力得到极大的提高。在此基础上，人类从以维持生存、期望更好地生活为主要目的逐渐转换到以加快人类自身的进化及人类社会的发展为目的。因分工合作的加速演进，人类自身的进化也不断地加快，出现了利用科学技术来促进人体细胞、组织、器官、系统等的加速进化。人类社会因分工合作的加速演进，人的全能性完全消失、专业性不断强化，人与人之间的相互依存度更高，逐步实现垄断平衡，全人类逐渐成为一个有机的整体，人与人之间由竞争的关系演变成合作的关系，为人类进入到社会化社会奠定了必要的坚实的基础。

社会化社会是地球上人类发展的高级阶段。这个阶段，人类已高度进化，生命得到极大地延长；知识、智慧等可以移植，不再像草本植物那样具有"一岁一枯荣"的"周期律"，人类能实现将上一代的知识、智慧有选择性地移植到下一代人的大脑中，新生代不再需要重新从头学习基础知识，而是在原有的基础上不断更新、积累。同时，人类的知识也不断地简化，文化的多样性消失，与政治、法律、经济、道德、宗教、风俗等相关的文化失去了存在的意义和价值，成为历史文物。人类社会发展到像由无数个细胞组成的单个人一样，成为一个高度完整的有机整体，经济、货币、阶级、国家等完全消失，人类的活动范围不再局限于地球及周边，而向外太空迈进。

后　记

　　《四知斋文集》这本书是在2013年完成《农村工业化之路》初稿后，在孙济勋老师、加长春老师指导"不要局限于农业、农村、农民，应该站在更高的高度看问题"的情况下，萌发了向更高层次的学习、研究。到今天完稿，历时近十年。其中主要内容完成于2015年，此后不断地进行了修改、补充和完善。因为水平、精力有限，本书的质量尚很粗糙，语言文字的组合并不完美，很多方面的专业知识如生物学、文化学、社会学、经济学、政治学、人类学等还没有进行更深入、细致地研究。虽然本书暂时印刷出来了，但这不是研究的完成，而是研究的开始。本书的主要目的是抛出一些新观念，提出一个新的研究人类发展的方法和目标，供人们参考，希望有更多的人参与进来，起到抛砖引玉的作用。

　　没想到的是在稿子基本完成后，发现了与万里之外的以色列人尤瓦尔·赫拉利的观念有相似之处，他在《人类简史》中以"站在间谍卫星的高度"上认为全球的文化会统一，人类会统一。只是如何统一有观念分歧，他认为是"商业、帝国和全球性的宗教，最后终于将几乎每个智人都纳入了我们今天的全球世界"。在后来的学习中，又发现了以生物的进化来研究人类社会的发展规律并不是始于本书，而是已经产生了一门新的学科——社会生物学。《新的综合》也为本书提供了很多很好的营养。

人们常说"人心不足蛇吞象""天高不算高，人心第一高"，随着能力的不断提高，人类的发展目标必然会不断地变化。但是，人们还没有系统地提出人类的发展方向、目标，以及如何实现这个目标。本书以研究我国农业、农民、农村为立足点和出发点，以生物的进化为理论依据，结合自然界的多种生物现象，在前人研究的基础上，以分工合作的演进为工具，从家庭、阶级、国家、文化、教育、工业化等方面推导了人类的进化方向以及人类社会的发展方向，提出了人类自身进化的无限性、人类社会的一体性、人类欲望的无穷性、资源的无尽性等观念，说明了人类的进化无止境、社会的发展无终点。

写这本书，得到了很多人的关心、支持和帮助，在此，把他们的名字写在这里，以示对他们永久的感谢！他们是肖风华、何宝贤、孙济勋、加长春、王洪波、刘松年、涂炳坤、舒常庆等。本书还以《国富论》《资本论》《分工与融合视角的现代农业发展研究》《专业化分工与农业产业组织演进》《小农经济效率分工改进论》《中国人的德行》《家庭、私有制和国家的起源》《人类简史》《新的综合》等为参考文献，并引用了一些原文，以增加论证的力量，在此一并致谢。由于水平有限，本书的不足之处，还请大家多多指导，愿与广大读者进行更多的探讨和交流。

杨中平

2019年10月

主要参考文献

1．亚当·斯密：《国富论》，中国华侨出版社2013年版。

2．马克思：《资本论》，中国社会科学出版社1983年版。

3．恩格斯：《家庭、私有制和国家的起源》，人民出版社1972年版。

4．刘澄：《〈家庭、私有制和国家的起源〉导读》，天津人民出版社2009年版。

5．南京林业学校：《植物学》，中国林业出版社1985年版。

6．柏杨：《丑陋的中国人》，人民文学出版社2010年版。

7．尤瓦尔·赫拉利：《人类简史》，中信出版社2014年版。

8．向国成、韩绍凤：《小农经济效率分工改进论》，中国经济出版社2007年版。

9．阿瑟·史密斯著、朱建国译：《中国人的德行》，译林出版社2014年版。

10．鲁从明等：《〈资本论〉节选本解析》，中共中央党校出版社1987

年版。

11．王永龙：《分工与融合视角的现代农业发展研究》，中国社会科学出版社2012年版。

12．徐金海：《专业化分工与农业产业组织演进》，社会科学文献出版社200年版。

13．黄昌仁、沈艾：《人类之谜》，湖北人民出版社2005年版。

14．王银春：《人类重要史学命题》，湖北教育出版社2000年版。

15．汪中求：《中国需要工业精神》，机械工业出版社2012年版。

16．王同勋、姚森、贺允清、程树礼、詹君仲：《社会发展史》，人民出版社1982年版。

17．爱德华·威尔逊、李昆峰编译：《新的综合》，四川人民出版社1985年版。

18．李中元：《文化是什么》，商务印书馆2014年版。

19．毛泽东：《毛泽东文集》第八卷，人民出版社1999年版。

20．朱正威等：《生物1：分子与细胞》，人民教育出版社2007年版。

21．比尔·布莱森：《人体简史》文汇出版社2020年版。

22．谢伯让：《大脑简史》，化学工业出版社2018年版。

23．尤瓦尔·赫拉利：《今日简史》，中信出版社2018年版。

24．埃米尔·涂尔干：《社会分工论》，生活·读书·新知三联书店2017年版。

25．凯文·拉兰德：《未完成的进化》，中信出版社2018年版。

26．马伦·霍格兰、伯特·窦德生：《生命的运作方式》，北京联合出版公司2018年版。

27．吕克·费希：《超人类革命》，湖南科学技术出版社2017年版。

28．凯文、凯利：《必然》，电子工业出版社2016年版。

29. 尤瓦尔·赫拉利：《未来简史》，中信出版社2017年版。

30. 斯波特：《极简未来史》，中国友谊出版社2017年版。

31. 杰里米·里夫金：《第三次工业革命》，中信出版社2012年版。

32. 加来道雄：《人类的未来》，中信出版社2019年版。